A TOUCH OF KING HU

新装版

キン・フー 武俠電影作法

キン・フー／山田宏一／宇田川幸洋

草思社

キン・フー武俠電影作法——A Touch of King Hu

キン・フー武俠電影作法――目次

はじめに――凡例にかえて

本書は香港・台湾映画の巨匠として知られる胡金銓（キン・フー King Hu）監督の自伝をめざしてその経歴と作品をインタビューの形で構成したものである。

香港が上海にかわって東南アジア、中国語映画圏のハリウッドとも言うべき中心的存在になった第二次大戦後、香港（台湾を含めて）の北京語（すなわち標準＝共通語）映画の黄金時代を築いた監督の一人であり、一九七〇年代に入って台頭してくるブルース・リー、次いでジャッキー・チェンといったスターとともに世界中にひろがったクンフー（あるいは英語読みでカンフー Kung fu）映画ブームにつらなる武俠映画（チャンバラ活劇、剣戟映画）の隆盛のきっかけをつくった名匠なのである。ブルース・リーはこの監督と一緒に仕事をすることを死ぬまで夢みていたという。「世界のクロサワ」にならって「香港のクロサワ」として国際的に紹介され、知られた。

そうした映画史的かつジャーナリスティックな評価を配慮したうえで――キン・フー監督作品はかならずしもアクション映画、武俠映画ばかりではないのだが――本書の題名を「キン・フー武俠電影作法《さっぽう》」とした（「電影」が「映画」を意味することは言うまでもない）。そして、英語による別題がかならず付される香港・台湾映画のタイトルと同様に、キン・フー監督の名作の一本『俠女 A Touch of Zen』から借りて「A Touch of King Hu」の英語題名を加えた。

映画題名は二重括弧（『……』）でくくり、原則として日本で公開されたものは日本公開題名で、未公開作品は原題（あるいは一般的に最もよく知られている題名）で表記したが、キン・フー監督の『龍門客桟』のみ、日本公開題名が『血斗竜門の宿』、次いで再公開題名が『残酷ドラゴン 血斗竜門の宿』と二種類あるため、原題で通させていただいた。

中国語の表記は、いくつかの固有名詞（例えば萬古蟾のような人名、『山中傳奇』のような映画題名）をのぞいて、できるだけ現在通用している日本式の漢字に統一した。例えば、國→国、圖→図、畫→画、嚴→厳、戲→戯、祥→祥、榮→栄、兒→児、寶→宝、經→経、など。

人名、地名などの表記も最もポピュラーな通り名を原則とし、漢字にルビをふる（例えば、李翰祥《リー・ハンシャン》、徐楓《シー・フン》など）、あるいは中国名も知られている人名は初出に括弧内に記した。例えば、キン・フー（胡金銓）、ブルース・リー（李小龍）、ジャッキー・チェン（成龍）、など。

本文の行のはじまりの棒線（「——」）は質問者、「胡」は胡金銓（キン・フー）監督をさす。

インタビューは一九九二年九月の東京国際映画祭（「アジア秀作映画週間」に『ペインテッド・スキン』が上映された）、一九九五年九月の東京国際映画祭（「アジア秀作映画週間」に『龍門客桟』が特別招待作品として上映された）、そして一九九六年二月のゆうばり国際冒険・ファンタスティック映画祭（審査員として招待された）にキン・フー監督が来日したときに時間をつくっていただき、中国語（北京語）で、通訳を介して行なわれた。合わせて三十時間を超えるが、監督が語っている時点を明確にするために、ときとして年号を括弧に入れるようにした。

本書がつくられるまでのスタッフは以下のとおりである。

インタビュー通訳——及川勝洋、神谷晶子、小坂史子、銭行《チエン・シン》

インタビュー採録・翻訳——櫻庭ゆみ子

協力——嵐智史（コーディネート）、薛恵玲（調査）、粉雪まみれ（調査）、木谷東男（編集）

資料・写真提供——胡金銓、沙栄峰、羅孚、国家電影資料館（台湾）、東和ビデオ

そして以下の方々にも一方ならぬお世話になりました——小池晃、小松沢陽一、市山尚三、森世一、古内一絵、大友優子、大畑久美、齋藤圭子、小林亜古、上野昂志、江戸木純、筒井武文、福島治夫、大矢敏、黄建業、張昌彦、舒琪、黎傑、呂学章、徐楓（敬称略）。

本書が出来上がるのを最もたのしみにしてくれていたにもかかわらず、ついに見ることなくこの世を去ったキン・フー監督のために、心からの感謝とともに——

山田宏一／宇田川幸洋

第1章　1932〜48

1932年、北京生まれ

狼と鷹

石炭と小麦

胡金銓と King Hu

大家族——巴金の「家」のように

国民党と共産党

五哥の秘密

三姐の失踪

北京の頤和園と西太后

――まず胡金銓《キン・フー》監督の生い立ちからおうかがいしたいのですが、経歴によれば、一九三一年、北京生まれですね。

胡　一九三一年ではなく、一九三二年に北京で生まれたんです。それから河北省の井陘《せいけい》の炭坑のほうに行って、幼稚園に少し通って、その辺のことは忘れてしまったけれど、一九三七年、七・七事変（盧溝橋事件）(1)発生後にまた北京に戻りました。

一九三二年生まれだから、そのとき五歳ですね、たぶん。わたしの経歴書には間違って生まれが一九三一年と書かれていますが、正しくは一九三二年です。四月二十九日生まれです。北京には直接戻ったのではありません。漢口まで行って、それからまたどうやって戻ったのか、小さかったので憶えていません。こういった多くのことは、文革、つまり文化大革命のあとで、すぐ上の姉（胡京芝）に聞いて初めてわかったんです。あまりに幼かったので憶えていないんです。

わたしの祖先ですが、これもずっとあとになって兄や姉から聞いたんで、わたし自身が知っていたわけじゃありませんが、曾祖父は材木商だったということです。ずいぶん昔から、たぶん清朝のあたりからだと思います。この材木商はずっと続いていて、一九四九年に共産党がやってきて中華人民共和国が成立するまでその店はまだありました。祖父の代になってから、祖父は胡景桂といいますが、彼は最後には御史《ぎょし》になって河南巡撫《じゅんぶ》までいきました。河南巡撫というのは、今でいう河南省の省長にあたります。御史というのは天子（皇帝）の秘書官、つまり官吏の監察を司るお目付け役人です。祖父、つまり父の代から役人をやるようになったんです。(2)祖父は甲辰科進士《しんし》になっています。甲辰の年（一八四四年）に進士になったということです。(3)科挙の中で皇帝の行なう最終試験に合格したのが進士ですね。

わたしの父は胡源深（字《あざな》は海青）といい、井陘の炭坑で技師をやっていて、わたしはそこで幼稚園に通っていた。記憶はあまりはっきりしていないんですけど、でもいくつか印象に残っていることがあります。井陘は河北省にあって、そこの炭坑は中国とドイツの合弁だったようです。(4) よく憶えているのは石家荘ですね、河北省の石家荘。何か重要なものがあるとそこまで買いに出かけたことです。それから、磁県の磁州炭坑と呼ばれるところに移りました。これも河北省です。父は磁州炭坑の経営を始めたのです。ここに来た頃になると、いくつかの記憶が残ってます。磁県から石家荘までおもちゃを買いに行ったとき、ひとりの年配の人から指輪をもらって、この人が誰だったか憶えていないけれど、それをなくしてしまったことを憶えています。子供でしたから、こういったものをはめているのが気になって、指からはずしてしまい、なくしちゃったんだと思います（笑）。それで母に叱られて（笑）。父はそういったことにはかまわない。磁州炭坑は、河北省と合弁で父が始めたものです。この炭坑はとても大きかったことを憶えている。炭坑の警護の者――警衛――が、これもあとで聞いた話ですけれど、県の保安隊より多かったということです。匪賊が襲撃してくるでしょ、そこはとても辺鄙なところでしたから。それで、憶えているのが、この炭坑の敷地は広大なものだったのですが、そこから一歩でも外に出るときは、二人の警衛が銃を持ってついてきたんです。襲撃から守るためにね（笑）。もうひとつ思い出すのは、ある日、ひとりの人が来て、父がその人を「お兄さん」と呼びなさいと言ったことです。この人物は胡金鈴といいましたから、親戚のひとりだったはずですが、わたしとどういう関係だったのかはわかりません。それで彼が何しに来たのかというと、炭坑の郵便局長として赴任してきたんです。炭坑には郵便局があって、とても大きかった。あと印象に残っているのが、炭坑から外は山々が連なっていて、晩になると狼が出たこと。敷地の外はもう山でしたからね。炭坑の警衛は狼の番もしている。それから憶えているのが、たくさんの鶏を飼っていて、これは本当にこの目で見たんですが、鷹が襲ってきて、あっという間にそこの鶏をさらっていったこと。なぜこのことの印象が強いかというと、警衛がずどんとやったわけです。銃を持ってるでしょ、それで鷹を撃った。その結果、父が警備隊長に命じてこの警衛を厳しく叱らせたんです。というのは、そこではみだりに発砲しちゃいけないんです。みんな武装しているわけで、銃声が響けば、一気に緊張感が高まってしまう。匪賊が襲撃してきたのかとか、事故が発生したのかとか、思い込んでしまうから、みだりに発砲できないんです。この事件が特に印象が深かった。当時はまだわけがわからなかったんですけれど、警衛が叱られているときにそう言われているのを聞いていて、それでよく憶えています。

この磁州で一回だけ炭坑に入ったことがあります。ひとりの年配の人がわたしを連れて炭坑の中に入っていったんです。たぶん父の秘書か助手か何かだったと思いますが。ともかく中に入っていったとき、ほかのことは忘れてしまいましたが、坑夫たちが掘っているその様子だけは印象に残っています。寝そべるようにして掘るんです、立った姿勢じゃなくて。あの様子だけは、とてもあぶなっかしく思えて、よく憶えています。石炭ですが、炭坑から外に出ないとき、掘ったばかりのときは軟らかいんです。握ってみたんです。ものすごく軟らかいというのではありませんけど、ともかく硬くはない。ゆうばり国際冒険・ファンタスティック映画祭に審査員として招かれて行ったとき（一九九六年二月）、夕張の石炭の歴史村博物館を訪れたんですが、水を汲み出すための水枰《くみだし》ポンプというのがあって、英語ではSludge Pump《スラッジ・ポンプ》というんだけど、一九三七年の七・七事変（蘆溝橋事件）で日本軍が侵攻してきて撤退のとき、もう間に合わなくて、列車もストップしてしまって、それでそのポンプを荷馬車に積んで騾馬に引かせ、邯鄲《ハンタン》まで運んだことを思い出しました。つまり漢口まで輸送するようにとの命を受けていたんです。あとになってようやく知ったんですけれど、あれは中国で製造できないものだった。外国製で、

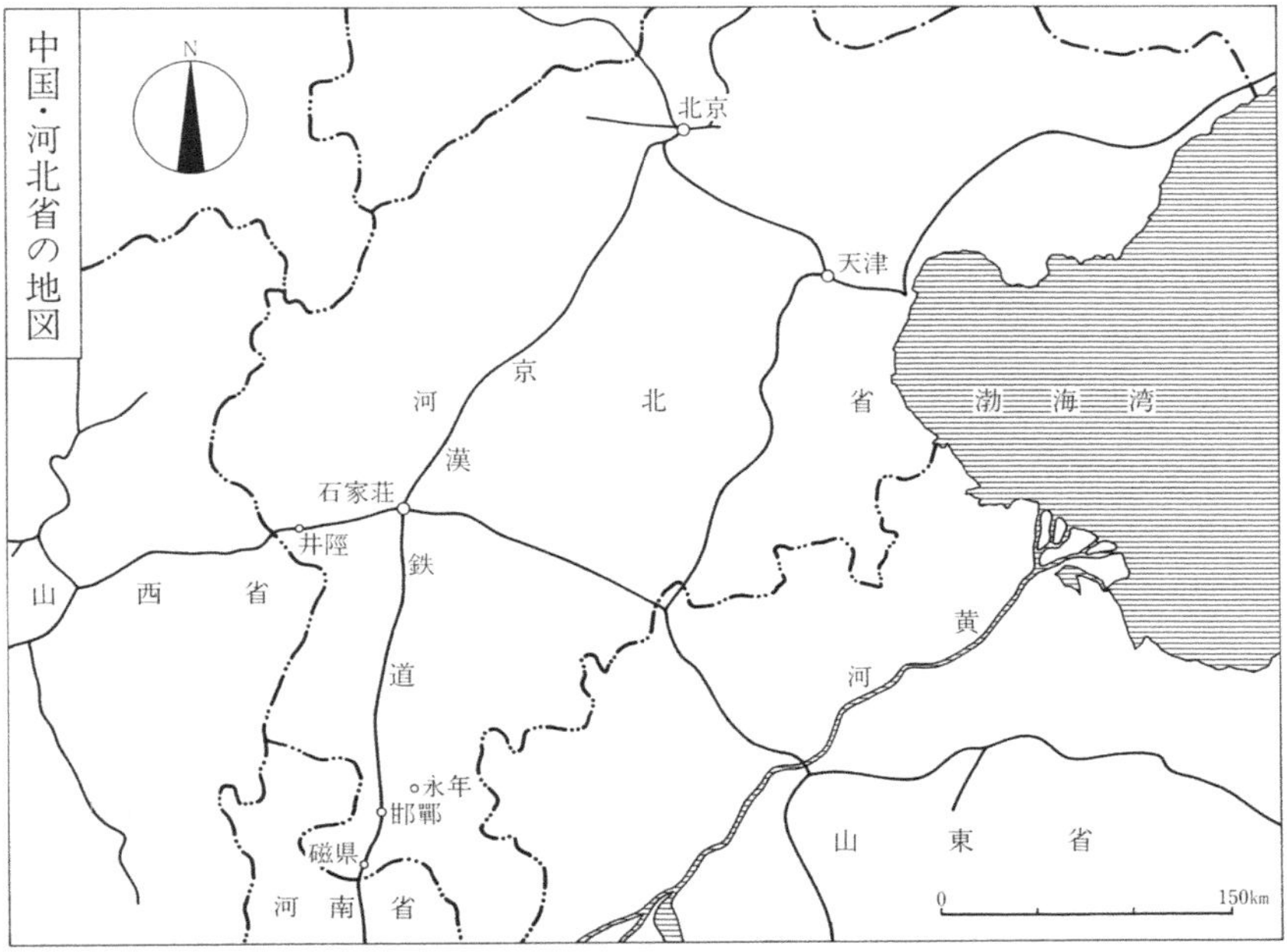
中国・河北省の地図
N
北京
天津
渤海湾
河北省
京漢鉄道
石家荘
井陘
山西省
黄河
永年
邯鄲
磁県
河南省
山東省
0
150km

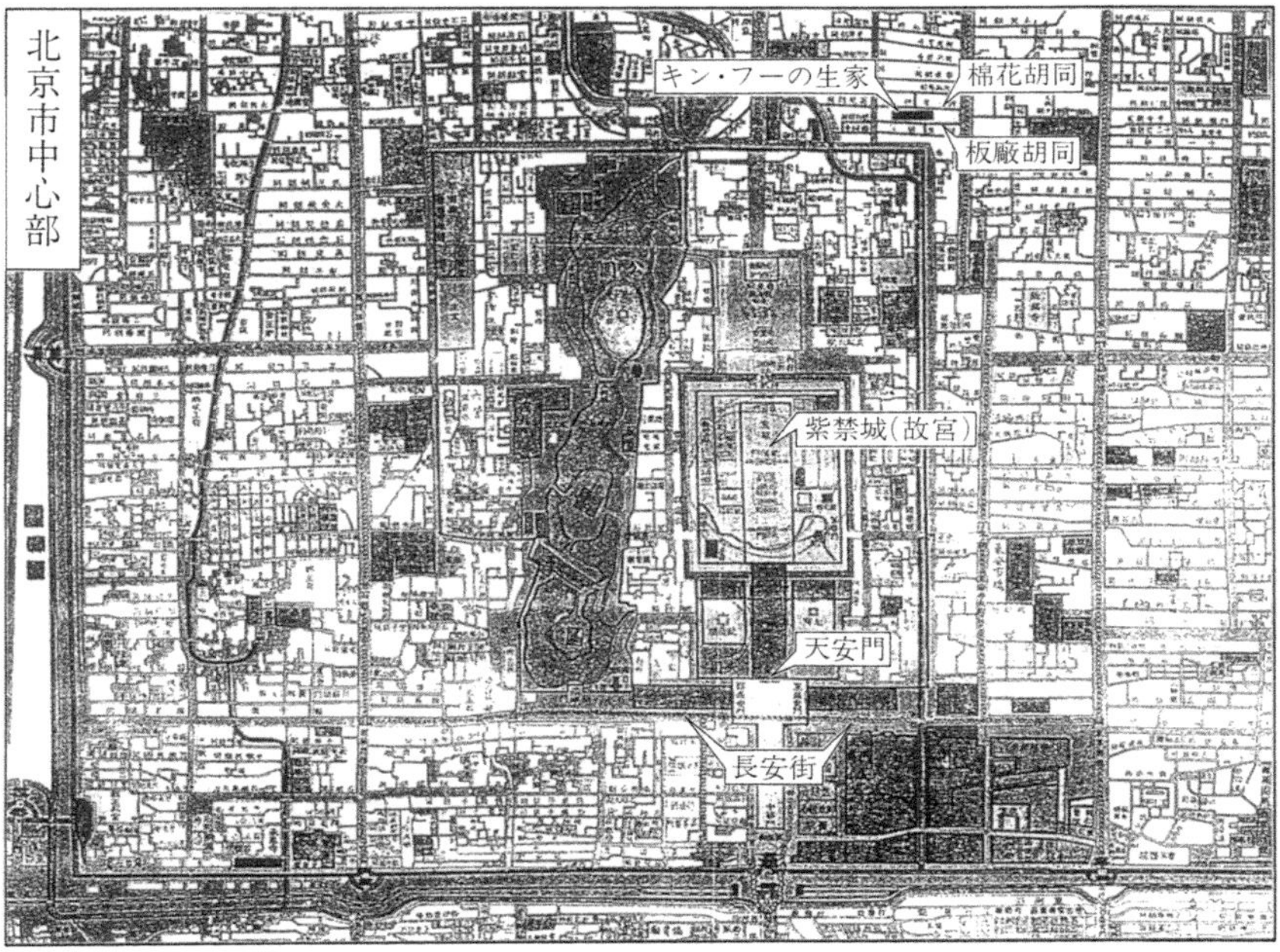
北京市中心部
キン・フーの生家
棉花胡同
板廠胡同
紫禁城(故宮)
天安門
長安街

輸入したもので、とても高価なものだった。それで、分解して運んだわけで、ほかのことは何も憶えていないけれどもポンプのことだけは憶えていて、といっても実は当時それを見たわけじゃない、しっかり包まれていましたから何だかわからなかったんです。水秤《くみだし》ポンプという名もあとで知ったんです。年上の人に聞いて。騾馬に引かせた荷車に乗せ、それから汽車に乗せてね。実家が邯鄲の近くにあったんです。そこで益豊麺粉廠公司という会社をやっていて、当時、河北省でも有数の小麦工場でしたけれど、父がこの会社を経営していたんです、個人経営で。邯鄲は河北省の、ほとんど河南省との境にあり、実家はそこからあまり遠くない、永年《ヨンニエン》[2]というところでしたけれど、邯鄲は鉄道線上にあって、益豊麺粉廠公司も鉄道線上にあったから、それでそこへ行ったんです。

――お父さまは炭坑と製粉工場を同時に経営されていたわけですか。

胡　磁県の炭坑会社の方は合弁です。でもこれは放棄したんです。それで、みんな邯鄲にやってきたんです。とてもたくさんの人が移動したのを憶えています。そっくりそのまま逃げ出したわけですから、炭坑の機械から何からそっくり積んで、騾馬に引かせた荷車がたくさんあって。

――邯鄲の小麦粉の製造会社もかなり大きな会社だったのですか。

胡　ええ、とても大きい。そこでは石炭を燃やしますから、煙突がとても高くて大きい。これを土地の人はとても不思議がっていて、「火磨《フオモー》（動力粉ひき）」と呼んでいた、煙が出ますからね。それで父はあとで日を決めて、一年に一回、たぶん年越しの際かなんかだったと思いますが、人々に開放して、自由に参観させたんです。この参観にはちょっとした啓蒙的な効能もあって、つまり、内部の機械がどう動くのかとか、何のために使うのかなどがわかる。磨というのはつまり小麦を挽く臼《うす》のことですね。臼といっても大きなものですよ。以前のものと違って、機械化されて煙が出る。それで、田舎の人はこれを

「火磨」と呼んでいたんです。粉挽きの工程では石炭を燃やして発電させ機械を動かします。すでに機械化していた。巨大な機械ですよ。工業化の初期は機械はみなびっくりするぐらい大型でした（笑）。粉を挽くのにすべて電力で動かしましたからね。発電所もわたしたちのところの専用のがありました。河北省の省政府の発電所では、とてもまかなえない（笑）。工場の電力使用量があまりに多かったから。ですから、ここでは小麦を入れるところからシステム化されていて、すべて機械化されていた。

――つまり、お父さまはご自分のところの炭坑で掘った石炭を使って製粉工場のほうとも連携させていたわけですね。

胡 ええ、そうです。父の当時の理想は、おそらくこれらすべてを工業化することだったんじゃないでしょうか。そうでなければ、小麦を生産しても、他の県まで運んで粉にしなければならない。しかし、うまい具合にここで石炭が産出しますから、ここまで運んで、それを使って小麦粉を生産するということだったんでしょう。もちろんほかの考えもあったでしょうが、それはよくわからない。そのほかには、石炭を当時北京から漢口までをつないでいた京漢鉄道で河南まで運ぼうとしていた。

製粉工場は、のちに没収されてしまった。傀儡政府に没収されてしまったんです。没収されてからも、この製粉工場の卸売り事務所は天津にあって、一度行ったことがあります。小麦粉は邯鄲では売れない。つまり天津まで輸送して販売するんです。どこに卸されていたのかはわかりませんが、ともかくその卸売り事務所は二階建ての建物でした。おそらく一九四〇年代までそのまま続いていたと思います。のちに、小麦粉も運ばれてこなくなったので、営業停止になったんだと思います。でも建物はそのまま残ってね。建物はたぶん自分たちのものだったと思います。

海外に輸出されていたかどうかはわかりませんが、南方ルートはありました、船舶輸送で、上海とか広東とかに。でも国外向けについては知りません。ただ建物だけはよく憶えているんです。おそらく海外にも輸出していたんじゃないかと思います。というのは、成人してから知ったのですが、日本のある商社に販売していたのを憶えています。とても大きな商社で、安宅商社（のちの安宅産業）というんですが、その後この会社はなくなってしまった。とても大きな会社で、三菱とか三井に匹敵するぐらい大きな商社でした。

——製粉工場は傀儡政府に没収されたとのことですが、日本軍に占領されたときのことですか。傀儡政府というのは、つまり……。

胡　そう、王克敏[5]の華北傀儡政府に。この没収ですけれど、まったく口実がなかったというわけではない。もともとの省政府には何らかの権力があったはずですから。それで、この傀儡政府は、もとの省政府に属するものをすべて接収したわけですからね。とにかく、一九三七年に抗日戦争が始まったらすぐ炭坑は閉鎖されてしまった。それからあとは、漢口に機材を運んでそれから北京に戻って、それでおしまいになってしまう。

製粉工場のほうは、戦争が終わってからまた再開できた。炭坑は没収された。製粉会社のほうも一度は没収されたのかな、よくわかりませんが、ともかく戦争に勝ってから特別に返還されたんです。父は戦後はずっと北京、天津にいて、そこで主に製粉販売をやっていて、製粉販売と、よくわかりませんが、たぶん石炭のほうの仕事も何らかの形でしていたのだろうと思います。炭坑を開いたわけではない。一九四五年に日本が敗戦、中国は勝利してから内戦になり、一九四九年には共産党が国民党を撃破してしまいです（笑）。父が死んだのは、一九五〇年代ですが、正確に何年なのかは知りません。その前に、共産党に北京の北方の熱河《ルーハー》に「労働改造」[6]にやられて、収容所か何かに入れられていた。

――「労働改造」の収容所ということは、つまり強制収容所の中でお父さまは亡くなられたということですか。

胡　いいえ、労働改造の刑期が終わって、釈放されてから、熱河から北京に戻ってくるその途中で。これもやはり文革が終わってから、すぐ上の姉（胡京芝）に聞いたんです。

――お母さまはどんな方だったのですか。

胡　母はいわゆる家庭にいる女性で、穏やかな人でしたが、ただ絵を描くことができた、中国画を。「工筆」というんですが、中国画の画法のひとつで、細部の描写を重んじる。とても細かく描いていく。日本の昔の浮世絵に少し似ている感じ。当時、母をからかって、例えば「十美図」、つまり十人の美人図を描くとすると、お母さんの「十美図」はみんなまるで同じだねって言ってやったんですよ。浮世絵でも美人はみな同じに描かれているでしょ（笑）、昔の絵では美人画はみな同じ。以前に描かれたものをまねて描いていくわけだから。

――キン・フー監督の絵の才能は母親ゆずりなんですね。

胡　うーん……（笑）。

――お母さまから絵を習ったりしたことはないのですか。

胡　ありません。わたしは母の「工筆」の画法があまり好きではなくて（笑）。でも、自分で自由に絵を描くのは好きでした。

――「工筆」というのは陶器に描いたりするのですか、それとも紙に細かく描くのですか。

胡　紙に描きます。

――お母さまは何のために描かれていたのですか。

胡　趣味で。ただ好きで。仕事としてということではありません。それで思い出すのは、小さい頃、父が画集を一冊買ってきたんです。わたしは字がわからなかったんですけれど、「南画大成」という日本の画集です。日本では「南画」というのは文人画ともいいますね。南画はもともと中国のものですが、その「南画大成」という画集はとても厚い、日本で出版されたものでした。中の説明が日本語だったから、なんて書いてあるのかわからない。でもとても厚い本だったという印象がある。父が日本から買ってきたものでした。父は十四歳の頃には日本にいましたから。というのも、十四歳のとき、日本に行ってそれから京都帝国大学卒業まで日本でしょ。日本語のほうがちゃんとしゃべれたわけですね。父の中国語は帰国後にもう一度勉強したものなんです。昔のはすっかり忘れてしまっていて（笑）。ですから、わたしが小さかったときは、学校に通う以外に、先生をたのんで、古典を教えてもらったんです。父が、小さいときは古典を学ぶべきだと言ったんです、父は古典がだめだったでしょ、だから「おまえはきちんとやれ」ってね（笑）。

――お母さまも北京の方ですか。

胡　北方です、吉林省。

――お名前は？

胡　姓は劉です。劉慶雲。

――キン・フー監督のお名前は、父方の胡という姓がつながっていますので、つまり胡金銓というのが本名なわけですね。King Hu と英語では書いて「キン・フー」と読む……。

胡　そうです。

――ところが、監督第一作『大地児女』のクレジットタイトルには、英語でKing　Huではなく、King

Chuanとなっていますね。

胡　そうみたいです。勝手に書いてある（笑）。本当は中国の書き方だったら、胡金銓はHu Chin Chuanとなります。といっても、これは昔の書き方、しかも正確ではありません。現在のものとも違っています。今はHu Jin Quanで、これは大陸の書き方ですね。拼音《ピンイン》（中国語のアルファベットによる表記法）が制定されたのはずっとあと（一九五八年）なので、わたしは正式に教わっていないんです（笑）。

――ときとして「金銓」だけで「胡」の字がないクレジットもありますね。

胡　ええ、ときには「金銓」といっていました。これをアルファベットで書いたのがKing Chuanです。実は中学校に入学したばかりの頃、英語の先生がわたしの名前、胡金銓を、Hu Chin Chuanと書いてくれました。あとでわたしはChuanを取ってしまった。面倒くさかったから（笑）。それでKing Huになったんです。

――「金」の字がChinでなくてKingになったのはなぜですか。

胡　その先生がKingと発音したのです。たぶんその先生は南方出身だったんじゃないかと思います。でも、よくわかりません。自分でも忘れてしまいました、先生がなぜ当時こうつけたのか（笑）。

――映画によって金銓と胡金銓を使い分けておられたのですか。

胡　そういうことじゃなくて、プロデューサーが勝手に書いていたわけで、わたしはまったく関与していない（笑）。だから関係ない。たいして意味があるわけではない。

――監督第一作の『大地児女』の監督名はKing Chuanと英語では表記されているものの、漢字では「胡金銓」となっているのですけど、次の第二作『大酔俠』の監督名は「金銓」だけですね。でも、これにも特別な意図があるわけではないのですね。

胡　まったくありません（笑）。

――きちんと書けば胡金銓、三文字が正しいわけですね。

胡　本当の名前が胡金銓です。しかし、プロダクションの名前は胡をとって「金銓電影公司」にしました。わたしには兄弟が大勢いて、わたしは九番目、長兄から数えて九番目なんですが、兄たちの名前も胡金鉞とか胡金鋼といったように、姓の胡のあとに金何とかという金へんの字を九つ捜さなくてはならない。中国では、男子の名前に、代ごとに、つまり祖父の代、父の代、子の代、孫の代と決まった漢字を用いるのです。それぞれの姓の下の一文字は代ごとに同じです。その決まった漢字は家ごとに異なる。名前を見るとどの家の何代目かがわかるわけです。それで、辞書で捜してようやく見つけたというわけで（笑）、特に意味があるわけではありません。

――中国で兄弟姉妹の順をいうときは、まず同父母の子の場合（日本ではこの順を言いますが）、それと、父方の兄弟（姉妹は入りません）の子供たちの順をかぞえる場合とがありますね。「排行《はいこう》」、ときには「大排行」という一族全体を含めるかぞえ方があり、そのときは兄弟の序列が数十になることもあるとのことなのですが、この場合ひょっとしてそのようにご兄弟の数をかぞえておられるのでしょうか。大家族ですね。お兄さんが八人で、キン・フー監督は一番下の九番目の弟になるわけですね。

胡　そうです。日本式に言うと、わたしには姉が二人いて、男はわたしだけということになります。「兄」というのは中国式に言って「堂哥」で、日本では「従兄《いとこ》」に当たりますね。

――中国式に言うとすべての兄たち、つまり従兄たちやお姉さんも加えると何人兄弟になるのですか。

胡　従姉（堂姐）に当たる一番上の姉、つまり「大姐」も含めて、十二人。これは同じ家に住んでいた六番目の伯父とわたしの父の二家族でということですね。ほかの家族はわからない。あと百人あまりの兄弟姉妹がいるけれど、会ったことがないんです（笑）。

わたしの父は祖父の十番目の息子です。六番目の息子、わたしにとっては六番目の伯父、「六伯父」ですが、この六伯父とわたしの父の二家族が北京の同じ屋敷に住んでいたのです。六伯父は胡源匯というのがその名前で、字《あざな》は海門でした。で、一般には胡海門で知られていました。一、二、三、四番目の伯父たちには会ったことがありません。彼らにも大勢の家族がいます。それから、七番目の伯父、「七伯父」にも会ったことがなくて、八番目の伯父、「八伯父」だけには会ったことがあります。つまり、二人の姉、「二姐」と「三姐」だけが、わたしの両親の子供で、あとはほとんど六伯父（胡海門）の子供です。けれど、一番上の兄と、三番目の兄は六伯父の息子ではないんです。でも異父兄弟なのかどうか、きちんとたずねたことがない（笑）。

――くりかえして確認させていただきますが、結局一番目から八番目のお兄さんと一番目のお姉さんは日本式に言うと従兄、従姉ということになり、キン・フー監督は実のお姉さんが二人いる三人姉弟の末っ子で長男、ということになりますね。

胡　そういうことになりますね。父（胡源深）のことについても何も知らなかったのですが、多くのことは本で調べてわかったのです。当時はまだ幼かったのでわからなかった。例えば、父が日本の京都帝大で勉強したことなどもあとでわかりました。文化大革命のあとで、わたしが大陸に帰ってからすぐ上の姉（胡京芝）に会って聞いたのです。彼女はたくさんのことを知っていました。それまでは家族のいろいろなことは知りませんでした。あんまり家族がいっぱいだったから。一緒に住んでいた人たちですら、もうよくわからなくなってしまいました（笑）。おそらく日本では、わたしのような家の状況はわかりにくいと思います。巴金の小説「家」のような状況だったのです。わたしより年上の人だけでも三十五、六人いた。それも、わたしの家族と六伯父（胡海門）の家族、これだけで合わせるともう三十数人なんです（笑）。そのほかには、一緒に住んでいなかったからということもありますが、わたしは八伯父つまり八番目の伯父しか知らない、ほかの伯父とは会ったことがないんです。たぶん北京にはいなかったんだと思います。そういう大家族でしたから、人間関係が複雑で、家をとび出したのはわたしだけではありませんでした（笑）。

で、「一哥」（一番上の兄）は早い時期に亡くなってしまったのでわたしは会ったことがありません。そして「二哥」（二番目の兄）は名前が胡金……なんでしたっけ、えーと胡金鑑ですね、優秀で、ベルリン大学で化学の博士号をとりました。この二番目の兄も亡くなりました。三哥は放蕩者で阿片もやっていた。彼は遠い田舎に住んでいました。四哥はハイデルベルク大学を出て耳鼻咽喉科医になった。五哥はまだ生きています。六哥は亡くなりました。彼は早くに家を出て、消息不明でしたが、共産党員になっていました。上海で電気関係の仕事についた七哥、西北地区で獣医になった八哥は生きている。大姐（一番上の姉）には会っています、まだ香港に出なかったとき、小さいときに。彼女は恋愛問題で少し頭がおかしくなってしまっていました。二姐（二番目の姉）は数年前に亡くなりました。三姐（三番目の姉、胡京芝）はまだ生きています。彼女も家をとび出して共産党にとびこんだ一人です。むかしはまるまると太って、聡明な子でした（笑）。

わたしたちの家の前面に客室が一列に並んであり、そこにどんな人が泊まっていたか、わたしはほとんど知らなかったのですが、のちに、香港や台湾に行ったら、そこで会った親戚が口々にわたしの家に泊まったことがあると言うんです。例えば、わたしの二番目の姉の夫は家《うち》に泊まったことがあると言っています。今でも印象に残っているのは（24－25ページの図を描いて）、表門（①）があって、その脇は昔、厩でしたが、その後、車庫（②）になった。そこからちょっと離れたところにずらりと部屋が並んでいるんですが、それから、もうひとつの屋敷があって、それはひとつの四合院（中庭を囲んで周囲に建物をめぐらせた伝統的な住宅様式）プラス西洋式の建物からなっている。二哥（二番目の兄）がここの部屋に住んでいた（③）。奥には図書館があって（④）、それから女中部屋がある（⑤）。運転手たちの部屋もあった（⑥）。六伯父（胡海門）の部屋もあった（⑦）。それから、もうひとつの屋敷のほうは五哥（五番目の兄）が寝起きするところ（⑧）。こっちには廊下があり、西洋式の建物でした。四哥（四番目の兄）はこっちに住んでいて（⑨）、彼は耳鼻科医でした。六番目の伯母の部屋（⑩）、仏間、そう、六伯母というのは六伯父（胡海門）の妻です。七番目の兄の部屋があり（⑪）、彼は電機技師です。それから八番目の兄の部屋（⑫）。そこから少し上にいくと、部屋が並んでいる。階段があって（⑬）、子供たちの部屋がある。子供といってもみんな成人していたし、例えば一番上の甥は今年（一九九六年）七十五歳になったんですよ。後方は日除けのある部屋で、棺を置く場所です（⑭）。棺のことを「寿材」というんですが、老人たちはみな、生前に棺を買って保管しておくんです。わたしの父母は四十代になると自分たちの棺を用意し、時折りそこへお参りに行きました。幼いわたしにはそれが非常に恐ろしい経験でしたね。わたしたちの住居だった四合院には従兄の図書館がありました（⑮）。両親の部屋も（⑯）、父の書斎兼応接室もありました（⑰）。父の書類は全部そこにあって、執務室ともなっていました。それに、わたしと胡坦という甥（三哥の息子）の寝室があり（⑱）、それから裏口があって（⑲）、普段そこから出入りしていました。女中頭が使っている部屋があって（⑳）、このうしろにはさらに小さな庭があります（㉑）。四合院のこっち側は「板廠胡同」（胡同は横町、路地のこと）（㉒）、向こう側は「棉花胡同」（㉓）です。北京の西城区にある棉花胡同ではなく、東城区のほうですよ。

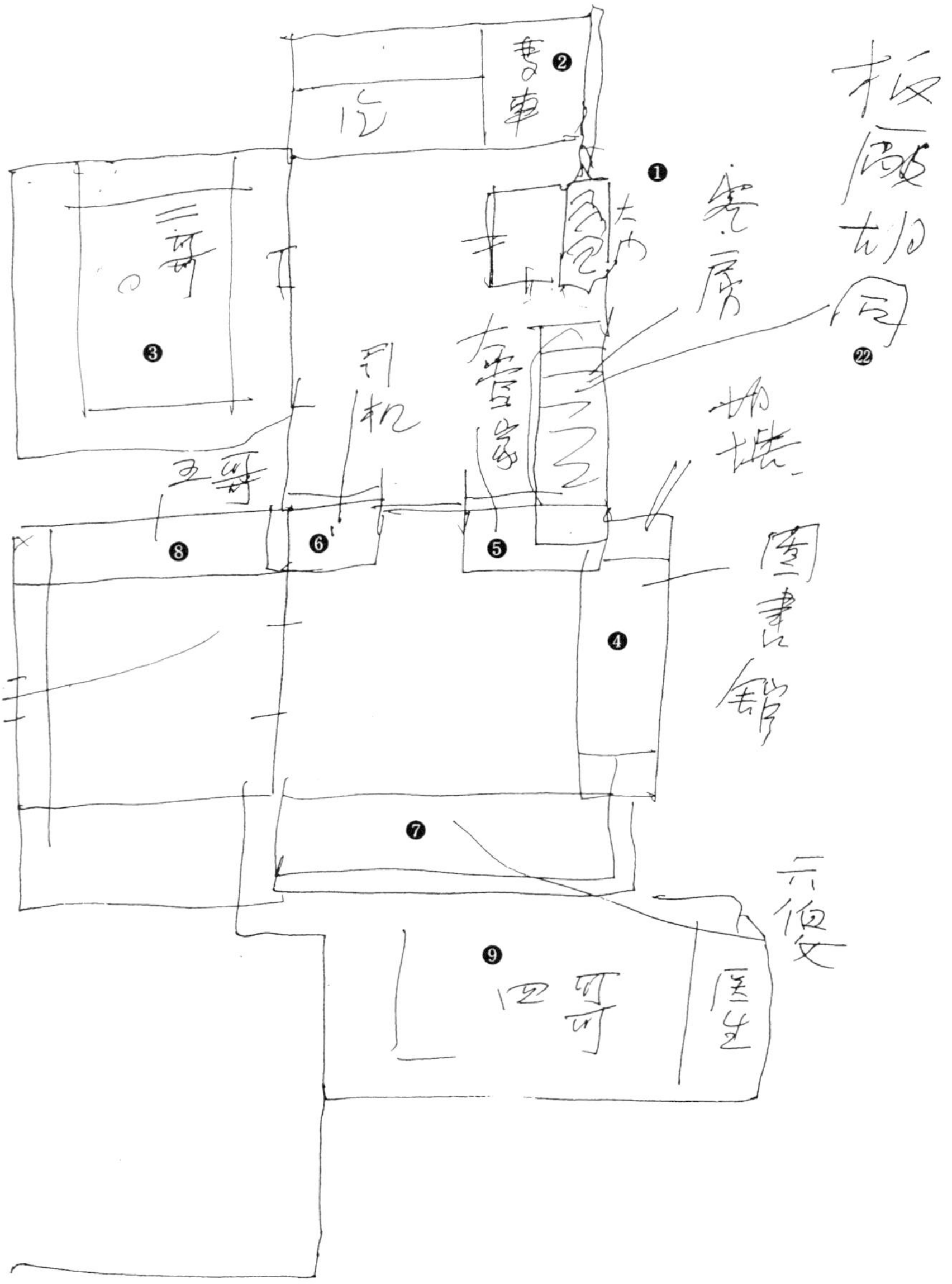
板廠胡同
三哥
五哥
司机
图書館
四哥
医生

1 父・胡源深。

2 中学卒業（十五歳）の頃のキン・フー。

2

1

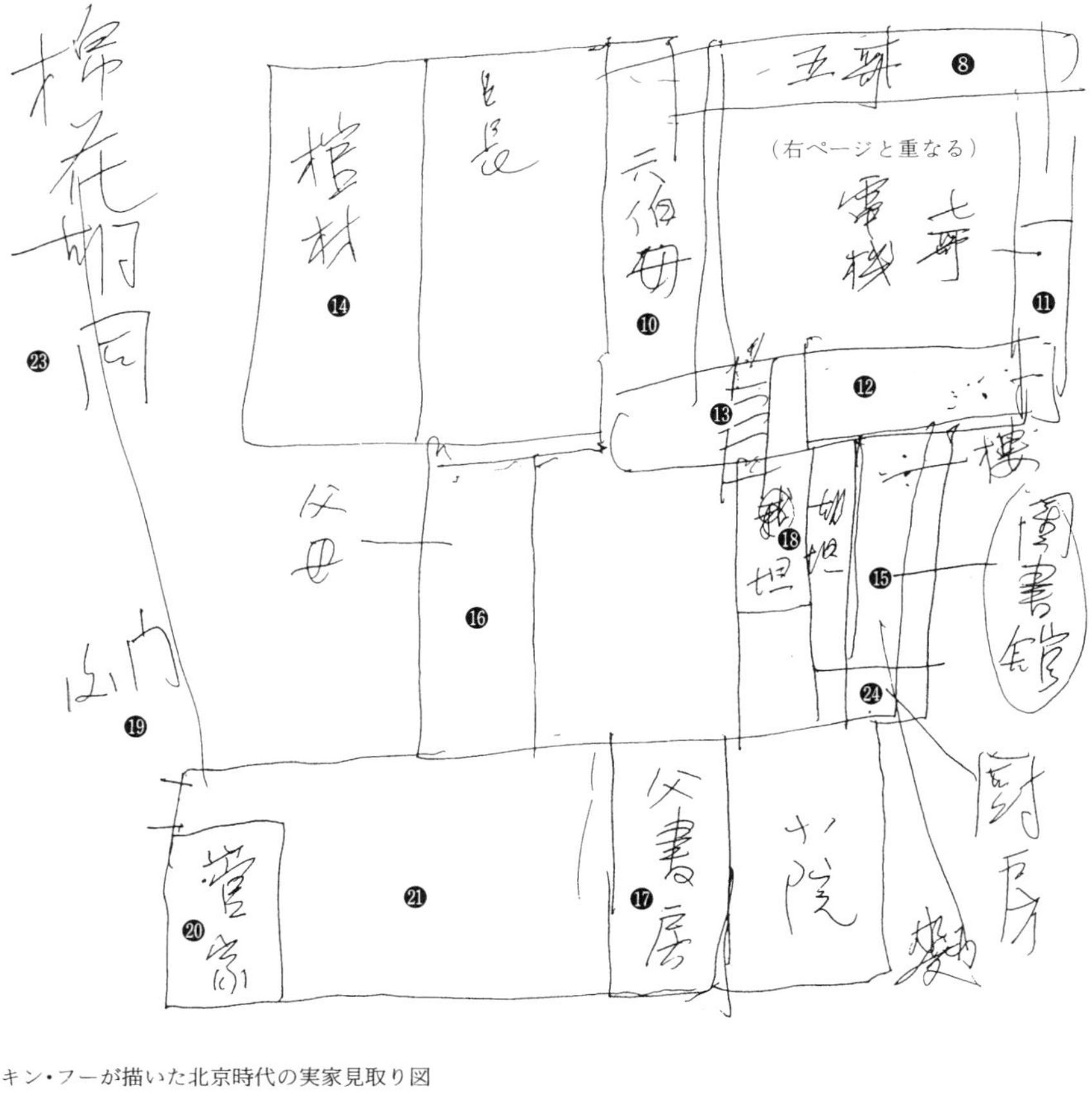

キン・フーが描いた北京時代の実家見取り図

今でも、この屋敷はまだ残っているんですよ、もちろんわたしたちのものじゃなくなっているけれども（笑）。十数世帯が入居していて、そのうち次官クラスの官僚が三家族、それからほかに九家族（笑）。わたしが文化大革命が終わってから初めて帰国したとき（一九八一年）、それからこの前（一九九一年）帰国したときも、ここへ行ってみましたよ。入っていくと、やっぱり広くて大きい。子供の頃なんかは、友だちなんか、中へ入ったら道に迷ってしまった（笑）。確かかどうかわかりませんが、その家はもともとは「鄭王府」だったというんですね。「鄭王府」というのは、西太后がクーデターを起こして粛順(7)を殺したとき一緒に六人の大臣を殺したでしょ、その中の一人が鄭王だった。その鄭王の住居だったということらしいんですけれど、人に聞いたことなんで、本当にそうなのかどうかわかりません。北京の皇族たちの邸はほとんど北京の東城区に集中していて、例えば西直海にあった「恭王府」とか、「西花園」とよばれ、宋慶齢(8)の公館にもなった「淳王府」とか、みんな東城区にありますよね。そこから朝廷に赴くのに便利だからだったんですね。こういった屋敷はみんなとても広い。北京戯劇学院の敷地も昔の王府でしょ。で、わたしたちの昔の屋敷を三姐（三人目の姉、胡京芝）の子は見たことがないから、文化大革命のあと帰国したときにその子を連れて見せにいったら、こう言うんです、「なるほど、こんな豪邸に住んでいたのか、これじゃ革命が起こらないほうがおかしい」って（笑）。

　わたしの部屋があったところは、屋敷の中で、唯一の二階建ての建物でしたが、この建物は今は壊されてしまった。一階には台所があって㉔、二階のほうはやはり図書館だったんです⑮。それで、一階の部分に小麦粉とか、家《うち》は大家族でしょ、自分の家用の小麦粉も蓄えておかなければね（笑）、それから石炭とか、白菜などといったものをみんなここに貯蔵しておくんです。わたしもあとになって聞いたことで、実際の状況はあまり知らないんですが、家では六伯父（胡海門）は政治家で、父（胡源深）

が実業家だった。だから大家族の生活費はほとんど父が負担していたんです。この屋敷は、六哥（六番目の兄）がここに寝泊まりしていて、彼はのちに共産党が政権をとってから出世したんですが、この家を売り払ってしまってから、かなり狭い家へ引っ越したあとは、家の蓄えはほとんどなくなってしまったんですよ。大家族の生活を維持するのに出費がかさみますからね。家の経済状況については詳しくわからないけれども。なにしろ大きな家でしたからね。台所だけでも六カ所あったんですよ（笑）。人間が多いでしょ。それぞれ食べるものが違いましたからね。六伯母は精進料理で、四哥（四番目の兄）は洋食、二哥（二番目の兄）はまた別の料理を食べるという具合（笑）。

——図書館というのは、書斎ではなくて本当の図書館という意味ですか。外部の人間も使えるものだったのですか。

胡　いやいや、すべて自分の家用です、これらの兄たちは学校を卒業すると、そういった本を置く場所がないんでここに置いたんです。ですから書庫ですね。六伯父（胡海門）など、ずいぶん昔の大英百科全書をずらっと揃えていて（笑）、年をとってから使わなくなったし、それから二哥は化学をやっていたでしょ、時代遅れになった本なんかがたくさんあって、だからみんなが使わない本をそこへ持ち込んでいてね。この図書館の一角に小さな部屋があって、胡堉というわたしの甥の一人がそこに寝泊まりしていた（笑）。この小部屋はなかなかよかった。それで、たくさんの人が客間に泊まっていたんですけれど、わたしはまるっきり会ったことがないんですよ。胡堉は、四哥つまり六伯父（胡海門）の四番目の息子である耳鼻咽喉科医師の息子です。

ひとつ笑い話があるんですよ。わたしは小さい頃は科学にとても興味を持っていまして、医者の息子だったその甥、胡堉という、わたしより年が上の甥でしたけれど、その甥がある日、生物実験をやらしてあげようと言ってきたんです。どうやってやるのかと聞くと、「ぼくの言うとおりにやればいい、助手になれ」とね。そして、犬を一匹どこからか連れてきて、大きな板と手術用メスなどの道具一切を用意して、「この犬を解剖するから、おまえはピンセットで血管をはさんでいろ」と。それから心臓とかいろいろと中を調べようということになったんです。それでまず最初に犬に麻酔をかけて気絶させることになった（笑）。気絶させるにはどうしたらいいんだって言ったら、「まかせとけ」と、彼は二哥のところから（この二番目の兄は化学を専攻していたでしょ）、クロロフォルムを失敬してきたんですよ。ところがクロロフォルムというのは、効き目が人間と犬では違ったんですよ。犬にはなかなか効かない。それでクロロフォルムを布にしみこませ、紐でつり下げて滴らせるようにしたんです。ずいぶん長い間ぽたぽたやっていたんですが、なかなか効かなくて、吠えるやら暴れるやら糞尿をたれるやら（笑）。とうとうしょうがないから窒息させたんです。それで解剖を始めたんですが、どこに血管があるのやら、もうまるで血まみれでめちゃくちゃでしたけれど、ともかく終えて、手も洗ったんです。そしたら、この甥、胡培が皮を剝ぐことができるっていうんで、剝いで、その皮を欄干にひっかけておいたんです。ところでわたしの六伯母は仏教徒で肉を食べないんですが、彼女がどういうわけかこの皮を見つけて、家政婦に、王《ワン》おばさんというんですけれど、あれはいったい何なのかとたずねたんです。それで胡培が、ちょっと太ってたから「麵包」、つまり幼名で「パン」と呼ばれていたんですが、わざわざ下りていって、ふたりに説明したんです。生物実験をやって犬を殺して皮を剝いで干しているところだと。六伯母は、「これまたなんということを！」とかんかんに怒って、「麵包《パン》」を呼びつけて、仏間に連れていき跪かせてお経を唱えさせたんです。犬の霊を慰めるために「往生経」を読まされた、一時間も（笑）。わたしは大丈夫だった。というのは、そこはわたしの父のところではなくて、六伯母の部屋だったから。

しかし、化学を勉強していた二哥（二番目の兄）がやってきて、クロロフォルムがない、麻酔薬がない、どこにいったんだって騒いでね（笑）。危険ですからね。それから、胡皓の父親は四哥（四番目の兄）で耳鼻科医ですね。晩に診療所から帰宅すると、「誰がメスを持ってったんだ！」ってどなってね。あれは手術に使うわけだから、いじったら刃がだめになってしまうでしょ。それでまた甥は叱られてひっぱたかれてね（笑）。たぶんわたしが中学生ぐらいじゃなかったかな。甥の胡皓は高校生だったから。彼はわたしより年上でしょ。この頃のことはとても強く印象に残っています。

──その「麵包《パン》」と呼ばれていた胡皓という甥の方はその後、どうなったのですか。

胡　ああ、胡皓はその後、悲惨だったんですよ。わたしの四哥つまり彼の父親は文革のときに貴州へ「労働改造」に送られたんですが、胡皓のほうは新疆へ送られて、その後消息が途絶えてしまった。四哥は、文革が終わってから名誉回復されました。二哥も名誉回復され、十年分の給料も支払われましたね。

五哥（五番目の兄）もわたしたちと一緒にそこに住んでいて、北京大学哲学科を卒業しています。ちょっと変わり者でした。結婚して子供ができても、ずっと職に就かなかったんです。それで何をやっていたかというと、一族三十数人の世話役で、すべての雑用を引き受けていたわけです。人柄が温厚で普段おとなしくしていた。一方、その下の六哥は、早くに家を出て共産党に入り、解放後、高い地位についた。五哥はみんなに好かれていたんですけれど、職業に就かず、世に出ようともしないことを不思議に思われていたんです。ところが、共産党が北京に入城してきたら、彼のほうが六哥よりも高い地位についてしまったんですよ。なんと、彼は共産党のスパイをやっていて、ずっと裏で違法な電波を出し続けていたんです（笑）。ずっと長い間地下活動を続けていたわけです。今でも彼は生きていますが、足が麻痺して動けなくなっています。実は共産党が勝つ前に、国民党の人間が家にやってきて調べていたんですよ、お宅から妙な電波が出ていると言ってね。彼の父の六伯父（胡海門）は国民党の長老だったから上層部にたくさんの知り合いがいるわけで、そんなことはありえないとみな否認したわけ。だけど実際には電波は出ていた（笑）。誰も知らなかっただけのことでね。

——家族の誰も、その五番目のお兄さんが何をしているのか知らなかったのですか。

胡　知らなかったんです、共産党員だったその下の兄、六哥すら知らなかった（笑）。

——みごとにまず家族を、身内を、だましていたわけですね（笑）。

胡　誰も疑わなかったんです。五哥のことは共産党が入城してから、はじめてわかったんです。六哥のほうはこっそりと「資本論」を見せてくれたり、年中、共産党の宣伝をやったりして活発に活動していましたけれどね。当時はむしろ富裕な階級に属する青少年たちのほうが考えが左傾化していました。わたし自身もデモに参加したこともあります。でものちのち共産党が政権をとり、党員たちが官僚になってやることを見ていると、これではまずいなと思うようになりましたが。まあ、それは香港に行ってからの話です。六哥は文革のとき、紅衛兵に暴行されて耐えられなくなり、首吊り自殺をしてしまいました。彼は彭真[9]、劉少奇[10]の派閥に属していたものですから。

　わたしのすぐ上の姉（胡京芝）もすでに言いましたように、共産党員でした。彼女は小さい頃はおとなしくて、運動もしないし、読書以外は特にこれという趣味も持っていなかった。父は彼女をものすごく可愛がって、よく飴とかチョコレートなんかを買ってあげていましたね。おとなしくてきれいだったし、聞き分けもよかったし。ところが、十六歳のとき、突然失踪してしまったんですよ。行方不明になってしまった。その後わかったのは、彼女はゲリラ組織に参加するため家出をしたんですけれど、場所とか人とかを知っていて行ったんじゃなくて、ただ漠然と出ていっただけのことで、それで、偶然に呂正操[11]の部隊と出会って、そこで入隊してゲリラ戦に参加し、共産党員になったんです。この姉の名は胡京芝なんですが、抗日戦の時期に地下工作に参加して、家族に迷惑がかからないようにと実は谷平という名に改名していたんですね。ゲリラ戦のさなかで結婚して、旦那さんは何光といいます。この何光という人は解放後、共産党の大幹部になり、閣僚クラスの労働人事部長まで出世したんです。今は退職しましたけれどね。姉のほうも、鉄道科学研究院の院長になっていました。ふたりとも健在で北京にいます。わたしがアメリカに移住してから、文革後少したって、一九八一年夏に初めて帰国したとき、それは廖承志[12]の招請だったけれど、姉の旦那さんの何光も空港まで出迎えてくれた。そこで華僑弁公室の人たちは彼がわたしの姉の夫だってことを知らなかったから、なぜ国内担当の労働人事部の部長が一緒に来たのかと不思議に思っていましたね（笑）。

――すぐ上のお姉さんが十六歳で失踪されたとき、キン・フー監督は何歳だったのですか。

胡　わかりません。とても小さかった（笑）。

――少なくとも一九三七年の蘆溝橋事件よりはあとですよね。

胡　たぶん蘆溝橋事件が発生した直後です。実は彼女はそんなに遠くには行っていなかったんですよ。ずっと晋冀察一帯を回っていた。「晋」は山西省、「冀」は河北省、「察」は察哈爾《チャハール》（旧省名、一九五二年に河北、山西省に編入）、この三省ですね、彼女はこの三省にいて、実は北京の付近で遊撃隊として戦っていたんです。

おかしかったのは、それからずっとあとのことですが、あるとき、わたしが、何の映画だったか、ロケハンに行ったとき、彼女はたくさんの場所を紹介してくれてね。彼女はそこでむかしゲリラ活動をしていたわけですから、地形をよく知っているんですね（笑）。でも戻ってきてから、「役に立つ？」と聞くんで、「役に立たないよ」って答えたんですよ。「ああいったところは登れやしないよ、撮影機材とかライトとか、とても運べるようなところじゃないよ。それに電気も水もないし。ああいったところは、ゲリラ戦にはもってこいのところだけど、撮影するのには無理だよ」ってね（笑）。文革以後に連絡がついたのがこのすぐ上の姉だったんですが、一九八〇年秋にアメリカでコンピューターの学会が開かれたとき、わたしが主催者に北京の鉄道研究所の所長を招きたくないかと持ちかけてみたら、ああそれはいいことだ、ぜひ、ということだったので、大丈夫きっと呼んでみせるからと答えると、なぜ断言できるんだと言われて、それはわたしの姉ですからと答えたんですよ（笑）。当時、彼らは大陸の人間がアメリカで開かれるコンピューター会議に参加することを強く望んでいたんです。中国にコンピューターを売り込みたかったんですね。それでわたしの姉はアメリカにも来たことがあります。

北京の頤和園《いわえん》は知っていますか、あそこにもわたしたちの家があったんですよ。別荘ですね。頤和園の中に「石舫」という船の形をした石の建物があるでしょ、そこから奥へ行くと、「燕青賞楼」という建物があって、二階建てのですが、埠頭を模倣した場所に小さな汽船が置いてある。その小さな汽船は袁世凱[13]が日本から買ってきたものなんです。ちょうどその汽船の向かいにわたしたちの別荘があったんですよ。今は、文物商店。頤和園にはずらっと平屋が並んでいますが、これは何の建物かというと、西太后、つまり慈嬉太后ですね、彼女は買物をするのが大好きだけれども街に出かけていくわけにはいかない。彼女は小さい頃貧しい満洲族の家庭に生まれたでしょ。それでここに建物を造らせ、商店街のつもりで買物の真似事をして楽しんでいたわけです（笑）。彼女は海軍を組織するお金を全部つぎこんで頤和園をつくったんですよ。だから甲午戦争（日清戦争）は中国が敗けたんですよ。新しい軍艦を買うお金がなかったんですよ。日本の「吉野号」（あの日清戦争で活躍した）、あれは中国が注文したんですよ、でもお金を渡さなかったんで、日本が買ってしまった、それで中国は戦争ができなくなった（笑）。敗けてしまった。でも、最近、大陸ではこんな風にも言ってるんですよ、つまり、あのお金で頤和園を作ったのはよかった、そうでないと戦争に敗けたあと、頤和園すらなかっただろうからって。現在は少なくとも頤和園は残ってるじゃないかってね（笑）。

わたしたちのその別荘は借りたもので、長期契約だから家賃はそれほど高くなかったんです。わたしがよく憶えているのは、頤和園の中に、区画ごとに「段」という管理区域があって、それぞれの区域に管理人として「段長」がいたんですよ、はっきり憶えていますが、そのうちの何人かはむかしの宦官だったんですよ。彼らは王朝がなくなってから仕事を捜すのも大変だったし、防災や樹木の管理にも慣れているから北京市の政府が彼らを「段長」にしたわけです。この「段」という区画、つまり、「城」「蘇州街」「石舫」「長廊」「後山」といった具合に、今は観光名所になっているけれど、当時はみすぼらしいところだった。

――そのような避暑用の別荘を借りられたというのは、キン・フー監督の一家が清朝からの縁戚関係でもあったからなのでしょうか。

胡　そういう関係はまったくありません。そこの建物は北京市政府の下の頤和園管理処が所有して、誰でも借りられた。部屋の数が限られているから、借りたくても借りられない場合がありましたけれどね。この家はおそらく、六伯父（胡海門）がかなり早い時期から借りたんだと思います。ともかく、わたしが物心がつくようになったときには、もうあの家がありましたね。溥心畬という人を知っていますか、溥傑、溥儀の兄で、いわゆる「南張北溥」（南には張大千、北には溥心畬）といわれた名画家の一人ですね、彼もそこに部屋を借りていたんですよ。彼は頤和園の中に住んでいて絵を描いていました。

――頤和園に家を借りた胡海門という六番目の伯父さんは政治家でしたね。

胡 そう、彼は官僚でした。国民党ができる以前に、清朝末期の日本留学生として、早稲田大学に行ったんですね、清国政府から派遣されて。日本に留学して、それで反清となった。反清国側に回ったわけです。それで民国元年(一九一二年)、民初ですね、彼は誰についたかというと、梁啓超(14)についたんです。それで、民国元年には議員になっています。その後、造幣局の局長とか、天津法政学院の院長とかを経て、一番の自慢が教え子に李大釗(15)がいるということ。いろいろやっていますよ、黄河治理(黄河水利委員会)の委員長とか、要職をね。国府委員ですね。国府委員というのは、いまの中国共産党の仕組みでいえば、だいたい中央政治局常務委員に相当しますね。国府委員会委員長は蔣介石で、委員は全部合わせても二十名前後しかいなかったんです。この国府委員だった六伯父(胡海門)が早稲田大学に入ったっていうのも、数年前に「中国留学生名簿」とかなんとかというのを調べてはじめてわかったことです。というのは、それまでいつ行ったのかとか、何年卒業なのかなんかも知りませんでしたからね。それから、もうひとつ、こういったことは、あとになって、すぐ上の姉(胡京芝)から聞いたわけですが、抗日戦に勝利してから、この胡源匯、字《あざな》が海門というわたしの六伯父が、彼は民社党員でしたが、蔣介石によって国府委員に任命されたわけですね。このことが災いのもとになったんですよ。彼自身は任期中に亡くなりましたから、国葬されたりなどしてとても威光があったんです。ですが、このことが、あとで共産党政権になってからわたしの父にひどいとばっちりを受けさせることになってしまったわけです。この伯父は父とずっと一緒に住んでいて、伯父の娘や息子は大勢います。この伯父が父を連れていって日本に留学させたんです。伯父が、つまり、父を連れ出したわけで、当時では新しい人間ですね。ずいぶん早い時期の留学生ですよ。

八伯父も日本に留学したことがあるらしいんですけれど、どこに留学したのかはわからない。彼の名前は胡源鴻といいます。八伯父は家の近くに住んでいましたが、一族全体のことはよくわかりません。

――民社党というのは国民党とは全然違う政党ですか。

胡　違います。民主社会主義ですね、つまりDemocratic Socialismです。もともとは各政党はそれぞれ対立関係だったんですが、のちに蔣介石が民社党を憲法制定に一緒に参加しようと引き入れて、それで国民党系になったんです。民盟（民主同盟）を知っていますか。民社党は民盟のメンバーです。

――現在の大陸の民盟ですか。

胡　いや、大陸の民盟じゃなくて。もっとずっと早くからある民盟です。大陸の民盟ができる前からある。各民主党派が集まって民盟を構成していた。だから、民社党も民盟のメンバーの中のひとつなんです。のちに分裂して、ある者は国民党の傘下に入ったりした。

（1）　蘆溝橋事件（七・七事変）

マルコ・ポーロが「世界中で最も美しい橋」と称した蘆溝橋は、北京の西十数キロの永定河にかかっている。一九三七年七月七日、この付近で夜間演習をしていた日本軍一個中隊の頭上に、十数発の小銃弾が飛んだ。誰が発砲したのかは今なお不明である。*中隊長はただちに演習を停止して点呼したところ、兵一名が行方不明となっていたので、豊台の大隊本部に連絡した（行方不明の兵はまもなく原隊に復帰）。大隊はただちに主力を現場に派遣し、八日朝から宛平県城（蘆溝橋鎮）とその周辺の中国軍に攻撃を加えた。これが以後八年におよぶ日中全面戦争の引き金となった。

＊　発砲したものについてはさまざまな推測がなされている。①日本特務機関員の謀略。②恐怖にかられた中国軍兵士。③馮玉祥配下の謀略。④共産党影響下の学生または兵士。しかし問題は発砲事件そのものより、これを利用して華北支配を一層強化しようとした日本側の態度にあり、それが戦火を拡大させたのである。（小島晋治／丸山松幸著「中国近現代史」岩波新書）

（2）　同郷の士　キン・フーを語る

河北省永年県出身の国際的大監督キン・フーが近頃亡くな

られたことは、わが国でも頻繁に報道されている。キン・フーの祖先を詳しく調べることは非常に難しいが、彼の独特の人格形成を語るのに、永年という地の祖先との関係に触れないわけにはいかないと同県出身の筆者は考える。一月三十一日の葬儀を前に、ぜひとも永年という地域あるいは風土とキン・フーの関わりを知っていただき、報道に加えていただきたい。

一人の人間の性格の形成には、血縁との密接な関係がある。キン・フーに出会った人なら誰でも、彼の豪快さ、勤勉さ、博学さに気を留めるだろう。同郷会では常に、「彼の豪快さは伯父譲り」と言い合っていた。彼の伯父（父親の兄）は、胡海門（フー・ハイメン）。（日本に留学し、建設工場長、黄河水利委員会の委員長を務め、民社党三大元老の一人、蔣介石が主席を務めた時代の国民政府国務委員であった。）胡海門といえば、永年ではその名を知らない人、その名に恩義を感じない人はいない。胡海門はかつて、自分の命をかけて数多くの同郷の命を救ったのだ。

民国二十六年「七・七」事変の後、九月十五日午後六時頃、日本軍が永年に侵入した。胡海門は南に逃れようとしたが、南門は破られ、日本軍はすでに永年の市内へと突き進んでいた。永年には軍備がなく、敵を拒むことはできなかった。その上、日本軍は言葉が通じないのが原因で、見境なく攻撃を仕掛けてきた。このとき胡海門は、銃弾を恐れることなく、沈着冷静にここには軍がいないと日本軍を説得したのだった。そのため、数多くの女性や若者が、ひとりも死なずにすんだのだ。当時の日本軍はひどく飢えていて、ところかまわず食べ物を探していた。そして食べ尽くすと、眠りこけた。その間に逃げ出したのだが、日本軍はありとあらゆるものを食べ尽くすだけでは飽き足らず、残った醬油まで持ち去った。その際、容器が見つからず、それと知らずにしびん（尿尿的夜壺）に醬油を入れて持ち去ったことが、悲惨な時代の中での笑い種として今も故郷永年に語り継がれている。

祖父の名は、胡景桂（フー・チンクイ）といい、清朝末期の役人だった。同治十二年に科挙に受かり山東巡撫に任ぜられた。『広平府誌』を編集した、学識が深く、公務に厚い人物だった。

父の名は、胡海青（フー・ハイチン）。日本に留学したことのある技師である。

このような家庭環境下では、国学の知識は日常的なものだったのだろう。聯合晩報が、一月十五日に報道したように、キン・フーは「勤勉」「読書家」の、学問の人だった。それは当然、彼の幼少期、少年期における家訓や教育と深い関係があったのだ。

次に地域性について語りたい。永年県は、古くは燕趙の地で、その民族性は悲壮なまでに剛毅だ。古くは語らないが、民国三十四年（一九四五年）から三十七年にかけて、中国共産党が永年に攻め入ったとき、山西太原で二年近い熾烈な攻防がくりひろげられた。そして、その攻める軍・守る軍の双方が永年と近県の人たちだった。永年の人たちは死んでも降伏はしなかった。この双方の数千万の命がけの精神が、いまだ省の名より県の名の方が有名だという事実の原因となっている。キン・フーの血統には、この永年独特の遺伝子が流れ、この地域性を背景に、彼の性格が形作られてきたといえるだろう。そしてそれは、彼の映画づくり、作風にも大きな影響を与えている。永年に生まれ、永年に育った人なら、彼に一目でも会う機会があれば、必ずや以前に会ったことがあるような感慨を持つだろう。それが永年人の肖像なのだ。(「台北永年県同郷会」、古内一絵訳)

(3) 科挙

中国で行われた官吏登用試験。隋・唐の時に制定、秀才・進士・明経などの六科に分け、経典・詩文などを試験した。宋以後、科目は進士だけとなり、郷試・会試・殿試を新設。清末、一九〇五年に廃止。(岩波書店「広辞苑」)

(4) 井陘炭鉱

大戦前、独支合弁による経営で、ドイツ側は「井陘鑛務《せいけいこうむ》公司《コンス》」を設け、支那側は「井陘鑛務局」をおき、合同して「井陘鑛務局」となり、ドイツ人ハンネッケンが実権を持って経営していたが、大戦で、支那が参戦するや、直ちにこれを支那側に没収、河北省の省営炭鉱となった。(陸軍恤兵部「支那事変戦跡の栞」)

(5) 王克敏の華北傀儡政府

王克敏《おうこくびん》(一八七三〜一九四五)は民国の政治家。日中戦争中、北京に臨時政府——日本の傀儡政権「中華民国臨時政府」——を組織し、行政委員長となる。戦後、漢奸として逮捕され、獄死。

(6) 労働改造

本来は受刑者を強制労働を通じて更生させるというものだが、労働による思想改造、党内の反対派や右派知識人に超法規的な罰を与える手段としても使われる。

(7) 粛順《しゅくじゅん》

一八一六〜六一。清の皇族(宋室)太祖ヌルハチの甥である鄭親王ジルガランの七世の子孫。

(8) 宋慶齢《そうけいれい》

一八九三〜一九八一。孫文夫人。蔣介石夫人宋美齢の姉。一九二五年、孫文死後、国民党執行委員となる。中国名誉国家主席、全国人民代表大会常務委員会副委員長。

(9) 彭真《ほうしん》

一九〇二〜九七。政治家。元中国共産党政治局員、全国人民代表大会(全人代)常務委員長。一九二三年入党、革命に参加。中国建国後、一九四九年北京市党委書記、五〇年政治局委員などを歴任。六六年六月、文化大革命で反党分子とされ、完全失脚。七九年に名誉回復。

(10) 劉少奇《りゅうしょうき》

一八九八〜一九六九。中共生え抜きの革命家として知られる。五九年、毛沢東辞任のあと、中国国家主席に任命された。文化大革命で、最大の実権派として批判を浴び、六八年十月には党を除名され、公職から追放。約一年後に獄死。八〇年に名誉回復。

(11) 呂正操《りょせいそう》

一九〇五〜。軍人、政治家。一九三八年共産党軍に入り、

野戦軍司令官として歴戦。国務院鉄道相、党中央委員となる。

(12) 廖承志《りょうしょうし》

一九〇八～八三。政治家。中国共産党中央政治局委員。三四年長征に参加、抗日戦中は広東で活動。日本問題の権威として知られる。文化大革命で批判を受け、六九年に党中央委員を解任されたが、七三年に復活。

(13) 袁世凱《えんせいがい》

一八五九～一九一六。中華民国初代大統領。清朝末期、西太后の寵を得て、第一の実力者となり、義和団の運動を弾圧。北洋軍閥の巨頭。一九一一年、辛亥革命には内閣総理大臣に任命され、翌一二年、宣統帝を退位させ、一三年に中華民国大統領に就任。帝制運動を起こして帝位に就こうとしたが、反帝討袁の第三革命の中で没した。

(14) 梁啓超《りょうけいちょう》

一八七三～一九二九。清末民初の啓蒙思想家、ジャーナリスト、政治家。清朝の立憲君主的改革を唱え、中国内地の立憲運動を指導した。日露戦争後は孫文らの革命論に押される形になった。著書に「清代学術概論」「先秦政治思想史」など。

(15) 李大釗《りたいしょう》

一八八九～一九二七。思想家、マルクス主義者。中国共産党創立者の一人。一九一三年早稲田大学に留学中、中国人留学生を組織して袁世凱の帝政運動、日本の二一カ条に反対、帰国後一九一七年北京大学図書館長となり、陳独秀とともに新文化運動に参加。「新青年」「毎週評論」の編集にも携わり、中国におけるマルクス主義の啓蒙家として活躍。二一年、共産党創設に参画後、重要な党員となる。二七年、張作霖に捕らえられ銃殺された。

第2章　1949〜57

京劇に魅せられて
八路軍がやってくる
大学には入らなかったけれど
映画界入りのきっかけ
李翰祥との出会い
俳優時代
モンタージュ理論とクレショフ効果
日本映画は黒澤明から
ミケランジェロ・アントニオーニとともに
ヒッチコックの恐怖とサスペンス
「陳設」の仕事
レイモンド・チョウとの出会い
ボイス・オブ・アメリカ

――京劇がお好きだったようですが、何歳ぐらいから観られるようになったのですか。

胡　京劇ですか、ずいぶん小さい頃から観ていたように思います。でもそのときは全部わかっていたわけではありません。それから、少し物心がつくようになってからは、「孫悟空」だとかの武戯（立ち回りのもの）ばかりを観ていて、本当の唱《うた》ものを観るようになったのは、いつ頃からかよくわからないですね、これはちょっと憶えていない。ただ、小さい頃からわたしが京劇をよく観ていた理由は、長安街に長安大戯院という劇場があって、今はもう名前が変わっちゃってるでしょうけれど、おそらく家《うち》がその株主だったんだと思いますが、ただで入って観ることができた。それでかならずしも家族のものが連れて行かなくてもいいわけで、ときには父の部下だとか、家政婦だとかなどに連れて行かれたんです。実は、今考えてみると彼らのほうが京劇を観たかったんだと思います。お金もいらないし、外出して羽を伸ばしたかったんですよ（笑）。それから、わたしが何よりも楽しみにしていたのが、この長安大戯院の二階に洋食レストランがあったんです（笑）。子供はそこでデザートなどを食べる。大人たちは京劇のプログラムがわかっていて、普通は「武戯」が先に入り、「文戯」（唱やしぐさを主とする）がのちにくる。子供は立ち回りを観て、そのあとは眠くなってくると二階に行って洋食レストランで食べたり、そのままそこにいたり、眠っちゃったりしていて、彼らは観終わってからわたしを連れて帰るといった具合でした（笑）。

――京劇の公演は何時ごろから始まるのですか。

胡　始まりはいつも夜ですね。今でも同じですよね。観終わったら、ともかく深夜十二時前には子供のわたしを家に連れて帰らなくてはならない。さもないと、たいへん（笑）。でも、そうしょっちゅうのことじゃなくて、一カ月に、せいぜい数回。いつもそんなことばかりやっていたらたいへんですよ（笑）。

——どんな作品をご覧になったか、題名なんか憶えていらっしゃいますか。

胡　憶えています。一番よく観たのは、役者が葉盛章のもの。葉盛蘭の兄弟子です。葉盛章は武丑（アクションの道化役）の最高の役者で、「酒乞」とか、「盗銀壺」とか、「大鬧天宮」とか、みんなアクションもの（武戯）です。しかし、題名の意味が実際には、わかっていたとは思えないですね。よく口では言っていましたけど、その意味がわかるようになるのはだいたい小学校に上がってからじゃないでしょうかね。でも耳で聞けばすぐそれだということはわかったから、観に行った。というのは、小人書、つまり連環画（絵物語、漫画の本）のことですが、北京では「小人書」と言っているのがたくさんあって、京劇の演目はみんなその本になっていた。「包公案」だとか「彭公案」、「三俠剣」だとかみんな揃っていて、こういった「小人書」を読みながら、一方では講談を聴く。ラジオでやっているのを聴くんです。そんなわけでだいたいの内容はわかっているんです。「連環画」を読みすぎ、京劇をたくさん観すぎて熱が高じ、何人か絵のうまい同級生と一緒に自分たちで京劇をもとにして漫画本をつくったんですよ。ものすごくたくさん描きましたよ。漫画本をつくろうという野心もあってね（笑）。

——その頃から京劇に病みつきになったということでしょうか。

胡　いえ、そういうわけでもありません。自分から観に行くというのはほとんどなかったですしね。友だちと行ったことはありますが、でもすごく少ないですね、ほとんど行かなかった。有名な繁華街の天橋にさえ行ってないんですよ（笑）、思い切って行けなかったんです。わざわざ外出なんてしなかった。地方からやってきた学生は、下町界隈まで見物に行ってましたけれど、こっちはそんなところに行って顔見知りにでも会ったら、何しに来たんだ、こんなところで何やってんだと咎められるに決まっている。今と違って、自分でチケットを買って映画を見るというのとは違って、京劇を観に行くっていうことはたいへんなことだったんです（笑）。それから、今思い出したんですけれど、小さい頃は、家から小遣いをもらっていなかったんですよ。何が買いたいのかと聞かれて、これこれが買いたいと言って、それならいいだろうと許可される。すると使用人が買いにいく、という感じ。小遣いはなかったですね。せいぜい小銭で、酸梅湯というジュースの一種を買うぐらいなもんですよ（笑）。家《うち》では子供に金を与えなかったんです。

——学校は北京ですか。

胡　そうです。わたしが通っていたのはアメリカのキリスト教系の学校でした。中学から高校までPeking Academy《ペキン・アカデミー》といって、ずいぶん昔からあった学校です。清の光緒五年（一八七九年）に設立されています。

——Peking Academy《ペキン・アカデミー》というのは、中国語では、漢字では、何と書くのですか。

胡　中国語では「匯文学堂」といいます。アメリカのメソジスト教会です。ここから分かれて燕京大学ができています。最近同級生から百何周年かの記念行事の祝賀会への招待が来ましたが、行かないことにしました。というのは、現在は市立一二六中というのに変わっていますから。

——なぜ一二六なのですか。

胡　一二六校目だからです。北京は今、大都市になってしまっていますから、そんなふうに番号で呼ぶようになった。

——大学はどこに行かれたのですか。

胡　わたしは大学に行っていません。まだ高校を終えないうちに香港に出たんですから。香港では進学する条件なんてまるでなくて。

――アメリカに留学するつもりで香港に出られたとのことでしたが……

胡　ええ、そうです。というのは、わたしは大学入試を一九四九年の共産党による解放前に申請していて、ひとつはアメリカのコロラドのデイトン・カレッジへの、誰が紹介してくれたのか忘れてしまいましたけれど、入学申請書も手に入れていたんです。本当は一九四九年に八路軍[1]が来る前に行くつもりだったんですけれど、内戦が始まってみると動きがとれなくなってしまって香港に行ってからも入学できなかった。お金を持って出なかったんで、生活費を稼がなくてはならなかったし。

――そのときは全然、映画のことは考えていなかったのですか。

胡　全然考えていなかった。ともかく生活の糧を求めるのに精いっぱいで（笑）。

――コロラドのデイトン・カレッジに行ってどんな勉強をなさろうと思ったのですか。

胡　あれは一九四九年以前のことで、まだ共産党が北京に入ってきていないときのことです。デイトン・カレッジは、文科系あるいは理工科系のどちらかを選択して受験するようになっていて、それでわたしが受けようとしたのが理工系、たぶん二年から専門課程に分かれるようになっていたと思います。ただ、わたしがデイトン・カレッジの入学申し込みをしたときには、香港に出ることは考えていませんでした。そのときは香港行きとは関係なかった。香港に行くことになったのは別の理由です。共産党が北京に入ってから、わたしの表哥（母方の従兄）、かなり遠い親戚でしたが、劉という者がよく家に遊びに来ていたんですが、香港に行こうとしていて、それでわたしにも行かないかと持ちかけてきたんです。いいよとわたしは答えました。当時はまだ何もわかりませんでしたから。ところが、結局彼は行かなくて、わたしが通行証を手に入れて行くことになったんです。わたしたちは一緒に申請しました。なぜ彼が行きたがっていたかというと、表哥は当時警察学校を卒業したばかりだったんで、八路軍がやって来て調べられて、いろいろ面倒なことになるんじゃないかと恐れていたんです。ですが、彼は八路軍がやって来てから、人民大学に受かったんです。当時は入学が容易だったんですよ。人民大学に受かったんで香港には行かなくなり、わたしがひとりで行ったんです。

——ちょうど国民党が共産党との内戦に敗れて台湾に撤退する年ですね。しかし、北京では大きな家に育って、それから香港に行かれて、がらっと境遇が変わって、すごく苦労なさったわけですね。

胡　そうですね、はじめの頃はたいへんでした。けれど、小さい頃も家では厳しかったんですね、贅沢な生活はしなかったし。学校へも自転車で通っていた。家の車に乗ることも許されなかったんですよ。その車は公用車だったから子供は乗せてもらえませんでした。

——大学に行かれなかったということは、十代で北京の家を出られたわけですね。

胡　ええ、一九四九年ですから。当時は工学、エンジニアリングのほうを学ぼうとしていて、もともとはコロラドのデイトン・カレッジに行く予定だったわけですが、大陸から出てくるときに金を持ち出さなかったので行けなくなった。それで香港の理工学院に進もうと思いました。ところが、試験を受けられなくて、入ることができなかった。で、進学せずに職につきました。最初は校正の仕事です。嘉華印刷所というところで、電話帳などの校正をやった。電話帳は絶対に数字を間違ってはいけないのでたいへんでした。お経の本のときも、意味のわからない難しい字ばかりで苦労したけれど（笑）、いい勉強になりました。

——その頃もまだ映画をやろうとは思っていなかったのですか。

胡　一度も考えたことがないんです（笑）。

——どうして映画のほうへ入られたのですか。

胡　偶然です。わたしは絵が描けましたから、小さな広告会社でポスターを描いていました。それ以前に看板も描きました。わたしが習ったことのあるのは普通の絵画だから、足場に乗って描く大きな看板はどうも勝手が違った。金をもらえなかったこともありました（笑）。最初に描いた看板は老舎の「我這一輩子」（「私の一生」、一九三七）を映画化した『私の一生』（一九五〇）のものでした。私が老舎の研究を始めたのは彼が文革中に自殺してからのことなので、ずっとあとになりますが、何か縁があったのでしょうか。それから（一九五一年）、ほんの短期間、呉性裁《ウー・シンツァイ》と費穆《フェイ・ムー》の龍馬《ロンマー》という映画会社に広告関係の仕事で入社しました。呉性裁がタツ年生まれ、費穆がウマ年生まれということから、龍馬を合わせて社名にしたという映画会社でした。このときは、わたしをその会社に紹介してくれた人間が、わたしのことを「広告のことなら何でもできる奴だ」と言って売り込んだために、入社してすぐ専門的な仕事をこなさなくてはならなくて、困ってしまいました。わたしは少し絵が描けるというだけで、広告のことなど何もわからないんですから。結局、半月でクビになりました（笑）。看板やポスターの仕事と同時に、わたしは家庭教師もして学生に英語を教えていたんですが、ある日、学生の親が、わたしの描いたポスターを見かけて、「おっ、これはいい、ちょっと来てみてくれないか」ということになった。あとでわかったのですが、彼は長城撮影所（長城電影製片有限公司）の人だったのです。沈天蔭《シェン・ティエンイン》という人でした。で、長城撮影所の「美工科」（美術部）に入って、「陳設」（Set Decorater）をやることになったのですが、わたしの主任は萬古蟾という、中国最初の長篇アニメーション『鉄扇公主』（一九四一）をつくった萬兄弟の弟のほう。中国のアニメーションの第一人者でした。李翰祥《リー・ハンシャン》とわたしは萬先生の美術の弟子です。先生は一九四九年頃に香港に来て、しばらくしてまた上海に戻られたわけですが、一九八八年に九十歳で香港を訪れてくれました、李翰祥とわたしにぜひ会いたいからと言われて。わたしが長城撮影所にはじめて仕事に行った日、仕事場の自分の椅子に着くと、萬先生が、「きみの前にそこにすわっていたのが李翰祥だ」と教えてくれたのです。でもそのときは、本人にはまだ会っていませんでした。のちに長城から永華という会社に移ってから厳俊監督が『吃耳光的人（ひっぱたかれる者）』あるいは『笑声涙痕』のタイトルでも知られますが、その撮影で男の子、といってもあまり幼くないのを捜していたのですが、その映画の美術、装飾を担当していたわたしに白羽の矢が立った。厳俊の目にとまって「役のほうをやってみろ」と言われてしまったのです。わたしは「演技なんてできない。美術のほうで入ったんだし」と言ったんですが、「大丈夫だよ。きみみたいなのが演技をやるのに一番向いているんだよ」と言われてね（笑）。わたしも実は美術のほうはもう続けたくなかった。というのもいじめられましたからね、まだ十代でしたから。それで厳俊監督のほうについて出ていったんです。これはわたしにとってはじめての映画出演でした。しかも主役の一人。まさか主役だったなんて知りませんでした。ヒロインが林黛、それから李翰祥が助監督でした。李翰祥とはこうして知り合ったんです。

——その『吃耳光的人』というのはどんな映画で、どんな役だったのですか。

胡　ロシアの物語を翻案したものです。厳俊監督が主役も兼ねていて、小さな会社のサラリーマン。子供がたくさんいて、長女が林黛、長男がわたしです。子供たちは父親にいろいろ物をねだってばかりいる。もうじき昇進したら何でも買ってやると言っていたんだが、昇進どころか、外から来た若い奴が彼のポストを奪って、彼はクビになってしまう。そのことを家族に言えなくて、毎日会社に通うふりをし、金を稼ぐために彼は馬戯団（サーカス）の道化になるんです。力自慢の男にひっぱたかれることで観客を笑わせる。それから、自分を標的にして観客に玉を当てさせる。当たると賞品が出る。観客が玉を買って投げるわけ。それである日家族がサーカスに行く。まさか父親がそんなことをしているとは知らない。

1

3

2

1　長城撮影所時代。美術部主任の萬籟鳴(左)、萬古蟾(右)の双生児兄弟とともに。 2 『金鳳』(1954)出演中のキン・フー。美術係によるスケッチ。 3　助監督時代。

そこで、わたしが玉を買って投げ、父親の道化にみごとに命中してしまう。心臓が弱っていたのに毎日そんなことをしていた父親は、倒れてしまう。そこではじめて家族はすべての真相を知って涙する……というストーリー。もとはロシアの物語です。

その後も何本か撮りました。あとになってわかったのですが、わたしの名前を出せば儲かったということがあったのです。わたしは観客に人気があったらしい（笑）。で、二本目の出演映画もやはり厳俊監督でした。撮影所は永華に移って……永華はこの頃つぶれかけていたのですが（笑）。

——永華撮影所は一九五四、五年に解散していますね。

胡　そう、わたしが入ってから間もなくつぶれました（笑）。わたしは自分がプロの映画俳優だなどと思ったことは、最初から最後までただの一度もありません。とても不安定でしたから。俳優というのは、当時はお金をもらえないことがよくあったのです。最初の支払いをもらってから、その後全部撮り終えてみると、経営者が消えてしまっている（笑）というようなことがあっても、訴えることができなかった。当時は誰も法廷で争うということはしなかった。制度が整っていませんでしたから。それで仕方がない、と泣き寝入りになってしまうんです。

——俳優として出演した映画のなかで、ご自分でも一番好きな作品は何ですか。代表作は何でしょうか。

胡　うーん……『長巷』（一九五六）かな。監督は卜萬蒼。

——ちょっとジェームス・ディーンがやるみたいな不良少年の役でしたね。拾われた子で家族の愛情が薄くてぐれてしまう。ナイフで格闘するシーンがありますね。

胡　そうそう。チンピラの役ですよ。

——俳優だったときに監督に指導された経験から、その後、監督になられて俳優たちを使うときに何か役立ったことがありますか。

胡　あります、あります。特に厳俊という監督からはいろいろと学びました。映画、演劇の俳優として、それから映画監督としてももちろん、経験豊かな人でした。厳俊はよく、たくさんの作品でいろいろなことをわたしにやらせました。彼自身、映画の主人公をやったり、プロダクションの社長でもあったわけですから。それでたくさんのことをわたしにやらせてくれました。彼はきちんと読み書きを習っていない。この世界でたたきあげてきて長くやっているけれども、読み書きができない。それで多くの台詞をわたしが書きました。わたしも多くのことを学びましたよ。それから編集もわたしにやらせた。なにしろ彼はやることをいっぱいかかえていましたから。会社を管理したり、俳優として演技もしなければならないんで（笑）。

当時は、それ以前にはどうだったのかわかりませんが、香港でエイゼンシュテイン、プドフキン、それからベラ・バラージュの研究が始まっていて、わたしも学びました。こういった原書を読める人はそんなにいなくて、それに興味を持って。わたしは助監督をやっていたのですが、当時、いろいろな監督にこういったことをたずねてみても、誰も何にも知らない。ベラ・バラージュなんてね（笑）。これから監督になるとしたら、どうやるべきなのかを考えたわけです。演出の実際は、監督から学ぶわけですが、でも理論面がどうも弱い。それで自分で本を捜して読むわけです。ですが、当時中国語の本がない。大陸には中国語に訳された本があったのですが、香港にはありませんでした。中国語の本がないのなら、英文の本を買うしかない。本当はエイゼンシュテインやプドフキンの本の原文は、ロシア語で書かれていたわけですがね（笑）。こうして読み始めたわけです。実はわたしがはじめて発表した文章というのは、「エイゼンシュテイン研究」というのです。もうかなりむかしのことで忘れちゃいましたけれど、

俳優時代のキン・フー。

1

3

2

1　最初の出演作品『吃耳光的人』(1953)。 2　『金鳳』(1954)。林黛(左)と。 3　『畸人艶婦』(1959)。

台湾のある新聞に送って、そこに掲載されました。当時、大陸ではスタニスラフスキーの演出方法とか、たくさんの本が翻訳されていて、一所懸命読みましたよ。翻訳がよくなかったけれど。ロシア語の本は翻訳が難しいですから。とても読むのに骨が折れた（笑）。

——それで、ベラ・バラージュの本をお読みになったり、プドフキンとかエイゼンシュテインのモンタージュ理論を勉強されて、影響を受けましたか。映画を撮ることになって、演出に役立ちましたか。

胡　重要なことは、助監督をやっていたときにああいった本を読んだことで、やはり、けっこう役に立ちました。ああいった本は、もし実際に仕事をしていないときに、仕事上の経験を積んでいないときに読んだならば、かなり難解でしょう。でも仕事の経験があれば、経験と理論を結びつけることができます。

——モンタージュ理論といえば、「クレショフ効果」(2)についてどう思われますか。ひとりの俳優の顔を、同じ顔で同じクローズアップなのに、次につないだカットが、例えば裸の女だと性欲を表し、あるいは、テーブルの上のおいしそうな料理だと食欲を表すといったモンタージュによるクレショフ効果を信じますか。

胡　信じます。なぜかと言えば、あらゆる芝居というものは、すべて継続性、連続性の中で表現されますが、映画だけは、今おっしゃったようなカットのつなぎ、つまりモンタージュの方法で表現できますから。

——モンタージュ理論の実践というか、当時のロシア映画、エイゼンシュテインやプドフキンの映画も実際にご覧になりましたか。

胡　何本か見ました。『戦艦ポチョムキン』とか、『レーニン1918』とか。赤ん坊を乗せた乳母車が長い石段を落ちていくシーンがありますね。

──『戦艦ポチョムキン』ですね。

胡　ああ、やはり『ポチョムキン』ですか。それからひとりの人間の目がやられる。それも『ポチョムキン』ですね。

──ほかにはどんな監督の映画を意識的に見られましたか。

胡　とてもたくさんの映画を見ました。当時そういった作品を見て、たくさんのすばらしいものに触れました。ジョン・フォード、ジョージ・スティーヴンス、フレッド・ジンネマン、ロバート・ワイズ……

──ロバート・ワイズには機会があったら、そのうち会いにいこうと思っています。

胡　ロバート・ワイズ監督は香港で撮った映画が一本ありますね。

胡　そう……『砲艦サンパブロ』。それから当時見たものは、えーと『ローマの休日』の監督は誰でしたっけ。

──ウィリアム・ワイラーですね。日本映画ではどんなものをご覧になっていますか。

胡　日本映画ですか。たくさん見ましたけれど、監督を意識して見始めたのは、黒澤明の映画からですね。東宝が香港に事務所を出したのですが、そこの代表がわたしの友人でした。それから川喜多長政さんと知り合いになりました。彼は中国語ができましたから。彼は中国で生まれて北京大学を出ています。

──黒澤明の作品で一番お好きなのは何ですか。

胡　『七人の侍』はやはり好きです。しかし一番好きなのは『生きる』。とてもすばらしい。これも香港の東宝の試写室で見たんです。日本で上映されてからずいぶんたっていました。香港には売れなかった。

──黒澤明監督にはお会いになりましたか。

胡　ずっとあとで、インド（ニューデリー）の映画祭で会ったことがあります。ミケランジェロ・アントニオーニも一緒でした。

――いつ頃ですか。

胡　サタジット・レイがまだ生きているときでした……たしか一九七七年だったと思います。わたしは審査員になって、それで、ある日、アントニオーニがわたしにこう言ったんです。「今ヘリコプターを借りて、ガンジス河に行ってインド人が沐浴するところを撮影しようと思うが、座席が空いているから、こないかね」と。わたしは行かれない、映画を見なくちゃいけないから、と断ったんですが。アントニオーニが戻ってきたところに会ったんで、どうだったとたずねると、彼は「殺されそうだったよ」と。とても神聖なことで、撮影しちゃいけなかった。撮ろうとしたら、わーっと集団で押し寄せてきて、慌てて逃げ出したということでしたね。結局撮影できなかった（笑）。

クロサワは文句ばかり言っていて、というのは、英語ができる通訳が付いていて、彼が文句を言うのを訳してくれたのです（笑）。当時彼はちょうど、あの、シェイクスピアの日本版、何て言いましたっけ。

――「マクベス」を映画化した『蜘蛛巣城』ですか。

胡　「マクベス」以後のだと思いますが。

――「リア王」ですか。

胡　ああ、そうだ、彼は「リア王」を撮る予定だと言っていた。だから『乱』ですね。そのときはまだ『乱』を撮っていない頃ですね。

――『乱』が映画化されるのは一九八五年ですから。黒澤明監督は、何について文句を言っていたのですか。

胡 みんながクロサワは無駄金を使ってるとか、いろいろ批判が多くて嫌になるといったこと。いや、彼は個人的に話してくれたんで、公の場で講演したんじゃないですよ（笑）。

――一九九五年の東京国際映画祭のときのアンケートで、キン・フー監督は一番好きな日本映画は溝口健二の『祇園の姉妹』と書いてありましたね。

胡 かなり前に映画祭で見たきりだったんです。今はビデオを持ってますけれど。以前、祇園についてちょっと研究したことがあったから、それであの一本を選んだだけで、それに、あのアンケートは「一番好きな作品」ではなくて、「今、一番見たい日本映画は？」というのでしたよ。ですから、そのほかの映画だったら簡単に見られますが、『祇園の姉妹』はずいぶん昔の作品なので、見るチャンスがない。わたしは、溝口健二そのものが好きなんです。一九九四年に東京国際映画祭が京都で開催されたときには、イタリア人の映画評論家でスイスのロカルノ映画祭の主宰者でもあるマルコ・ミュラーと一緒に、溝口健二の墓参りに行ってきましたよ。溝口健二の作品はたくさん見ました。題名は忘れてしまったけれど、とてもいいものをたくさん見ました。『雨月物語』のほかにもずいぶん見ましたよ。みんな映画祭で見ています。

――先ほどのモンタージュ理論で言えば、クレショフ効果を最もみごとに駆使しているヒッチコックの映画なんかも、ご覧になっていますか。

胡 ええ、ええ。印象に一番残っているヒッチコック作品は、ひとりの女性が大変怯えているところで「わたしは六本指の人間を見たの」と恐怖でいっぱいになっている。すると、そう言われた相手が「こうじゃないかね」と手を見せる。それが六本指だった（笑）というやつ。

――それは六本指でなくて、小指のない男じゃありませんか。怯えるのも女性ではなくて、主人公の男性なのですが。

胡　あっ、そうかもしれない。

――イギリス時代のスパイ映画、『三十九夜』という作品ですね。

胡　ええ、そうかもしれない。指のところが印象が深い。わたしがまだ香港に行かないうちに見た作品ですが。

――では、まだ小さいときに。

胡　小さいときに。すごく怖かった（笑）。それから別の場面で、やっぱりヒッチコックの、これは『レベッカ』という作品で、車を運転して砦の中に入って行くところで、雨が降っている。それでワイパーがシュシュシュと動くところ、憶えていらっしゃいますか。

――マンダレーの邸に入っていくところ。すばらしいシーンですね。

胡　忘れられないシーンです。

――長城撮影所に「陳設」（セット・デコレーター）として入られて、美術としては、どんな作品に関わられたのでしょうか。

胡　作品化されているのはおそらく二本だけでしょう。一本は『一板之隔』で、もう一本は『一家春』かな、自分でも忘れてしまった（笑）。でも、たしかこの二作の中に装飾（「陳設」）としてわたしの名前があります。「陳設」というのは、美術デザインというよりは、物を配置したり、セットの図を描いて監督に見せます。例えばセメントの壁に囲まれて、壁には窓があって、ここに何かの絵がかかっていて、ここに机があって、といったように図を描くんです。このときの監督は朱石麟、李萍倩、陶秦、それから、誰だったか忘れてしまった。あとまだいます。忘れてしまったけれど、あと二人監督がいます。ともかくどんな作品でもセットの図は描かなくてはならない。わたしの主任は萬古蟾でした。萬兄弟の弟のほうですね。純粋に「陳設」としてだけでクレジットされているのは今言った二作だけ。『吃耳光的人』は出演と両方かけもちでした。

――『一板之隔』と『一家春』は何年頃の作品ですか。

胡 うーん、香港に来てから数年とたっていない頃です。わたしは自分についてはいつのことか憶えてなくて。古い時代のこと、歴史は憶えるんだけれど(笑)。

――セットの図面というのは、今おっしゃられたように、具体的に展開図みたいに描くのですか。

胡 ええ、そうです。立体図も描きます。面白い話があります。李萍倩という監督が、「株の機械」をつくってくれと言ってきた。わたしは、その機械を見たことがなかった。むかしは株式市況を見るのにある種の機械を使っていて、電報みたいにテープ状の紙に数字が打ち出されて出てくるものだった。図面を見つけてきて、一日で完成させたんですけれどね。ガラスの電気の笠を見つけてきて、これが動かなきゃならないでしょ。それで扇風機をばらして、この中に入れて、それから、証券会社に行って、反故になった紙をもらってきた。当時はまだ香港ではそういうものがあったんです。内部は自分で設計して、扇風機を利用してね。翌日、李萍倩がやってきて、あれ、扇風機がどうしてなくなっちゃたんだって言ってね。扇風機はわたしがばらしちゃったんですよと(笑)。

――その頃ずっと、美術だけでなく、同時に俳優もやられていたのですか。

胡 ええ、でも俳優として働いていた永華撮影所も倒産してしまったのです。そのときは助監督も兼任していたのですが、六カ月間も給料がもらえなくて、もう飢え死にしそうでした(笑)。六カ月間給料がもらえなくて、ではどうやって食べていたのかというと、わたしは広東語のほうはだめでしたが、標準語（北京語）を話すことができたので、放送局へ行って、「Rediffusion《レディフュージョン》（麗的呼声）」という香港の有線放送局ですが、そこでアナウンサーをやったんです。アナウンサーをやるとお金になった。それもかなり稼ぐことができました。この有線放送局では、「麗的呼声」という週刊の雑誌も出していて、これを編集していたのがのちにプロデューサーになる鄺文懐《チョウ・ウエンファイ》、またの名をレイモンド・チョウ。彼もまたふたまたかけていて、「Hong Kong Standard《ホンコン・スタンダード》」という香港の英字新聞の記者でしたが、稼ぎが足りないので「麗的呼声」の編集もやっていたというわけです。こうしてわたしはレイモンド・チョウと知り合ったのです。ですが、このときもまだわたしは同時に俳優のほうも続けていました。そのあとレイモンド・チョウとボブ・バートンが「ボイス・オブ・アメリカ[3]（美国之音）」という放送局を香港で設立し、そこでわたしはレイモンド・チョウと一緒にボイス・オブ・アメリカに加わったのです。それでも俳優は続けていましたがね（笑）。

――ボイス・オブ・アメリカというのは、アメリカの対外宣伝放送ですね。

胡　はい、国務省のひとつの下部組織でした。ボイス・オブ・アメリカというのは世界的規模のもので、沖縄にもあります。それでレイモンド・チョウが放送部門の副部長をやって、わたしが北京語番組のプロデューサーをやっていました。でもそれは名目上の肩書で、実際はわたしたちは四人しかいなくて、何でもやっていたのです[4]（笑）。

　その間、わたしは二人の結婚のとりもちをしました。ひとりはレイモンド・チョウで、もうひとりは李翰祥《リー・ハンシャン》。彼らは車を持っていなくて、わたしは持っていましたから。当時はみんな貧しくて……わたしのあのオンボロ車でデートさせてあげたんです（笑）。

――キン・フー監督は結婚されなかったのですか。

1

2

1 ボイス・オブ・アメリカ——左から歌手の方逸華(モナ・フォン、のちショウ・ブラザースのプロデューサー)、大女優の白光と演出中のキン・フー。 **2** キン・フーの愛車——ショウ・ブラザースの女優の杜娟、のち『大酔侠』(1966)にも出演する俳優、王冲と。

胡　結婚してたら車はなかった（笑）。それで……まあいいでしょう（笑）。わたしはボイス・オブ・アメリカではきちんと仕事をこなしましたよ。「赤地之恋」という放送劇などをやりました。「赤地」というのは、赤い土地という意味。中国大陸のことです。作者は張愛玲《チャン・アイリン》。とても有名な作家で、最近映画化された「紅玫瑰白玫瑰」（『赤い薔薇白い薔薇』）は彼女の小説です。アン・ホイ（許鞍華）も彼女の作品を撮っています。『傾城之恋』ですね。張愛玲は最近亡くなりました（一九九五年九月初め）。つい先週のことです。

わたしは、ボイス・オブ・アメリカ時代にすでに映画界に知り合いがかなりいました。俳優をやっていましたから。それでしょっちゅうスターを引っ張ってきてラジオ・ドラマをつくっていました。それで、こういった映画界の友人たちをレイモンド・チョウに紹介していました。当時の大スター、林黛とかをレイモンド・チョウに紹介したんです。彼が多くの映画界の人間たちと知り合うようになったのは、最初はわたしの紹介なんですよ。

（1）　八路軍

蘆溝橋事件に端を発した日中戦争のために抗日民族統一戦線を張った国民党と共産党の合意のもとに軍の改編が行なわれ、共産党の指導する紅軍三万余は国民革命軍第八路軍三個師団に編成され、総司令に朱徳、副司令に彭徳懐が任命された。ゲリラ戦をつづけていた紅軍一万余も新四軍に改編（軍長葉挺、副軍長項英）、国民政府の国防最高会議にも共産党から周恩来、朱徳らが参加した。一九四五年には八路軍は正規軍九十万、民兵二百二十万、十九の開放区（根拠地）を建設し、一億の人口を支配するまでに発展した。抗日戦勝利のあと四六年国共内戦が始まると、華北、西北、華東、中原などの野戦軍に改編、四七年十月中国人民解放軍と改称した。（小島晋治／丸山松幸「中国近現代史」、岩波新書）

（2）　モンタージュ理論と「クレショフ効果」

「クレショフと私は、興味ある実験を行った。私達はいろいろの映画から有名なロシアの俳優モジューヒンの大写しをとりだした。私達は、静止的で、いかなる種類の感情も示していない大写しを選んだ。私は、三つの異なった結びつけ方に従って、映画の他の断片と、すべての点で同じ大写しとを結びつけた。第一のモンタージュでは、モジューヒンの大写しのすぐ後に机の上のスープ皿のカットを続けた、モジューヒンがその皿を見つめているという印象が、明瞭で、疑いのないものとなった。第二のモンタージュでは、モジューヒンの表情が、死んだ女が横たわっているクッションづきの長椅子を示す映像と結びつけられた。第三のモンタージュでは、その大写しに小さな熊の姿をしたおかしな玩具を弄ぶ小娘のカットを続けた。私達がその三つを結びつけたカットを、なんにも知らされていない観衆に示した時、その結果は驚くべきことになった。観衆は、俳優の演技の前に熱狂して有頂天になった。観衆は、忘れられたスープを前にしたそのまなざしの重苦しい苦々しさを強調し、死んだ女を前にして示された深い悲しみに心を動かされ、遊んでいる小娘を見詰める明るく嬉しそうな微笑に感嘆した。しかし私達は、その三つの場合において、俳優の表情は全く同じものであることを知っていた。」『映画と有音映画』一八一ページ。(アンリ・アジェル「映画の美学」、岡田真吉訳、文庫クセジュ、白水社)

(3) ボイス・オブ・アメリカ(Voice of America)「アメリカの声」の意。アメリカ政府が一九四二年以来行なっている対外宣伝放送。対外情報、宣伝活動を行なう海外情報局USIAの所轄で、世界四十カ国語以上で放送されている。日本語放送は一九七〇年に廃止されたが、沖縄に中国語などの中継施設がある。

(4) 一九五四年九月にキン・フーがボイス・オブ・アメリカと交わした契約書によれば、彼の仕事内容は(a)オープニングとクロージングのアナウンスメントをつくること。(b)脚本の吟味。(c)音声、音響効果、背景音楽を手配し演出すること。(d)各番組の録音したテープを編集すること。以上の四つ。一つの番組は十五分間だった。

世界の映画祭・世界の映画人

キン・フーの撮影現場を訪れたブルース・リー（中央）と
その恋人のベティ・ティンペイ。

1

2

1　フランク・シナトラの誕生日に(1968年)。左がキン・フー。右はシナトラの肖像画を描いた曾景文。ニューヨークのシナトラのアパートにて。　2　『大地児女』(1965)撮影現場を訪れたカーク・ダグラス夫妻。カーク・ダグラスの左に主演男優の陳厚。ダグラス夫人の右にランラン・ショウ、レイモンド・チョウ、キン・フー。

1

1 黒澤明と。一九九二年の東京国際映画祭にて。

2

2 ジョージ・キューカーと。台湾にて。

4

3

3 サタジット・レイと。香港の自宅にて。 4 サミュエル・フラーと。テサロニキ映画祭（ギリシャ）にて。

1 ウィリアム・サイター監督夫妻と。香港にて。

2 一九七五年カンヌ映画祭にて。ロイ・チャオ、徐楓と。

3 一九八三年、台湾金馬奨表彰式。『天下第一』で監督賞を受賞したキン・フー。左は同作品で美術賞を受賞した王童。

1

3

2

4 一九九四年、香港演芸アカデミー会員に選出され、パッテン総督(左)から表彰されるキン・フー。

4

1 老舎夫人、胡潔清と。文化大革命のあとに。
2 作家の金庸(右)と、一九七五年に。

1

3

2

3 女優のナンシー・クワンと。
4 一九九六年ゆうばり国際冒険ファンタスティック映画祭にて。左からキム・ノヴァク、桃井かおり、マリオ・ヴァン・ピーブルズ、キン・フー。

4

第３章　1958〜65

邵氏兄弟有限公司（ショウ・ブラザース）へ
黄梅調とは何か
『梁山伯と祝英台』
監督第一作『大地児女』
楽蒂と陳厚
韓英傑は「哥児替」と呼ばれていた
京劇の学校
老舎の影響
西本正はキャメラの名手だった
『大酔侠』
女の活劇
功夫（クンフー）とは何か
舞踏とアクションの様式化
白は悪の色
鄭佩佩（チェン・ペイペイ）の美しさ

胡　その頃（一九五七年）、ランラン・ショウ（邵逸夫）がシンガポールから移って来て、香港の撮影所を立て直しにきました。もともとショウ・アンド・サンズ（邵氏父子有限公司）といい、彼の次兄がやっていたもので、ランラン・ショウは投資はしていたのですが、三兄のランミー・ショウ（邵仁枚）とともに自ら経営に当たることにしたのです。彼は、撮影所も大規模なものを建設し、大量に自分の用員を必要としていました。それで彼は呉嘉裳《ウー・ジャータン》という人にたずね、この呉嘉裳氏は上海の聖約翰《セント・ジョン》大学の教授だった人で、レイモンド・チョウの恩師です。彼は当時香港の英字新聞「Hong Kong Standard《ホンコン・スタンダード》」の編集長をしていました。それで彼が「ホンコン・スタンダード」の記者もやっていたレイモンド・チョウをランラン・ショウに紹介しました。こうしてレイモンド・チョウは宣伝主任として映画界入りしたのです。このとき、わたしはまだボイス・オブ・アメリカにいました。もちろんわたしもあとからショウ・ブラザースに入るのですが、そのときは行けなかった。ボイス・オブ・アメリカでわたしはその働きが認められ、アメリカ合衆国の首都、ワシントンのほうに配置換えするということになりました。ですが、わたしがアメリカに行く直前になって、突然、ショウ・ブラザース、いやその頃はまだショウ・アンド・サンズだったけれども、そこのランラン・ショウの兄のほう、ランミー・ショウが訪ねてきて、李翰祥《リー・ハンシャン》を通じて言ってきたんですが、「アメリカなんかに行くな。俳優をやっていなさい。きみみたいにすばらしい俳優はそういるもんじゃない」と言うんで、「俳優では生活が不安定です」と答えると、「じゃあこうしよう。俳優兼監督の契約をしよう」と。そのうちに監督になれるんだ、それはなかなかいいじゃないかとわたしは思ったんです。ワシントンに行っても、一番下っ端の職員でしかない。ワシントンでは国務省所属の公務員扱いになるので、たちまち最下級の役人になってしまう。ボイス・オブ・アメリカは国務省の下部組織のひとつにしかすぎませんから。給料はとても低くなってしまう。アメリカでのランクづけは国務省が決め、わたしは雑役の上くらい。当時ワシントンはとても物価が高いところだという印象がありました。香港ではわたしの地位は高く、二級に属していた。でも、アメリカ行きを断らせた最大の原因は映画界からの誘いでした。それで、わたしは邵氏と契約を結び、ワシントンには行かないことにしたんです。契約してからは、まず俳優、それから監督です。

――俳優としてまず入ったわけですね。

胡　そうです、そのとおり（笑）。ですが、わたしのほうは俳優をやりたくなかったんです。しかも長いこと助監督もさせられました。当時の総支配人はドーベン・チョウ（周杜文）といって、彼は以前はアメリカの映画会社、廿世紀フォックスの香港での代理人だったはずですが、彼が支配人をやっていて、言うんですね。「そんなに期待をしなさんな。せいぜい俳優業に精を出していなさいよ」。それでわたしはひどく感情を害してしまって（笑）。当時アメリカ領事館にいて、わたしのワシントン行きの手伝いをしてくれたディック・マッカーシーがよく香港に来ていたのですが、彼に「ばかだなあ、なんで行かないんだ。ぼくはいろいろ骨折って東南アジア全域の三十人の中からきみひとりを選んだのに、今となってはきみの退職金も年金もすべてなくなっちゃったんだよ」と言われました。わたしはその当時まだ若かったものですから、俳優をやっていて、退職金とか年金だとかのことはあまり気にかけなかったのですが、こんな風に言われてしまうと、とても後悔しました（笑）。今になってショウ・ブラザースの連中がわたしをどうしてもアメリカに行かせようとしなかったわけがわかりました。なぜかといえば、興行の面でわたしが出演者に名を連ねていれば、金を儲けることができましたから。わたしはその頃にはもう主役になっていましたからね。李翰祥はすでにショウ・ブラザースに行っていました、わたしがボイス・オブ・アメリカにいるときに。そして、すでに監督をやっていました。で、そのあとから、わたしはショウ・ブラザースに行って、李翰祥監督で『江山美人』（一九五八）に林黛と共演したり、それから、これもやはり李翰祥が総監督でしたが、『玉堂春』（一九六二）というのも撮りました。契約にサインするときは、監督をやってほしいということを言っていたのに、ワシントン行きをやめて入ったら監督の話もどこかに消えてしまった（笑）。

――『玉堂春』という映画がキン・フー監督の第一回作品と記されている資料もありますね。

胡　ええ、あれはわたしが李翰祥と一緒に監督したんです。監督といっても、実際には執行導演（監督代行）ですね。わたしはもともとはあれは撮りたくなかったんです（笑）。でも李翰祥が撮りたがって、それで一緒にやることになったのですが、その後李翰祥は別の作品を撮ることになったもんですから、結局わたしがあとを引き受けて撮ることになった（笑）。でもあれは撮りたくなかったんです。あれは黄梅調[1]の歌劇だったから。わたしには黄梅調はわかりませんからね（笑）。あの調子はテンポがのろすぎると思っていたんです。だけど、彼が撮ろうっていうから、一緒に始めた。そしたらそのあとで「きみが撮ってくれ」と任されて、「黄梅調なんかわからないよ」って言っても、「大丈夫だから」って、そんな調子で。でも、まあ、監督をやるチャンスでしたから引き受けたのですが。

『玉堂春』は、物語からしてとても好きだというわけにはいかない。むかしの遊女の話で、彼女が若者と出会い、その彼が科挙に合格する。その後、女が事件に巻き込まれ、彼に裁かれることになる、というようなありふれた話です。しょうがなく撮ったのです。結果はそれでもなかなかの成績を上げましたけれどね（笑）。監督としてクレジットされていますけれども、でもこれは、わたしの最初の作品というわけではありませんね。最初の作品はやはり『大地児女』です。

――『玉堂春』には出演はされていないのですか。

胡　してません。わたしが出演しているのは、とくに岳楓《ユエ・フン》監督の映画です。たくさん出ています。

――そのなかに一九六〇年の『燕子盗』という作品がありますね、武術指導が韓英傑《ハン・インチエー》で。

胡　ああ、出てた、出てた（笑）。すっかり忘れてた。

――韓英傑は、その後キン・フー監督のほとんどすべての作品の武術指導および出演者として必要欠くべからざる存在になるのですが、そのときお知り合いになられたのですか。

胡　韓英傑とはかなり古くからの知り合いです。わたしは香港でたくさんの京劇の学校の理事と知り合いでしたが、韓英傑も当時その学校のひとつで教員をしていました。彼は京劇の俳優でした。「富連成」という劇班（芝居の一座）で訓練を受けています。「富連成」というのは、とても有名で、馬連良、譚富英といった人たちは、みなここの訓練を受けて、京劇の大スターになっています。

――北京にある劇団ですか。

胡　ええ、北京です。韓英傑はそこの最後の訓練生です。それ以後はなくなりました。一九四〇年代末に……たしか一九四九年のはずですね、最後は。というのは、共産党がやってきて、それで国営劇団となった。名前も変わってしまった。韓英傑は、もともとは「武丑」（立ち回りの道化役）を学んでいました。

――「武丑」というのは顔の中央の部分をピエロみたいに白く塗っている役ですね。

胡　そう、そう。

――以前に、香港で活躍されていたキャメラマンの西本正さんに聞いたのですが、『大地児女』を撮られる前に、一九六三年の李翰祥監督の『梁山伯と祝英台』では西本さんの撮影でキン・フー監督がB班を受け持たれたということですが。

胡　ええ、そのとおりです。この『梁山伯と祝英台』の仕事は、これもとても偶然だったんです。ある日わたしが、李翰祥と車に乗って邵氏の撮影所《ショウ・ブラザース》に向かう途中、車内で彼が、「邵社長《ランラン・ショウ》が今俺に、『梁山伯と祝英台』を撮らせようとしている」と言うので、「いいじゃないか」と言ったところ、「何がいいものか。社長は一ヵ月以内に撮り終えろ、と言うんだ」と言う。「なんでそんなに急ぐんだ？」と聞くと、「別の映画会社、国泰《キャセイ》も大スターの李麗華と尤敏《ユー・ミン》を使って撮ろうとしているから、その前に撮り終えなければならない」。「そりゃ、ご苦労なことだね」と言ったら、李翰祥が「ご苦労はお前のほうなんだよ」。「またか」と思いました（笑）。それに、また黄梅調なんです（笑）。「そりゃだめだ。とんでもない！……俺は黄梅調がわからないんだ」と言うと、「かまわないから、大丈夫」と言って、脚本を半分に引きちぎると、「こっちは俺が撮るから、そっちはお前が撮れ。どんなことがあっても撮ってくれよ」。仕方がないから「ああ、わかった。まあその話はまたあとにしよう」と答えておいて、家で脚本を全部読んでから李翰祥に「こりゃあ、だめだ。絶対撮れないよ」と言ったんです。「どうしてだ」と聞くんで、「この劇にはストーリーが全然ないじゃないか。梁山伯と祝英台が三年間共に学んでとても仲がよかった、というだけじゃないか。これが脚本かい。こんなの撮れないよ」とね。李翰祥は「大丈夫、大丈夫、そんなの関係ないよ。適当にやればいいんだから」と言うから、「じゃあ、こうしよう。お前がドラマの部分を撮って、俺がつなぎのほう、山に登ったり山を下りたり、学校の場面とか道中の様子とかを撮ってつなげよう」ということで、ともかく何もかも急いでやらなくてはならなかったんです。男の主人公、梁山伯の役者が誰かいないかということで、地方劇の、たしか上海からやってきた紹興劇の役者（歌い手）を紹介された。任潔という名でしたが、一目会ってみて、こりゃだめだ、と思いました。すごく醜くて……女性ですよ（笑）。男の役を女性が演じるんだから。ではどうしようか、新人を捜そう、ということで捜していたら、黄梅調映画の主役の歌の吹替えをしている若い女の役者がい

『梁山伯と祝英台』(1963)。凌波(左)と楽蒂。

ました。歌いながら本当に涙を流していて感動的でした。名前を聞くと、小娟《シャオ・チュエン》といって、もともと劇団で歌っていたんですが、彼女を男の主人公にすることにしました。主演するに当たって彼女は芸名を凌波《リン・ボー》と変えました。

実際にはわたしが撮ったところは、山を登ったり下ったりするテンポの速いところばかりで、情感の盛り上がるところは、みな李翰祥が撮ったんです。ともかく大変急いで撮っていましたから、撮影初日からアクシデントが起こりました。ふたりが同時に撮っていました。例えば、彼がこちらの場面をステージAで撮るとすると、わたしはステージBというふうに同時進行でやりました。わたしが撮っていたのが山を下る場面なら、彼のほうも同じ山を下るその直前の場面という具合でした。半分まで撮ったところで、こちらの助監督がトイレに行き、ついでに向こうの様子も見てきたところ、びっくり仰天して戻ってきたんです。そして「監督、こちらのシーンのセットはもしかして李翰祥のほうとひと続きなんですか」と聞くんで、「そうだ」と答えると、「こりゃあ、たいへんだ。向こうは桃の花だっていうのに、どうしてこっちは紅葉なんですか！」というわけで、たいへんなことになってしまった。紅葉は楓だから秋ですし、桃は春ですからね（笑）。それで急いで向こうに行って「李翰祥、桃だなんてこりゃあだめだよ、どうして桃なんか使ったんだい」と聞くと、「このシーンはどうしたって春だろう、みんながうきうきしているんだから」と言う。「だめだよ、こっちじゃ紅葉なんだから」と言うと、「うわあ、そりゃ、たいへんんだ。どうしようか」ということになった（笑）。それで「お前が変えなきゃだめだよ、こっちではもう撮影がずいぶん進んでるんだから、お前のほうで変えてくれ」というわけで、結局彼のほうで変えて、最初から撮り直しました。こういったようなことが二度ほどあったかと思います。

それから学校の場面の撮影、学校の場面は全部わたしが撮ったんです。でも晋の時代、漢王朝のあとですからね、二千年も前のこの時代に学校がどんな様子だったのかなんてわかりません。ですが、美術の担当がたずねるので、図を描いて説明してやりました。すると、ひと目見るなり、「監督、これを完成させるには少なくとも十日はかかります」と言うんです。というのは、わたしは壁の部分すべて、木の部分すべてに文字を刻むように指示していたからです。以前韓国で古代の学校を見たときそうなっていたからです。それから同時に美術係に制服をつくるように言いました。「あの時代に制服なんかあったのですか」とたずねられましたが、「そんなことどうでもいいから。まあともかく制服をつくってみてくれ」とね。本当は、こちらの都合に合わせてもらおうとしたということがありました。そのとき実はわたしはまだ撮影台本を書き終えていなかったのです。で、美術部が制服をつくり、セットを完成させるのに十日かかるということだったので、十日あれば台本を完成させられますからね(笑)。彼らは本当にとてもうまくつくってくれましたよ。

それからプロデューサーが、学生たちはどのくらいいるのかと聞いてきたんで、「学生をどのくらいかだって！　どこから連れてくるつもりなんだ」とたずねると、臨時アルバイトで間に合わせるつもりだというんで「アルバイトじゃだめだよ。歌も歌わなくちゃならないんだし」と言うと、「それならどうしましょうか」とたずねてきた。それで「ショウ・ブラザースのスターたちを連れてきて学生にすればいい」と答えました。そこでショウ・ブラザースのスター全員に集合をかけて彼らに制服を着てもらって撮ったんです。撮影がすべて終了してからキャメラの西本さんに「どうですか。何も問題はありませんよね」とたずねたところ、「大丈夫でしょう。ただ壁のすみで少し高くなったところにライトの脚が見えてますよ」と言う。「見えちゃいますか」とたずねると「なんとか大丈夫のようです」、それでまあ試写のときの様子を見てみよう、よし、じゃあ終了！　ということで、みなが帰っていきました。ところが、撮っているときは壁が目に入らなくて何の字が彫ってあるのかよくわからなかったのですが、見てみたら、なんとまあ、唐詩じゃありませんか。物語の時代は晋朝ですよ。唐より数百年前ですよ（笑）。でもアップもないし、あとでフィルムを現像してみてもわからなかったし、映画評論家たちも誰ひとり気づかない。そんなところまで細かく見ていない。西本さんが撮ったライトの脚も気づかれなかった、というわけです（笑）。

――打ち合わせなども全然しないで撮ったのですか。

胡　何も打ち合わせしていません。これはわたしが撮ったもののなかで、唯一、最初から最後まで脚本がないものでした（笑）。李翰祥もわたしも、ふたりとも紙一枚だけ（笑）。この話はむかしからさまざまな地方劇に採り入れられています。黄梅戯(1)とか越劇（上海劇）とか、いろいろなものに。でも、もともとの劇としては、とても簡単なものでしたから、学校の場面とか山を下る場面、愛情表現に関する部分などとかを入れてふくらませたんです。この撮影は本当に疲れました。総監督は李翰祥、続いてその下に監督協力として一人、二人、三人、四人、五人、六人……わたしは最後の一人です。しかし、あとの五人は実際には何も撮っていません。この映画ではわたしはお金をもらわなかった。李翰祥が全部使っちゃったんです（笑）。

映画を撮り終えたあと、場記（スクリプター）の記録が役に立たず、編集のときにはいちいちそのシーンを見るしかなかった。記録というのは普通ひとりで書くものですが、それをふたりで書いたんじゃしかたがない。それで編集のときは画面にたよるしかなかった。当時はまだスティンベックという、音と画《え》がシンクロする編集機がなくて、古いムヴィオラしかありませんでした。

この映画は、香港ではあまり評判になりませんでしたが、台湾ではたいへんなブームになって大ヒットしました。たくさんの人が、特にお年寄りが百回以上も見たなんていうほどの大ヒットでした。映画そのものが面白かったということのほかに、台湾に渡った大陸の人々が懐かしがって、故郷を恋しがって、それで歌を憶えに見に行くということがあったわけです。歌は故郷の歌なわけですから。歌を憶えるには何度も見に行かなければ憶えられないでしょう（笑）。それにこういったいわゆるお涙頂戴ものは、特に女性やおばあさん方にウケた。おじいさん方ももちろん、大学教授のような人たちもたくさん見に来ていました。でも、どういうわけか、この歌のレコードは発売されなかったようです。なぜだかわかりませんが。

——男役を女優に男装させたとのことですが、映画化では最初のことですか。

胡　いいえ、これを撮る前に上海で撮った作品もあります。そのほかにも、「紅楼夢」などの物語で使われます。

——日本では宝塚少女歌劇団というのがあるのですが……

胡　ああ、観たことがあります。そうですねえ、ええ、少しそういう感じ。でも、これはですね、例えば「梁山伯と祝英台」とか「紅楼夢」とかを、本当に男性が演じたとしたら、見ていてあまり気持ちのいいものではありません（笑）。なぜかといえば、まず、この劇自体が、中で女性が男性に変装することになっていますし、しかもみんなとても年若い少年たちということになっていますから、例えばこの少年役を実際に男優にやらせたとして、黄梅調を歌いながら愛の想いを語るなんてことをさせたら、見ていて不自然で気持ちが悪くなると思います（笑）。あの役は女性をひきつけるような男性的な、男らしい心理で演じるものではなくて、ある種のとても無邪気なナイーヴな愛情表現なわけですね。ですからもちろん、物語がつくられた当初は、男優に男役をやらせるということもありましたが、成功した試しがない、大陸でも香港でも。もう一本の競作していたほうでもふたりの女性が演じています。李麗華と尤敏です。李麗華が男役で、ショウ・ブラザースと競争して国泰という映画会社のほうでも同じ『梁山伯と祝英台』をつくったのです。しかし、この国泰のほうの映画は大したことがありませんでした。この物語そのものが、かならずしも魅力があるものではないのです。では、なぜわたしたちが撮ったもののほうが評判がよかったのかというと、それはつまり脚本がなかったからで（笑）、だからストーリーの欠如を埋めるために面白くなりそうなものをたくさん盛り込んだからなんですよ。時間がなくて、全体をひとつにまとめあげてやることができなかったので、それでちょっとした感情の波立ちとか、おかしなこととか、小さなことどもをどんどん入れていったというわけです。それから、わたしたちのほうの衣装とか道具とかが、とても美しくつくってあって、しかもきちんと考証されていたということがあります。李翰祥もわたしも、ふたりとも美術上がりですからね。それに、当時は口に出して言えなかった理由ですが、脚本がなかったので、道具と衣裳についてその場で考えることができたこと。仕上がりがおそくなるほどよかった。その間に部分的ながら脚本を書くこともできましたから。それで結果的にはとてもすばらしい出来となったわけです（笑）。

この映画は全体のまとまった計画というものがなかったので、よく半分まで撮ったところでレコーディング、というようなことがありました。通例は、まず歌のほうのレコーディングをすべて済ませておいてからドラマのほうを撮り、それから歌と音楽をプレイバックしながら歌のシーンを撮るという手筈になっているのですが、でもよくそれが間に合わなくてね。曲はもうできている。それで半分まで撮影がいったところで、今日は李翰祥があいているから歌のレコーディングに行ってくる、今日はこっちがあいているからレコーディングに行ってくる、といったことがしょっちゅうあり、これがとてもたいへんでした。

——しかし出来上がった作品を見ると、非常に完成度の高いものに見えますが。

胡 ええ、そうです。作曲家の周藍萍《チョウ・ランピン》は、わたしたちが毎日せかしていたら、作曲がとても間に合わないのでとうとう雲隠れしてしまった。これ以上せかされるのはたまらない、胃が痛い、病院に行かなくちゃいけないんだ、とかいろいろ言い訳して、とうとう逃げ出してしまったんですけれどね（笑）。それをまた連れ戻してきて（笑）。あとでわかったんですけれど、かわいそうに彼は胃の痛みじゃなくて心臓病だったんですよ。

——あの曲はオリジナルですか。

胡 原曲があります。でもすごくテンポが遅くて、とてもじゃないけれど使えない。とても長たらしくて、あれじゃどう撮っていいのかわかりませんよ（笑）。それでわたしはすごく速いテンポに変えてしまったんです。たとえば山を下る場面、あそこはとても速いリズムです。動作を速くするように変えてもらったんです。だから、曲は新しくつくったようなものです。

わたしたちは二種類の楽団《バンド》を使っていました。ひとつは西洋の楽器、バイオリンやチェロ、ピアノ等々の楽団、もうひとつは中国楽器の楽団。この西洋楽団《オーケストラ》と中国楽団の間に互いに相手を遮るような大きな衝立が必要でした。オーケストラのほうは指揮を見なくてはなりませんが、中国楽団は司鼓（板鼓《ばんこ》打ち）に合わせます。彼が指揮者の役割をする。司鼓は何を見るかといえば、映画の場面を見なくちゃならない。それで映像を見せます。これがたいへん面倒なんです。指揮者はふたつのイヤホーンを耳で聴かなければならない。そして演奏が少しでも合わないと、すぐストップさせます。演奏をピタリと合わせるのはたいへん難しい。中国楽団の司鼓もなかなか才覚があって、板鼓を打ちながらよく音を聴き分ける。彼にもイヤホーンを使ってもらっていますが、ともかく司鼓は相手側、つまりオーケストラの音を聴き、中国楽団は司鼓を見て合わせる。司鼓は同時に映像を見ます。例えば、ある役者が脚を上げると、そこでトンと打つ、といった感じで、司鼓は指揮者を見ないのです。両者はまるで別々のことをやるわけです。それを統合しなくてはならないからたいへんなんです。それから、また別のことでちょっと厄介なことがあります。オーケストラの演奏者の中には、フィリピン人、イギリス人もいましたから、指揮者は広東語も北京語も英語もしゃべらなくてはならない。それで当時楽団の中でそういったことが面倒だと嫌がる声もかなりあったのですが、でもやはり彼らに引き続いてやってもらいました。

——指揮者の方は中国人だったのですか。

胡　周藍萍です。作曲者の彼が自分で指揮しています。

——黄梅調というのは全部そのようなミュージカル仕立てなのですか。

胡　そうです。すべて歌です。途中で会話の部分もありますけれど、とても少ない。大部分が歌です。それでこれがまた難しかった。つまり話をしていたのが、突然急に歌い出すことになるので、すごく不自然になってしまう。ですが、これはなるべく不自然にならないようにしました。会話から歌へとスムーズにいくように。ともかく会話は少なくて、歌が多い。

——黄梅調の映画は、当時は一般にかなりヒットしていたのですか。

胡　これが正しい理由かどうかわかりませんが、台湾でわたしたちの『梁山伯と祝英台』にあんなに観客が集まって歓迎されたのは、お年寄りから若者までたくさんの人が集まっていたほかに、かなりの同性愛の人たちがいたというようにも言われています。主人公ふたりとも女性が演じていますからね。統計をとっているわけではありませんが、でも女性の装いを見て、ああきれいだ、なんて言って見ていましたから（笑）。

　で、どうしてこういった黄梅調の映画を撮ることになったのかというと、ランラン・ショウが大陸の黄梅調のものを見たんです。『天仙配』（石揮監督、一九五五）という大陸でつくられた作品があって、むかしからある中国の有名な話で、董永という貧しい学生が仙女と結ばれる話ですが、これは正規の黄梅調、つまりもとからある黄梅調です。これが香港で、なかなかの興行成績をあげていました。それで、ランラン・ショウがそれならこっちもひとつ黄梅調の映画を撮ろうじゃないかということになり、ストーリーのほうを考え始めたところ、李翰祥がなんの気なく、「ああ、『梁山伯と祝英台』なんていいんじゃない」ってなことを言ったわけです。彼もすぐに撮らされることになるなんて思っていなかったんです（笑）。あとで、なぜすぐ撮ることになったかがわかったわけですが、それはつまり、ライバル会社の国泰のほうでもすぐ撮ることになっていたからなんですね。『天仙配』の興行成績がよかったから、それに便乗しての企画だったのです。ランラン・ショウはそれほど創造性にあふれた人間じゃありませんでしたから。ほかの者が金を儲けたのを見てね、国泰に取られる前に先んじてやろうと（笑）。

　それから、ちょっとした笑い話を思い出しました。歌詞を李雋青氏に書いてもらっていたのですが、李先生はご年配の方で、李翰祥はよくその歌詞を書き変えていたのです。ある日すっかり録音をすませたところで、祝英台が歌うある歌の中に「無奈爹頭脳旧」という歌詞があって、これは結婚に関して「いかんせん父は頭が古い」という意味なのですが、わたしは、こりゃおかしいじゃないか、「頭脳」というのは日本語だよ、と言ったんです。なぜかといえば、中国では「心想」といって心で考えるんです。「頭脳」というのは、ヨーロッパの表現が日本に伝わって「頭脳」というふうに翻訳されて、それがさらに中国に伝わったものなのです。明治維新後のことです。中国でもかなりあとのことです。李翰祥っていう人はすごくそういう即興的なアイデアのあった人だったんです。でも「こりゃあ、とんだ失敗だ」というわけだったのですが（笑）、もう変えられない。それで今でも「無奈爹頭脳旧」です。中国では心で考えるのに（笑）。

――キン・フー監督の本格的な第一回作品は『大地児女』という戦争映画、反戦映画ですね。

胡　はい。第二次大戦中に中国が日本に征服されて統治されていたときの中国人のゲリラ活動を描いたものです。反日感情をむき出しにした映画でした（笑）。マレーシアやシンガポールでは「政治的な理由」で検閲によってズタズタにカットされてしまった。日の丸が出るだけで検閲の対象になったのです（笑）。第二作も同じ抗日ゲリラものを撮るはずだったのですが、第一作がそんな具合に検閲にあい、全然当たらず、この手の映画はまずいということで撮影中止になり、反日感情とか時事的な問題を避けてもっと商業的な娯楽映画を撮るように会社から要求されて、思いついたのが武闘劇（時代劇）の『大酔侠』です。

――時代劇のほうがお金がかかったのでは？

胡　そうでもありません。当時多くの作品が武闘劇（時代劇）でしたから衣裳などはすでにあるものが使える。セットもすでにある。金を使うということでいえば、李翰祥と岳楓が最も使いましたね。時代劇でも、鎧とかそのほかたくさんのもので。

――第二作として撮られた映画のほうはどうなったのですか。

胡　撮りかけのまま、中止です（笑）。

――何というタイトルだったのですか。

胡　ええと……『大地児女』と同じ時代背景で、スパイ映画です。『丁一山』、ゲリラのリーダーの名前です。『大地児女』と同じ衣裳、同じ装置、同じ武器を使って安くできるはずだったんですが、撮影に入って二週間後に中断です。たしか、シンガポールで『大地児女』が検閲にひっかかって公開禁止になったときに、この手の映画はまずいということになって急にストップがかかった。それにしても、とにかく『大地児女』に莫大なお金がかかってしまったことが一番の要因です。

――『大地児女』にお金がかかったというのは、どういうところにですか。

胡　まず、抗日戦争のときの衣裳をすべて新しくつくらなければならなかった。それから日本軍の鉄砲、軍刀、ゲリラ隊の鉄砲、刀、大砲もみな新しくつくらなくてはならない。爆破のシーンにもたいへんなお金がかかりました。この映画の撮影のために、わたしは撮影所の中に鉄工所を設けました。日本軍の鉄砲はすべてここでつくったのです。香港ではふつうはこういった武器はイギリス軍にあるものを借りてくるしかなかったわけですが、でもわたしは、そういうものはまったく使いませんでした。ゲリラ隊のほうはどうかといえば、ありとあらゆる種類の武器がありました。「マキシム水圧機関銃」というのもつくりましたよ。ご存じですか。水冷式の機関銃です。この機関銃は組み立てるのがとても複雑でたいへんなんですが、鉄工職人が唐さんといってとても腕がよく、図面だけでつくりあげてしまうんです。それからショウ・ブラザースのスターをけっこう使いますから、そっちでもお金がかかってね。これが本当に面倒なことで、わたしは楽蒂《ラー・ティー》と陳厚《ピーター・チェン》を使いたくなかった。大スターは使いたくなかったのです。中国の田舎の人間に見えませんからね（笑）。でも彼らはわたしと仲のいい友人だったし、どうしても出たいって言ってきて、しかもランラン・ショウにも願い出ていまして。本当は幼い妓女役に李菁《リー・チン》という娘を使おうと思っていたのですが。彼女は当時十五歳だったのでぴったりだったんです。楽蒂は当時は二十八歳でした。その上この娘（李菁）は田舎の子らしかったので。この娘はその後ショウ・ブラザースのスターになってたくさん主演しています。わたしが彼女を採用したんです。『玉堂春』にも出演していました。

『大地児女』を撮ったとき、主人公の田舎の青年を演じた陳厚は、この役者は外国の教育を受けていましたから、多くの動作が正しくない。中国人なのに人を指さすときでも外国人のようにやる（笑）。『大地児女』の女性の主人公、楽蒂ですが、彼女は泣くとき少し笑っているように見えてしまう。「わたしはふつうでも泣くときはこうなんです」と言うんで、それじゃあ、だめだ、観客は笑っていると思ってしまうじゃないか、と言ってやったんですけれどね。

――楽蒂とは、キン・フー監督は俳優時代に『畸人艶婦』（一九五九）などで何度か共演されていますね。

胡　はい（笑）。

――『大地児女』でキン・フー監督は町の警察署長で日本軍がやってくると町の人々を組織してゲリラ隊の隊長になる非常にいい役をやっていますね。

胡　ええ、当時わたしは俳優としての契約をまだ消化し終えていませんでしたから、役もやらなくてはならなかった（笑）。これが最後の出演作になります。

――京劇の役者の役で韓英傑が出ていますが、出演作としては何本目ぐらいになるのですか。

胡　以前もいろいろと出ていましたが、それはみな立ち回りのからみ役としてです。彼は以前はスタントマンで、スタントマンとしてはたくさん出演していましたが、俳優としては第一作目です。前から立ち回りをやっていたわけですが、わたしは正式の俳優として彼を起用したんです。というのは、撮影所ではときには何年も顔見知りでいながら、何という名前なのか知らないでいて、あとでようやくわかる、なんてこともある。韓英傑ともそんな感じで知り合ったわけです。決まった日にわざわざ紹介されたと

『大地児女』（一九六五）の楽蒂（右）。

同作品の陳厚。

同作品のキン・フー。

いうわけではないんで、いつ知り合ったか、憶えていません。映画界では、例えばとても有名な「上海《シャンハイ》野郎」（上海仔）って呼ばれている人がいるんですが、彼は十四、五歳くらいから撮影所に入って仕事をしていて、もうおそらく七十歳くらいになっているでしょう。ですが、彼の本当の名前を知っている人はほとんどいないんです。わたしの作品にも出ています。一時は彼の名を知っていたんですが、今はまた忘れてしまった、「上海野郎」で通っているものですから。みんなこんな感じなんです（笑）。ですから韓英傑も最初は「哥児替《クーアルティ》（お兄ちゃんの替わり）」と言われていて、「哥児替」といえば誰でもわかった。そのあだ名の由来は、彼が子供時代、京劇の一座にいた頃、先生にひっぱたかれるでしょ、あんまりひどくひっぱたかれてとうとう塀を乗り越えて逃げちゃったんですよ、耐えきれなくなって。逃げてから、ご承知のようにむかしは京劇団と契約を交わしていましたから、逃げ出しても捕まえられてしまう。それで捕まえられて、彼の父親はもちろん劇団に連れ返します。連れ返さなければ、契約違反になってしまいますから。それで彼は泣きながら大暴れして、「兄さん（哥児）をボクの替わりにしてよ！」と叫んでね、それであだ名が「哥児替」となったんです。彼はどうしても戻りたくなかったから。兄貴に自分の替わりに行ってもらおうとして、「兄さんに替わりに行ってもらってよ」と必死に叫んだんです（笑）。それから劉家良《ラウ・カーリョン》は知っていますよね。クンフー映画をたくさん監督している。劉家良のことは、わたしもずいぶんあとになってから知ったんですが、『大地児女』を見ると、彼が出ています。二、三カ所出ているシーンがあります。わかりますか。

――ええ、殺される役ですね。マッチを借りようとして刺される。

胡　そう、そう。

――『大地児女』以後、韓英傑はキン・フー監督の映画にはかならず出ていますね、俳優として。

胡　ええ、たくさん出ています。

――そしていつもアクションの振付、武術指導をしていますね。インストラクターとして。

胡　ええ、そうです。『大地児女』のあと、『大酔侠』からずっと武術指導をやっています。それで彼の助手がサモ・ハン・キンポー（洪金宝）。『大酔侠』の中に出てくる子供たちの中に、ジャッキー・チェン（成龍）、呉明才《ウー・ミンツァイ》、程小東《チン・シウトン》がいます。わたしは、香港のいくつかの京劇の役者の養成学校で理事だったこともあって、もちろん給料を要求したわけでもないし、向こうもくれたわけではないんですが（笑）、何かあると手助けした。というのは、香港のああいった養成学校はたいへん貧しかった。それで、映画をつくるとき、こういった養成学校の子供たちを使ったんです。ジャッキー・チェンとか、サモ・ハンとか、ユン・ピョウ（元彪）とかみんなわたしが連れてきて撮影したんです。こうすれば、この子供たちは小遣いを稼ぐことができるでしょ。サモ・ハンがわたしとのつき合いが一番長いですね。

――京劇学校の理事になったとおっしゃいましたが……

胡　京劇学校の主任、つまり校長ですが、みんなわたしの友人だったもんですから（笑）、それで例えばあるとき、彼らの劇団で雨に降られて京劇の道具がみんなだめになってしまったんです。それでどうしようかということで、粉姉さん（粉菊花という、とても有名なおばさんです）が、彼女が校長だった京劇学校でお金がないと言うんで、ひとつ唱《うた》の劇をやろうということになったんです。それでわたしは香港でみんなに知らせて、「紅票」という特別招待券、あれを配ったりしてね。それから公演が終わってから、劇団の子供たちを引き連れてごちそうを食べに行ったんですよ、それぐらいの金ならわたしも出せましたから。こういったことをしたわけです。あとは映画に出演させた。京劇の学校と関係ができたのは、わたしが映画界に入る前だったか入ってからだったか、はっきりと思い出せませんが、たぶん香港には、粉菊花、于占元、唐廸、馬承志がそれぞれ主宰する、全部で四つの京劇団があって、そのうちの三つでわたしが理事をやっていました。サモ・ハンやジャッキー・チェンは于占元のところに、程小東は唐廸の劇団にいたんです。『大酔俠』に出てくる小僧さん、こっそり悪者たちの会合を覗き見ている、あれは程小東です。

――ああ、目を刺されてしまう子供ですね。

胡　そうそう。

――キン・フー監督が第一作に戦争映画を撮られたのはどんな理由からですか。一九三七年の蘆溝橋事件に端を発する日中戦争のとき、キン・フー監督は一九三二年生まれですから、まだほんの子供だったわけですね。ですから、いわゆる戦争体験にもとづくものではありませんね。例えば、すぐ上のお姉さんが遊撃隊に入ったということと、映画『大地児女』は結びつくのでしょうか。お姉さんの影響があったのでしょうか。

胡　姉の影響は受けていないけれど、老舎からは影響を受けています。老舎の小説「火葬」とか。脚本はわたしのオリジナルですが、一部は老舎の「火葬」にヒントを得ていますし、それから「四世同堂」からも一部とって、それをわたしが脚本に仕上げたんです。

――たしか、「四世同堂」だけで映画化を企画なさったこともありますね。

胡　ええ、実現しなかった。これも、もともと李翰祥から言いだして、共同でつくろうとしたんですが、原作が長すぎて。現在は大陸の中央電視台で連続テレビ・ドラマとしてつくられています。でもひどい出来です（笑）。

――キン・フー監督は老舎の研究書「老舎和他的作品」（老舎とその作品）を一九七七年に出版されていま

すね。

胡　ええ。最初は研究していたわけではなくて、小説が好きで読んでいたんです。あるとき、ずいぶん前のことになりますが、香港の雑誌「明報月刊」に老舎に関する文章が出たのですが、間違いだらけで、この学者はたしかカナダ在住だったようですが（馬《マー》なんとかいう中国人です）、それで、わたしは編集長の胡菊人にも言ったんです。これは間違ってますよ、と。すると、「間違っているんなら、じゃあ、きみがひとつ書いてくれ」ということで、一本書いたんです。一九七四年のことです。次に「じゃあ、もう一本」ということで、結局書きつづけて一冊の本になってしまったというわけです（笑）。ですが、実に多くの調査を行なったんで、これはおそらくわたしが書いた文章の中で最も持ち出しが多いものになってしまいましたよ。ロンドンの東方図書館、アメリカのスタンフォード大の近代中国図書館、ハーヴァード大の燕京図書館などあちこち駆けずり回って、たくさんの資料を調べましたから。それを書いたのは、もうひとつの理由がありました。老舎は自殺したのですが、そこに至るまでの経過がよくわからない。それを知りたくて書いたのです。それで、あるフランス人の友人、ポール・バディーといいますが、老舎の自殺についていろいろと教えてくれたんです。ポール・バディーは、フランスの老舎研究の権威です。だいたい、こういった経過です。

――『大地児女』の前半と後半では調子がかなり違いますね。前半は主に庶民の暮らしを描いていて、後半は戦争映画になっています。キン・フー監督の本当にやりたかったのはどちらでしょうか。

胡　戦争映画を撮りたかったわけではありません。もともと考えていたのは、中国は八カ国連合軍に占領され、多くの戦争が行なわれましたが、そのことは中小の都市、あるいは農村には影響を与えなかった。しかし、中日戦争はそういった地域にさえも影響を与えたと思います。ですから、そうした状況の下で、各種の職業についている人々がどういう反応を示したか、どう反応したかということを描きたかったのです。労働者とか、遊廓を開いている者とか、そこの芸人だとか、それからあと諷刺の意味をこめているのですが、棺桶売りとか。戦争が起こると棺桶売りは大儲けするわけですよね（笑）。ですが、棺桶売りだってそれを喜んでいるわけではない。こういった人々の反応をわたしは描きたかったわけです。後半部では、たしかに戦争が中心になりますが、ゲリラ隊が出てきますから、そこで戦う人間たちを描きたかったのです。政府の人間、日本政府の人間も出てきますが、それは必要最低限で、主にゲリラ隊のことを描きたかったのです。

——西本正をキャメラマンに選んだのは、やはり撮影がとても上手だったからですか。

胡　とても上手です。『大地児女』、そして『大酔俠』と、どちらもアクションものですが、西本さんは従軍キャメラマンをしていたことがあったためか、動作がとても素早い。

——満映でニュース映画のキャメラマンをやっておられたんですね。

胡　だからとても素早い。しかも、彼はわたしが知っているキャメラマンの中で、一番苦労を厭わない、辛抱強い人でした。例えば、わたしの必要としたのがとても低い角度、ロー・アングルで、今ではしょっちゅうやりますから、もう珍しくありませんが、当時はベテランのキャメラマンはみな嫌がった。地べたに寝そべって撮らなくてはなりませんでしたから（笑）。西本さんは、キャメラのことばかりでなく、多くのことを教えてくれました。『大地児女』の撮影で、日本の憲兵が戸籍を調べるところがあります。わたしが「日本の憲兵を見たことがないんだ」ともらしたら、「日本の憲兵はこんなに礼儀正しくありませんよ」と言ってね。ウフフ、どうも彼は憲兵に殴られたことがあるみたい（笑）。『大地児女』のときは、西本さんともうひとり、日本のキャメラマンがやってくれましたが、名前を忘れてしまいました。それからコンビでやっていた照明のことをよくわかっている人、彼らふたりはうまく協力し合っていました。日本人です。日本人がやめてから、そのあとで中国人を西本さんが訓練していました。『大地児女』と『大酔侠』では、西本さんから本当に多くのことを学びましたね。主に教えられたのは、どうやって躍動感を出すかということです。

——西本正は、ショウ・ブラザースという会社の撮影と照明のスタイルをつくったと言ってもいいキャメラマンですね。

胡　特にカラーの面でですね。西本さんはテクニカラーをハワイで勉強してきたところでした。

——西本正が新東宝からショウ・ブラザースに招かれたのが一九五九年ですね。カラー映画を教えるために呼ばれて、次に、一九六一年に呼ばれたときにはシネマスコープを教えに行ったと西本氏は言っていますね。ということは、一九五〇年代末から六〇年代にかけて、香港映画はカラー・シネマスコープの時代になっていく、その基礎を固めるためにショウ・ブラザースがわざわざ日本のキャメラマンを呼んでいるわけですね。そのあたりの事情はご存じでしたか。

胡　まったくそういうことには注意していませんでした（笑）。というのは、わたしが監督を始めたときは、もうカラー・シネマスコープになっていましたし、それ以前俳優だったときには、どんなレンズでどんなフィルムかなんてことは、全然注意していませんしね（笑）。

——『大地児女』はまったく当たらなかったわけですか。

胡　まったく当たらなかった（笑）。それにシンガポール、マレーシアでは、すでに申し上げたように、政治的理由でかなりカットされてしまったし、まったく儲からなかった。それで社長が「元手がかからない簡単なものをつくれ」と言うんで、わたしは「わかりました。ではとても安上がりにできるものを撮りましょう。スターは誰も要りません」と答えました。ですから、『大酔俠』で起用したのは、すべてショウ・ブラザースの新人。セットもほとんど使わなかった。というか、すでにあるオープン・セットをちょっと変えて使ったりしていました。この映画のためにつくったセットは客桟（旅館）だけです。そうやって出来上がったものが、おそらく当時で最高の売り上げに化けたというわけです（笑）。

――あの当時、ショウ・ブラザースはいろいろな時代劇をつくっていましたね。参考にご覧になりましたか。

胡　たくさん見ました。でもあまり参考にはなりませんでした（笑）。以前の時代劇というのは、みな宮廷劇とか鎧、兜を身につけた人間たちについて語ったもの、みな支配者層についての作品です。『大酔俠』は一般庶民について語った部分が多い。

――原作はあるのですか。

胡　ありません。実はストーリーはとても簡単です。

――居酒屋で、やくざのような連中がヒロインを脅かしにくるシーンで、小銭をパアッと上に投げると、すかさずヒロインが箸のようなものを投げる。そこを小銭がチャラチャラチャラと伝わってポーンと落ちてくる。日本の『座頭市』シリーズでもこれとまったく同じ手を使っているのですが、ご覧になりましたか。

胡　『座頭市』は何本か、あとになって見たことがありますが、そういったシーンは見たことがない。『大酔俠』でヒロインの鄭佩佩《チェン・ペイペイ》が投げるあの武器は叉子《チャーズ》と言います。鄭佩佩が不意を突かれてやられるのは毒針です。これは「暗器」つまり隠し持った武器、飛び道具ですね。中国には、「武経備要」という本があって、その中にこの手の武器がたくさん紹介されている。

——映画の中で、彼女は女性だけの兵隊を率いていますね。歴史的に存在したものですか。

胡 もちろんです。例えば、明の女将軍、秦良玉はたくさんの女兵を率いていましたね。みな、もちろん政府の兵士です。清に対抗するために、彼女は四川省、それからのちに北京に配属されて戦いました。今でも北京には、秦良玉の女の軍隊が駐屯した場所が残っている。彼女の兵は、現在「棉花三条」、あるいは「棉花胡同」と呼ばれているところに駐屯していました。なぜかといえば、彼女の兵士たちはみな綿花で糸つむぎをやっていたから。ひまになると糸をつむいだんです。

——女の兵士たちが同時に紡績をしていたわけですか。

胡 そうです。やることがなくなると、糸つむぎをした（笑）。

——中国にはそういう戦う女たちの歴史があるわけですね。

胡 たくさんあるわけではありません。秦良玉と、それからあとは宋の穆貴英。彼女も女性兵士です。将軍です。彼女の姑、娘たちもみな将軍です。彼女たちは全部で十二人いました。みな少数民族です。

——『迎春閣之風波』や『忠烈図』で徐楓《シー・フン》が扮するヒロインも少数民族という設定ですね。そういう歴史的事実をふまえて、キン・フー監督の映画には戦う女が出てくるのでしょうか。

胡 そうです。わたしはそういった歴史を借りてきたわけで、実際には『大酔侠』で鄭佩佩が演じた金燕子のようなヒロインは実在しているわけではない。

——『大酔侠』のヒロインの名前が金燕子ということから、韓英傑が武術指導を担当し、キン・フー監督が俳優時代に出演していた『燕子盗』（一九六〇）という作品を連想しました。これも撮影が西本正さんでしたね。題名だけで見ていないのですが。

胡 『燕子盗』……すっかり忘れていました。わたしが出ていましたか。自分が何をやったんだか（笑）

……でも、たしかに出ていたってことは思い出した（笑）。

――アクション映画だと思うのですが。

胡　そりゃ、きっとアクションでしょうね、武術指導が韓英傑ならば。

――香港映画祭の一九六〇年代の武俠映画特集のカタログにこの作品のことが出ていて、韓英傑がこの作品で初めて武術指導をし、その後、キン・フー監督とともにアクション映画の革命を起こしていく、というような記述がありました。

胡　それは『大酔俠』の前ですよね。

――まだ監督になられる前で、俳優として出演されているだけなのですが、『燕子盗』というタイトルが『大酔俠』のヒロインの名前、金燕子と何か関係があるのかなと思いまして。

胡　『金燕子』は、『大酔俠』のあとのもので、張徹《チャン・チェー》監督の作品ですね。しかし、『大酔俠』とは関係がありません。でも……ああ、そうだ、金燕子は鄭佩佩の演じたヒロインの名前だからね。彼女の『大酔俠』の中での役名が金燕子、あれで鄭佩佩は売れっ子になった、当たり役だったから。

――張徹監督が一九六八年に『大酔俠』のヒロインの鄭佩佩を主演に迎えて同じキャラクターで『金燕子』という作品を撮っているわけですね。キン・フー監督が『大酔俠』のヒロインにこの役名をつけられたのはどういうことからだったのですか。何かもとがあって考えつかれたのですか。

胡　いいえ、適当につけただけです（笑）。

――女の活劇というのはキン・フー監督の映画以前にもたくさんありますか。

胡　たくさんあります。上海では、『秦良玉』や『花木蘭』も撮っています。わたしは見ていませんが。

――そういえばサモ・ハンのおばあさんは、上海で最初の女性活劇スターだったということですが……

『大酔侠』(1966)のポスター。

胡　ほお、それは知らなかった。

――一九六〇年代の香港映画には、ジョゼフィーン・シャオ（蕭芳芳）の少女剣士が活躍するような荒唐無稽な活劇があったのですが、そういうのはご覧になっていますか。

胡　見ました。ジョゼフィーン・シャオ、それから于素秋《ユー・スーチユウ》。于素秋のが一番多かった。

――サモ・ハンやジャッキー・チェンの師匠、于占元の娘ですね。ご覧になってどういう感想ですか。

胡　いかにも作り話という感じ（笑）。

――『大酔俠』は低予算の映画だったけれども、大ヒットするわけですね。

胡　プロデューサーは大儲けしました。わたしのベストセラーの一本です。

――一番お金を稼いだ映画ですか。

胡　いや、二番目。次にわたしは『龍門客桟』をつくって、これが一番稼いだ映画です。プロデューサーがどのくらい儲けたかは知らないけれど、このあと、彼は撮影所を建てたんですから！（笑）。台湾の聯邦という撮影所です。

――『龍門客桟』はアジアでは、同時期に封切られた『サウンド・オブ・ミュージック』以上の興行収入を上げたそうですね。

胡　そうです。

――キン・フー監督の『大酔俠』と『龍門客桟』の二本が、クンフー映画ブームのきっかけになったといわれていますね。

胡　いや、それは違うんです。それについては説明しなくてはならない。みんなはわたしがクンフー映画からスタートしたというけれども、それは本当ではないのです。わたしはクンフーについて何も知らない。わたしの映画のアクション場面は、クンフーでもマーシャル・アーツ（格闘技）でも柔道でもカラテでもなくて、すべて京劇の立ち回り、つまりは舞踊《ダンシング》なのです。

『大酔侠』は、まず京劇のダンサー（韓英傑）を振付師としたところから始まっています。子供の頃から京劇には親しんでいましたから。わたしが描いているのは、本物の格闘、リアル・ファイティングではないのです。ブルース・リーやジャッキー・チェンがやっているのはリアル・ファイティングつまりクンフーです。わたしはクンフーなんて知らない。北京語（標準=共通語）の「功夫《クンフー》」には「武術」の意味はありません。武術という意味の功夫は広東語にしかない言葉なのです。北京語の功夫は本来は「工夫」と書いて「時間」とか「ひま」という意味なのです。「武術《ウーシュー》」と呼ぶべきところを香港の人間は「功夫《クンフー》」と言っているのですが、あれは誤用です。ただ、北京語の功夫には造詣の深さや成就の意味もあるので、そこから武術の腕前、熟達というほうに意味が転じていったのかもしれない。それはともかく、わたしはずいぶんむかしに一度だけ武術の競技会を見たことがあったけれど、ちっとも面白くなかった（笑）。一分か二分でカタがついてしまう。日本の相撲もむかし見たことがあります。あれが面白いと思ったのはかならず三分間くらいは時間をかけることですね。ただ、立ち上がると、すぐに相手を押し出して終わってしまうけれど（笑）。

京劇の立ち回りを使うことにしたのにはアレンジに自由が利くということもあるのですが、リアリスティックな武術を使わなかった理由をもう少し説明しましょう。わたしは、中国、日本、韓国といった東洋のものの考え方は（インドをこの中に入れていいものかどうかが、わたしにはよくわからないのですが）、芸術に対して西洋的な方法とまったく異なっていると考えています。古代のギリシア人たちの文化は自然を征服することにありました。征服のために自然を観察するわけです。芸術家たちも科学と同じ態度で、数学的な正確さで自然を写しました。それが西洋的ないき方です。東洋的ないき方は違う。わたしたちは農耕民族で、自然を征服しようとせず、自然と調和してきました。芸術も自然のイミテーションではなく、沈思黙考し、心に浮かんだことを描きます。このほうが芸術の高い段階と言っていいのではないかと思います。東洋の絵には余白というものがありますが、西洋人はこれを理解しない。わたしたちは余白が構図の一部であることを自然に受け入れます。わたしはリアリスティックといわれるものを信じていないのです。自然のコピーではないイマジネーションのほうを信じます。

――例えば人間が高く飛び上がるところは、トランポリンを使っていますが、これもイマジネーションの効果のためなのですね。

胡 そうです。トランポリンを使ったのはわたしが最初です。三十年前に始めたことです。それに無数の映画が従った。けれども、それらは違うやり方です。実際の格闘技のできる者にやらせている。わたしの方法は、肉体的に不可能なことを編集のテクニックによってカムフラージュしたものなんです。例えば『俠女』で女優を、徐楓を、高い所に飛び上がらせるところがそうです。彼女はそのような動きができない。それはシンボリックな表現なわけです。

――『大酔俠』でも一カ所だけトランポリンを使っているところがありますね。ヒロインの鄭佩佩が、二階から飛び降りてくるくるっとまわる。トランポリンはどなたのアイデアだったのでしょうか。

胡 韓英傑のはずです。

――キン・フー監督はいつも綿密にコンテを立てられるようですが、その前に武術指導の韓英傑と打ち合わせをして、ここでこういうふうにと、きちんと決められるのですか。

胡 ええ、そうです。それからキャメラマンとも打ち合わせをして。

――『大酔侠』で、乞食剣士の岳華《ユエ・ホア》が岩をぽーんと投げて指一本でぱっと割るシーンがありますね。あれは訓練か何かですか。

胡　そう、練習してるんです。傷を負ったあと、力と技を回復するための練習です。

――ヒロインの鄭佩佩に一斉に襲いかかった刺客たちが一瞬にして総崩れになって倒れるという舞踏のようなアクション・シーンがありますね。

胡　あのアイデアは、実は三人で考えたものです。つまり、監督のわたしと武術指導の韓英傑とキャメラマンの西本正。あれは、実際にはまったく絡み合いもなく、お互いに体に触れてもいないんですよ。彼らがあたかもヒロインに打たれたかのように、自分で飛び退っているだけです。一対一ではなく、一対多数の闘いをあのような形で様式化してみたのです。でも面倒なこともあります。「ああ、だめだ、自分から飛んでいるのがわかっちゃう、もう一度」というようなことがあったりして（笑）。あのとき使っていたのは、ミッチェルのキャメラ。ミッチェル・キャメラのファインダーは大きくて、のぞきやすかった。ですから、わたしの数ある映画はどれもミッチェルで撮影したものです。ミッチェルのキャメラはとても大きい。でもとてもいい。パンのときも、しっかり安定していますから。西本さんも好んで使っていました。ただ、ロケでたいへんなときはアリフレックスを使いました。ミッチェルは重すぎますから。このミッチェル・キャメラは、西本さんが教えてくれたのかどうか忘れてしまいましたが、パンするときに雲台を半分ロックしてしまうんです。そうするととても安定するから。ロックすると、キャメラがカクッとならない。

――『大酔侠』で片目を刺されてしまう小坊主の役で程小東《チン・シウトン》が出ていますが、『大地児女』の脚本を共同で書いているのが程小東の父親の程剛《チン・コン》でしたね。

1

2

1　『大酔侠』(1966)。鄭佩佩。　2　『大酔侠』(1966)。鄭佩佩。

『大酔俠』(1966)。岳華(左)と鄭佩佩。

胡　いいえ、彼は討論に加わっていますが、脚本そのものは書いていません。
——クレジット・タイトルには脚本として金銓と程剛という名前が記されていますが……
胡　そう、程剛の名前が出ています。程剛はわたしがショウ・ブラザースに編集者として紹介したんです。以前は広東語映画の脚本をやっていました。程剛はまだ幼かったころ、「戦地子供劇団」に入っていました。孤児だったんです。
——程小東を『大酔俠』に使ったのは、脚本を書いている父親との関係からですか。
胡　いいえ、彼は父親とはうまくいってないんです（笑）。小東はわたしと仲がよい。それで演じてもらったのです。目を刺されちゃう小坊主。
——子供の目を刺して、そのあと殺してしまうのですが、すごく残酷ですね。
胡　そう、すごく残酷。
——その子供を殺す悪役がいますね。あれは何という俳優ですか。
胡　陳鴻烈といって、あの映画では白い服を着ている。
——悪役というと黒いイメージがあるのですが、白というのが強烈ですね、白塗りで。
胡　ええ、とても白い。中国の伝統劇ではよく悪人は白ですね。京劇での曹操なんかも、瞼譜《くまどり》は白です。『大酔俠』の陳鴻烈は、実は最大の悪玉というわけではない。一番の悪人は和尚です。楊志卿が演じています。
——白塗りの陳鴻烈は、楊志卿の和尚に使われている殺し屋なわけですね。
胡　そう、殺し屋です。
——ヒロインの鄭佩佩の命が狙われるのはなぜなのですか。

胡　いや、そうじゃなくて、まず鄭佩佩の兄が最初に捕虜になります。鄭佩佩の兄は役人で、彼が捕まえられてしまう。陳鴻烈の殺し屋はこの役人を捕虜にして、捕まった自分たちの仲間を釈放させるために交換しようとしたわけです。乞食は大悲という名で、岳華が演じています。彼と楊志卿の和尚、つまり悪人のボスは兄弟弟子の関係です。大悲は乞食軍団（「丐帮」）のボスで、だから彼は青い竹の杖を持っています。それがボスだという印です。それで、楊志卿の和尚はその杖を取り戻そうとしていた。竹の杖を手にすればボスになりますから。

――乞食軍団の子供たちはみな浮浪児ですね。

胡　ええ、みんな子供の乞食です。

――よく歌を歌いますね。

胡　乞食の子供はみな歌が歌える。それで稼げますから（笑）。

――この映画の最後の決闘のシーンで、剣と剣がぶつかって火花が散るところがありますが、以前の映画にもあったのでしょうか。

胡　知りません。あったかもしれません。わたしは試してみたんです。少々面倒だったんですが、電線を持ってうしろで操作していたんです（笑）。

――刀から電線がつながっていたわけですね。

胡　そうです。スタッフが電源のスイッチを押す。タイミングが合わないと、何度もやり直す。とてもたいへんでした。ただそれ以後は、こんな原始的な方法をやめて（笑）、フィルム上で処理するようになったんじゃないかと思います。わたしはやっていませんが。

――一九六〇年代の広東語映画の「神怪武俠片」（超自然的なアクションもの）では、怪電波のようなものをフィルムに書き込むのが流行っていましたね。

胡　でもそうやってフィルムに書き込むと、いかにもつくりものに見えてしまうんじゃないかと思ってやらなかったのです。

――合戦のシーンで、パッと手から煙が出るのは、どのようにやられたのですか。

胡　煙は二酸化炭素（炭酸ガス）です。二酸化炭素の「タンク」で、つまり、買ってきた二酸化炭素のボンベでね。もともとは、よくわかりませんが、炭酸飲料か何かをつくるために用いられるものだと思いますが。

――それは当時普通に使われていた方法だったのですか。

胡　いいえ（笑）。

――危険ではないのですか。やけどをしないですか。

胡　いいえ、熱くはない。とても冷たい（笑）。二酸化炭素のボンベを以前に見たことがあったんですよ。以前、映画を撮っているときではありませんけれど、それを置くと煙が出てくるっていうのを見たことがあるんです。

――居酒屋のシーンで、ヒロインの鄭佩佩に敵が椅子を投げてくると、それをそのまま片手で軽々とぽーんと向こうへ投げてしまうところがありますが、どのようにして撮られたのですか。トリックですか。

胡　ああ、酒を飲むところで……あれはトリックではありません。かめを放り投げるところもあるでしょ。みんな紙でつくってるんです。椅子は模型飛行機に使うバルサ材を使ってるんです。

――軽くて飛ぶわけですね（笑）。

胡　みんな原始的なんです。ハリウッドのようにそれ専門にいろいろつくったり、金をかけたりするんではなくて、安上がりなんですよ（笑）。結局効果は同じですから。

――鄭佩佩という女優は、キン・フー監督が起用されたのですか。

胡　違います。「南国訓練班」というショウ・ブラザースの俳優養成所から上がってきた新人女優です。訓練班ではわたしが教師で、彼女が生徒でした。

――『大酔侠』のヒロインが初めての出演ですか。

胡　いいえ、二作目です。一作目は、えーと、『蘭嶼之歌』（一九六五）という、ほかの監督（潘壘）の作品です。これはわたしも見ていませんが（笑）、あまり話題にならないうちに終わりになってしまった。

――彼女は体の動きが美しく、みごとなのですが、踊りをやっていたのですか。

胡　ええ、小さい頃から上海で踊りをやっていました。体がすばらしく柔軟で、テーブルの上に跳び上がるときなども、ふつうの女優ではできないような動きをやってのけます。

――『大酔侠』でスターになったわけですね。

胡　みなに知られるようになった。多くの人が『大酔侠』が彼女の一作目だと思い込んでいるんです。

――『大酔侠』のあと、彼女を使って撮る企画はなかったのですか。

胡　そのあと、わたしは台湾の会社のほうに行って『龍門客棧』を撮ることになりましたから。ただ、わたしが台湾に行って会社を創立したとき、彼女はひとりで香港から飛行機でやってきて、わたしの会社に入れてくれと言ってきたんです。ショウ・ブラザースとの契約は切れたのかどうか聞くと、まだ続いていると言うんで、わたしは彼女に早く帰りなさいと言ったんです。裁判沙汰になったら、ことですからね。でも思い切ったことをしますよね、ひとりで台湾までやってくるなんて（笑）。それからずっとあと、また『天下第一』（一九八三）で一緒に仕事をすることになりましたが。

（1）　黄梅調／黄梅戯

中国安徽地方に伝わる民間戯曲で、黄梅戯ともいう。香港に渡ると、京劇や京韻太鼓ないし流行歌まで取り入れた新しい形式に変容して、古装劇（時代劇、コスチューム・プレイ）の中に大量に採り込まれ、一大ブームとなる。（キャビー・ダン「極東のハリウッド、香港映画の三〇年　上海映画からブルース・リーまで」、邱良／桂千穂編訳「昨夜星光 Hong Kong Movie Stars」、ワイズ出版）

黄梅は中国湖北省の県名。

安徽、湖北、江西の三省およびその近隣地区で黄梅採茶調とよばれるメロディーを主に、民間歌舞を基礎として発展して出来た劇が黄梅戯である。そのうちのひとつが東に至って安徽懐寧を中心にした安慶地区で、現地の言葉で歌唱され、懐腔あるいは懐調と呼ばれた。これが今日の黄梅戯の前身である。その発展の三段階は以下のようになる──第一段階は清代乾隆末期から辛亥革命前後まで、農工者の余暇としての劇の時期。打楽器の伴奏で歌と踊りがあり、まだ固定した形式のなかった時期。第二段階は辛亥革命前後から一九四九年まで、黄梅戯が職業化して劇場が出来たり有名な俳優が出て、表現方法も商業化と共に京劇の影響を受けて洗練されていった時期。第三段階は一九四九年以後で、さらに発展して、戯曲も整理、改編され、伴奏音楽も中国楽器を主としつつも西洋楽器も取り入れた混合楽隊になり、表現方法も伝統的な歌と踊りは継承しつつも新劇や映画を通し、他の芸術を吸収してさらに洗練されていった時期。（「音楽知識詞典」、西北師範学院、高天康編、甘粛人民出版社）

映画に取り入れられるようになったのは、この第三段階の時期の黄梅戯で、香港映画に黄梅調の大ブームをもたらした李翰祥が香港に来るのは一九四八年十一月であり、彼が少年時代に見聞きしたとしたら、この前後のものだと思われる。中国各地にある地方劇のニュアンスは、曲調ということでいえば、日本でも〇〇県の〇〇節というような言い方があるけれども、黄梅調もそのような地方の特色のある歌（一句一句の歌詞の数や、基本になるメロディーライン、特徴的な伴奏など）と踊り、身振りを指し、それを映画に取り入れたということになるのだろう。

大陸で一九四九年以後に撮られた映画では石揮監督『天仙配』（一九五五）が最も代表的な「黄梅戯」で、李翰祥が一九五八年に香港で初めての黄梅調映画、『貂蟬』をつくったが、これも『天仙配』を参考にしているという。次いで『江山美人』（一九五九）、『梁山伯と祝英台』（一九六三）などが大ヒットして、黄梅調は次第に宮廷時代劇の劇中歌として定着したが、実際には、香港の黄梅調映画はすでにもとの黄梅戯を改良しつつ、ときにはその他の地方劇も参考にして取り入れて独特のスタイルをつくりあげていた（「中国大百科全書」、錦繡出版事業）。

［香港映画には］いろいろありましたね。まず広東語映画では悲劇が多いんですね。メロドラマですね。それから、中国から黄梅調の映画が来たんですよ。これは越劇から来ているんですよ。上海越劇から。これは京劇に比べて歴史はずっと浅いんですよね。百年足らずの歴史なんですけれども、非常にリズミカルな歌なんですよ。これの実演が来まして、ここ（香港）でやりましたよ。李翰祥が観てくれというわけですよ。そんなもの、と思ったんですよ。僕は昔の京劇を知っていますからね。でもいちばんいい席を買ってくれて、通訳も付けてくれてね、マイクなんか使わないんですよね。すごいんですよね。あんまりいいんで二回観にいきました。李翰祥が言うには、こういう黄梅調の映画を撮るので参考に観てもらったんだと。黄梅調というのは、歌が入ってミュージカルみたいなやつですね。ミュージカルだから踊りと歌とで始まるわけですよね。それを舞台でやると、本当に舞台舞台になっちゃうんですが、映画ではリアルなライティングで撮るから、非常に感動が迫るわけですね。その黄梅調の映画として撮ったのが、中国の有名な梁山伯と祝英台の話です。一九六三年の李翰祥監督の『梁山伯と祝英台』がそうですね。李翰祥の映画は黄梅調なんです。これは有名な話で、昔からありますので、古典文学なんでしょうけどね、ある女の子が、金持ちの家の娘なんですが、成長して上級学校に行きたいわけですよ。ところが、女は学校に行けないわけですよ。男は行けるけど。それで男に化けて学校に入るんですよね。女が男に化けたりしてね。凌波《リン・ポー》と楽蒂《ラー・ティー》という女優が演じました。二人とも有名な美人女優です。この二人が主役なんですよ。一方が女性、祝英台を演じ、一方が男役、梁山伯ですね。宝塚の少女歌劇みたいなやつですね、簡単に言えば。それで、ショウ・ブラザースでこれを始めましたら、まあ、キャセイ（国泰）も負けるなということで、同じ題名で競作を始めたわけです。キャセイでは尤敏《ユー・ミン》と李麗華で、監督は李翰祥の先生にあたる厳俊でした。（西本正「香港への道」、インタビュー・構成／山田宏一・山根貞男、「季刊リュミエール」一九八七年／第七号）

『大酔侠』(1966)。鄭佩佩(左)と女兵士たち。

第4章　1966〜67

七人の義兄弟
台湾映画事情
沙栄峰と聯邦影業公司
李翰祥と厳俊
『龍門客棧』
人間が行き交う空間
狼よけの円
明朝——動乱の時代
『007』シリーズへの反発として
「東廠」と「錦衣衛」
太監と宦官

――キャメラマンの西本正さんから聞いたのですが、当時ショウ・ブラザースには李翰祥を中心にキン・フー監督も含めて七人の「異姓兄弟（義兄弟）」と呼ばれている親しい仲間がいたということですね。

胡　はい、あとの五人は馬力、宋存寿、馮毅、蔣光超、沈重。ショウ・ブラザース時代の仲間です。七人が同じ家に住んでいたので、仲良し七人組とみなされていた（笑）。

――李翰祥がまず台湾に行って、そのあとキン・フー監督も行かれるわけですが、あとの五人の方々も行ったのですか。

胡　いいえ、そのときは李翰祥とわたしだけです。

――キン・フー監督が台湾に行かれたのが一九六五年ですね。一九六〇年代に李翰祥監督とキン・フー監督が相次いでショウ・ブラザースから台湾に行かれたわけですが、何か特別の理由があったのでしょうか。台湾政府から特に招かれたとか。

胡　そういうことはありません。台湾はその頃、古くからの映画市場、つまり東南アジアなどに自国の映画を輸出することもできない状態だった。それどころかショウ・ブラザースとか国泰《キャセイ》の作品を買わなければ映画興行が成り立たなかった。そうなるといいようにあしらわれて、というのは相手の要求どおりに金を出さなければならない。さもなくば売らないと断られてしまう。それで対抗策を考えて、いっそのこと監督を引っ張ってこようということで、まずは李翰祥を呼んだ。彼が呼ばれて台湾へ行ってから、何があったのかわからないけれど、二番目にわたしを呼んだわけです(1)。その中心になったのが沙栄峰という代理業者です。口先では、大上段に構えて高邁な理論を唱えていましたけれど、要するに引き抜きをやったまでのことで（笑）。

――高邁な理論とはどんなことを言っていたのですか。

胡　中華民国の映画事業を発展させねばならない、とか言っていたんですよ（笑）。

――中華民国すなわち台湾で映画を撮るほうがお金がかからないというような事情もあったのですか。

胡　そうとは限らない。台湾は当時まだ発展していなくて、物価は安かったけれども、税制も整っていなかった。それで、沙栄峰はエージェントとして香港にひとつ、何もしない名前だけの映画会社を持っていて、それで名義上はその香港の会社の台湾ロケ撮影隊ということにして、税金逃れをしていたのです。生フィルムを輸入するのにも税がかからないようにしたんです。生フィルムを輸入するのに、もし台湾の会社が撮るのならば税を納めなければならない。でも、香港から台湾にロケーションということでやってきて撮るのであれば税はいらない。こうやってかなりの税金を納めないで済ました。それから彼はフィルムを香港に送って現像する。自分は香港から派遣されているんだと。ですから、わたしたちは台湾で居留証を申請できなかったんですよ。なぜってわたしは香港のロケ隊の一員にすぎないわけですよ（笑）。台湾に滞在するのだったら、六カ月にいっぺん香港に帰らなくてはならない。わたしには何の保険もない。生命保険にも入れない。当時はまだわけがわからなくて、のちにある記者に言われて、はじめてわかったんです。当時は戸籍を申請しないんだったら、まあそれでもいいやという感じで。六カ月にいっぺん香港に戻るのもいいだろうと思ってね（笑）。

――台湾に行かれて、最初に何をなされたのでしょうか。

胡　聯邦影業公司という会社の製作部の部長（製片部経理）です。聯邦影業公司は、以前は配給会社だったんです。製作部門はなかった。わたしが行って初めて製作を始めたんです。

――『龍門客桟』がその第一作ですね。

胡　そうです、第一作です。そのあと、わたしはそこでは『俠女』を撮っただけ。というのは、ほとんどの時間を撮影所づくりを手伝うのに使っていたんです。撮影所を建てたり、さらにアメリカに行って機械を購入したり注文したり、こういったことをやっていました。

――台湾の映画産業はまだまだ発達していなかったということですか。

胡 まだ発達していませんでした。当時、台湾の撮影所はすべて国民党や軍部や政府のものでした。中影（中央電影企業股份有限公司）は国民党の経営、中製（中国電影製片廠）は国防部総政治部の経営、それに台製（台湾省政府新聞處電影攝影場）です。それでわたしたちは独自に会社をつくることにしたんです。政府の撮影所を使うとなると、いろいろと面倒なことが出てきましたから。使えないわけではなかったのですが、ともかく面倒だったので（笑）。李翰祥は台製と組んでやっていましたが、『西施』（一九六五）という超大作を撮っています。この映画にはお金がかかりましたが、回収できなかった。その後、彼はわたしに自分の会社の社長（総経理）をやらせようとしたんですが、わたしはほかのところの社長だったらいつでもやるけれど、お前のところだけは御免だ、と答えた（笑）。彼は不機嫌になって、なぜだって言うんで、お前はやたらと金ばかり使う、俺が社長になっても、社長としてはどうしようもないじゃないか、お前が使いたいだけ好きに使ってしまうんだから、と言ったんですよ（笑）。その後、また風向きがよくなって、彼は厳俊と共同で新国聯公司という会社をつくりました。そしてまたわたしに社長をやってくれって言いに来たんです（笑）。まず厳俊がやって来ました。厳俊はわたしの師匠です。「きみだけが社長として李翰祥のひどい浪費癖を制御できるんだから」と言ってきた。「いや、わたしだって制御することはできませんよ」とわたしは答えました。次の日、今度は李翰祥がやって来て、「きみが社長になるのが一番いい」（笑）。「どうしてだ」と聞くと、「厳さんはケチで、金を出そうとしない。きみだけが彼の財布からお金を引き出せる」と言うんです。わたしだって引き出せない、と断ったところ、それからはふたりとも、わたしを相手にしてくれなくなった。絶交というわけ。「あんたたちも一カ月後には喧嘩しているだろう」と言ったら、ふたりともひどく不機嫌になってしまった。ところが一カ月もたたないうちに、ふたりの間に喧嘩が始まった。それで解散しちゃった（笑）。

――『龍門客桟』は英語題名が普通は《Dragon Gate Inn》として知られているのですが、実際のフィルム上のタイトルでは、ただ《Dragon Inn》になっていますね。

胡　ええ、これについてはたくさんの人にたずねられました。この英語の題は間違いなんです。英語のスーパー字幕にも間違いが多い。というのも、英語の題名やスーパー字幕をつくるとき、わたしは台湾におらず、香港に行っていたんです。それでプロデューサーの沙栄峰が代わりにひとに頼んだのですが、その結果があのようにでたらめなものになった。このことがあったために、これ以後毎回わたしはスーパー字幕にも自分で目を通すことにしました。字幕づくりなんて簡単じゃないかと沙栄峰は言いたかったようですが、実は簡単なことではない。彼はイギリスの老婦人を見つけてきて彼女に英語の字幕を頼んだらしいんですが、上映の段階になって、はじめて、めちゃくちゃだということに気づいたんです。間違いだらけなんです。このイギリス婦人の英語がよくない。イギリス人だからといってその英語がいいとは限らない。中国人だってその中国語がいいとは限りませんからね（笑）。それでめちゃくちゃな訳になった。タイトルからして《Dragon Gate Inn》の「Gate」を忘れてしまっている。映画の中でも同じ言葉をそのときどきで訳を変えてしまっている。ほかにも間違った部分がとても多いんです。それでわたしは沙栄峰に言いに行ったんです。間違いがひどすぎると。ところが、彼は「大丈夫、英語のスーパー字幕を見る人はほとんどいないだろうから」と言って（笑）、その結果、初っぱなの題名から間違ったもののままになってしまった。実は、現在ロサンゼルスの「成人街」（Adult Street）に

「Dragon Gate Inn《ドラゴン・ゲート・イン》」というホテルがあって、こっちのほうが正しい（笑）。この映画ができてから、これにちなんで建てられたんですけれど。

――ホテルのほうは正しい表記なわけですね。そのロサンゼルスの「Dragon Gate Inn《ドラゴン・ゲート・イン》」というホテルは中国人がやっているのですか。

胡 「Best Western」というある外国のチェーンです。この会社の社長はアメリカ人ですが、ホテルのマネージャーは中国人です。

――一九九六年の東京国際映画祭で『龍門客桟』が特別上映され、上映前にキン・フー監督が舞台で挨拶されたとき、映画は、当時フィラデルフィアで行なわれた中国文化についての会議に出品されたとおっしゃっていましたね。

胡 ええ、そうです。「Convention of East Asian Studies」といいまして、「東アジア研究会議」[2]ですね。そこで『龍門客桟』を上映して、これについての論文を読んだのが、ジョゼフ・ラオ（劉紹銘）です。彼は香港生まれで、当時はインディアナ大学の教授だったんですが、今はウィスコンシン大学で教えています。それからもうひとり、レオ・リー（李欧梵）。中国現代文学研究者として有名な人です。彼は当時はプリンストン大学の教授だったように思います。今はハーヴァード大学にいます。彼もこの映画を紹介しました。各自がそれぞれ報告を行なったんです。まったくの学術的な会で、映画とは関係ないのですが、劉氏と李氏がそれぞれの論文で紹介したのが『龍門客桟』だったのです。

――映画ができてからすぐのことですか。

胡 そうです。たしか一九六八年……だと思いますが、何年かということはどうも憶えられなくて（笑）。

――『龍門客桟』の最後、目をみはる大決戦になるのですが、そのとき石雋《シー・チュン》たち四人が並んで決戦の場に向かって行くところは西部劇を思わせる興奮がありますね。

胡　撮っているときはそういうことはまったく思い浮かべていませんでした。後方にあった雲海にお気づきになったでしょうか。わたしは特にあの雲海がすばらしいと思って撮っていたんですが。というのは、遠景に一面の雲海が見られるというのは、そうしょっちゅうあることではない。毎日見られるものではないのです。

――雲海が見られたということはかなり高い場所だったのですか。

胡　とても高い。海抜二千メートルあまり。ですから雲海が眼下にあるんです。台湾の横貫公路にロケーションしたのですが、とても大変でした。

――横貫公路というのは台湾のどの辺の道ですか。台南のほうですか。

胡　いやいや、花蓮から台中の間です。この間はすべて山また山からなっていて、その間を通る一本の道路です。山地を突っ切っている横断道路です。

――あの宿屋、龍門客桟のある場所もその横貫公路の近くですか。

胡　いいえ、あそこは西羅大橋というところです。つまり台湾中部の開けた場所、とても広々としている。現在はもうあの風景はありません。家が建ってしまっています。ロケ中、わたしたちは山の中で、文山招待所という宿舎に住んでいた。もちろん途中でいくつか山中のほかの場所にも移ってますけれど、だいたいそこが中心でした。山の中には一カ所郵便局があって、局長と配達員しかいなかったんですが、しばらくすると、ふたりは毎日わたしたちと一緒に食事をするようになりました。というのは、郵便物で一番多いのはわたしたちのところのものでしたから、それでいっそのことということというわけで、わたしたちのところに郵便局ごと移ってきてしまった（笑）。

――『龍門客棧』にしろ、のちにつくられる『迎春閣之風波』にしろ、待ち伏せをする話ですね。客棧つまり宿屋、旅館で待ち伏せをする。

胡 客棧のような公共の場というのは、わりと映画的にドラマチックに処理しやすい。さまざまな人間が行き交う場所ですから。

――京劇でも客棧はよく舞台になっているのですか。

胡 ええ、いくつか出てくるものもありますね、「三岔口」とか「十三妹」だとか。

――映画をつくるときに京劇のそういうものが頭の中にあったのでしょうか。

胡 たぶん無意識のうちに影響を受けているかもしれないと思いますが、要するにこういった公共の場は、劇を組み立てるのに都合がいいということがあってね。

――『スウォーズ・マン（笑傲江湖）』でも、あるいはまた『怒』という短篇でもそうですし、『龍門客棧』でも『迎春閣之風波』でも『大酔俠』でもそうなんですが、宿屋や居酒屋の内部が二階建ての造りで、空間を限定しながらも縦の構造を生かしてアクションを立体的に見せる舞台にしているように思えるのですが。

胡 うん、うん。でもそれが理由のすべてだというわけでもない。昔はこういった人々が出会う場所では、当然、よく喧嘩が起こったわけで、とくに居酒屋では、たとえば「水滸伝」を読めばわかるように、よく騒動が持ち上がるわけです（笑）。

――セットは実物大につくってあるのですか。

胡 かなり違います。例えば『龍門客棧』では、野外のセットと屋内セットが違います。客棧の正面にひとつの出入口がありますが、その前に「影壁（目隠しの塀）」という塀があります。これは何のためにあるのかというと、荒涼とした場所で強風が吹くので、それを防ぐためです。

――『龍門客棧』ではその石でできた塀に白く大きな円が描いてありますね。何かのしるしでしょうか。

胡　そう、いくつかの円が描いてある。狼よけです。狼は円を見ると逃げ出すんです。

――子供の頃の炭坑町の風景に連なるわけですね。

胡　そう、そう。現在でも中国の西北部へ行けば、この円が見られます。もう誰もなぜ円が描いてあるのかその理由を知らないんですけれどね（笑）。外側のセットはけっこう大きいものです。外景は周囲が大きくひらけていますから、あまりセットが小さいと釣り合いがとれないんです。内側、つまり室内のセットは、それよりもやや小さくつくってある。室内のほうは撮影所のステージに組んでいます。外のほうは、山裾でオープンセットを建てました。

――『龍門客棧』『俠女』『忠烈図』『空山霊雨』と時代設定が明朝の作品が多いですね。

胡　明王朝というのは、やはり中国の歴史のなかでも動乱の時代ですからね。活劇の舞台にはもってこいの時代です。明王朝は中国史上空前の熾烈な間諜戦争がくりひろげられた時代なのです。十五世紀前半の明成祖の即位の時代には、宦官が「東廠」という秘密警察機関を監督して思想調査の名目で知識人を弾圧し、横暴をふるい、反対派との猛烈な闘争が起こり、ついには明王朝滅亡の原因にもなるのです。そのへんの資料をいろいろと集めて調べていくうちに、興味が湧いてきてつくったのが『龍門客棧』でした。

大陸に呉晗《ごがん》(3)という明王朝の研究者がいます。彼は「東廠」について多くのことを書いています。わたしが若かった頃、すでに彼はたいへん有名でした。当時呉晗さんはつるしあげられていました。文革で最初につるしあげられたんですよ。彼の書いた史劇を、江青が姚文元に批判させたことが文化大革命の起こるきっかけになったんです。反党・反社会主義という烙印を押され、獄中死した。いろんな罪状がつけられて断罪された。そのひとつの罪状は、彼の「東廠」研究ですが、共産党を諷刺したものだということになって。それでわたしは興味を持ってね（笑）、資料を集めて調べたのです。それと当時、一九六〇年代には『007』シリーズが大ヒットしていて、わたしはちょっとそれに反感を持っていた。というのも007はヒーローで気の向くままに人を殺せるといった感じでしたね。ジェームズ・ボンドという、あの政府のお墨付きの殺しのライセンスを持ったスパイのなんとも得意気な、ばかばかしい活躍ぶりに我慢がならなかった。わたしは裁判官ではないので、そのモラルの是非を裁く気はありませんが、ただ、スパイというのはあくまでも影の軍団であって、個人的な活躍をひけらかすヒーローにはなりえないのに、それをまさに荒唐無稽なヒーローにしたところに、『007』シリーズの成功の原因があったことは間違いないでしょう。そこで、わたしは中国の歴史のなかでも最もスパイが暗躍した明王朝に題材を取って、スパイ合戦のばかばかしさを告発してみたいと思ったのです。しかし、ばかばかしいけれども、同時にまた、生き甲斐のある動乱の時代でもあったというのが明王朝なのでしょう。

——映画に出てくる間諜《スパイ》たちはみなアナーキストのように絶望的に死闘をまじえますね。

胡　彼らはアナーキストなんかではありません。皇帝に雇われた影の軍団にしかすぎません。何の出世の望みもなく、ただひたすら命じられたままに人を殺すだけが一生の仕事でした。彼らの行動がアナーキーに、つまりニヒルで絶望的に見えるとしたら、ただそれだけの理由からです。こうした間諜が、多いときには十万人もいたといわれています。国中がスパイを恐れて戦々兢々としていた時代だったのです。しかし、こうした影の軍団の話は、とくに『龍門客棧』と『俠女』で描いただけで、わたしのほかの作品ではあつかっているわけではありません。

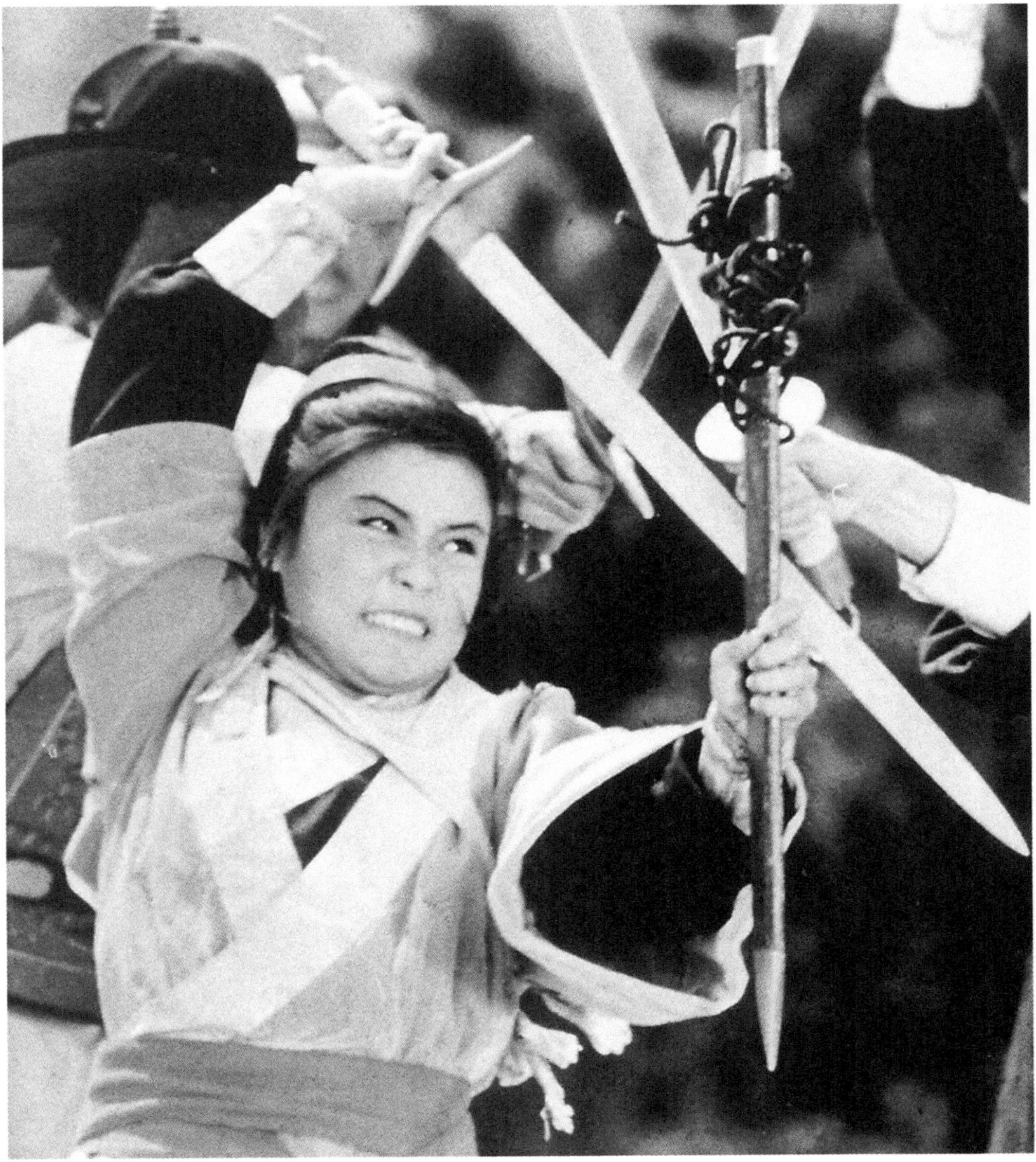

『龍門客棧』(1967)。上官霊鳳。

――『龍門客棧』には、「東廠」とともに「錦衣衛」という、もうひとつのグループが出てきますね。違いがあるのですか。

胡　違いは、「東廠」は特務ですが、「臨時工（臨時雇い）」のようなものです。「錦衣衛」は「線人（盗人などを捕らえるのに手引きする人、スパイ）」ですね。「東廠」は皇帝が直接率いるものですね。「錦衣衛」のほうは、制服を着た宮廷の衛兵隊です。そこで、彼らは人を捕まえると刑部（裁判行刑を司るところ）に送ります。「東廠」のほうは彼らが直接裁く。ですから、「錦衣衛」は正式のもので、「東廠」は特務組織みたいなものなのです。

――「錦衣衛」はつまり宮廷つきの警察みたいなもの、「東廠」は皇帝のプライベートな特務組織、密偵みたいなものになるわけですね。「錦衣衛」には制服があるのは当然なわけですけど、「東廠」のほうもみんな同じ黒い服を着ていますね。やはり制服があるのですか。

胡　ありますよ。「東廠」の制服は、帽子が「尖帽子」。尖った帽子というわけです。古書にはそう書いてあります。身体のほうは黒い衣裳、白い靴。しかも彼らには等級がない。外からはわからない。内部の者しかわからない。最上部の者だけが服が違うだけで、そのほかの者は、外見はみな同じです。それから時代が下がると、彼らの刀は「倭刀」つまり日本刀になります。

――いつも時代考証をきちんとされてから、シナリオを書かれるのですか。

胡　できるだけ史実や史料を調べるようにしています。香港では、考証を手伝ってくれるような専門機関や人材が何もありませんから。しかも、考証を行なったあとでも、多くの人間の批判にさらされます。中国の時代劇は、京劇にしてもそうですが、廟（寺）で行なわれる劇にもとづいています。時代考証をそれらの地方劇にもとづかせることは実は間違っています。例えば、関公（関羽）は大きなひげを生やしていて、手に頁を開いた本を持って、高い椅子に腰かけている。地方劇では関羽はどれも同じようにそんな感じです。これは正しくない。というのは、漢の時代には紙をとじた本はありません。宋代になってはじめて出てくるのです。漢代は「簡」、竹簡（字を記すのに用いた竹の札）です。しかも漢代には、高い椅子はありません。漢代は「タタミ」です。でも、みんなが芝居の様子を見て「ああ、関公ってのはこうだったのか」と思ってしまう。実は間違っているのに。関公はそんな太刀は使っていません。ですから、考証というのはたいへん面倒なものです。『龍門客桟』を撮ったとき、ヒロインを演じた上官霊鳳《シャンカン・リンフン》が帽子（笠）をかぶっていますね。この帽子をわたしは古代の絵から採ったんですが、でもみなはこんな帽子はない、ひとによっては日本のものを真似したんじゃないのかと言うんですよね（笑）。ときには、そういう間違った常識にわたしも譲歩せざるをえない。『龍門客桟』で番子《ファンズ》（捕り方）が出てきます。明代に地方で盗賊を捕らえる任に当たった兵士、捕り方のことを「番子《ファンズ》」というのです。

――長い帽子をかぶって濃い紺の制服を着ていますね。

胡　紺ではなく黒です。この捕り手は、これは歴史的な事実ですが、すべて倭刀（日本刀）を使っていました。朝廷では毎年三万本を輸入して彼らに支給していました。奈良からです。日本から買ったんです。史料もあります。三万本です。一説にはそれ以上だとも言われています。三万本というのは朝廷が注文した分で、一般庶民がもっと多く購入しているはずですから。日本刀は軽くて便利だったからです。でも、わたしはあえて使うことができなかった。どうして明代に日本刀が使われるのかと言われましたから。すでに考証済みだったんですが、使うことができなかったんです。

――「東廠」の制服の黒い衣裳の裏地は赤で、実に美しく鮮烈ですね。

胡　ええ、裏地は赤です。古書ではみなそうなっています。ですが問題は、彼らが制服をあまり着なかったことです。彼らが制服を身につけるのは、例えば外出時の皇帝とか大臣たちの護衛にあたるとき、政府の人を護衛するときだけです。「錦衣衛」は全員いつでも制服を着ていたんです。しかも等級があった。「錦衣衛」は軍隊ですからね。

——位によって色が違うとか。

胡　色は等級によってみんな違います。台湾の故宮博物院には「出警図」と「入蹕図《にゅうひつ》」とがあって、皇帝が外出する、つまり宮廷から外に出かけることを「出警」といい、皇帝が帰ってくるのを「入蹕」というんですが、それで台北の故宮博物院にはこのふたつの図がある。わたしはこの図を見て、「東廠」と「錦衣衛」の制服をつくったんですよ。皇帝が外出してから帰るまで、彼らの下っ端から最高位のものまですべてその図に描いてあるんです。これを参考資料にしたわけです。これらの図は「供奉画」といいます。なぜ「供奉画」というのかというと、当時、宮廷では大々的に絵描きたちを招集して、彼らの肖像画やいろいろな絵を描かせ、それでできたものなんです。この二枚の絵はとてもよく保存されている。とても長いもので、全部をひろげて見るにはホテルのロビーが必要なぐらいとてもとても長い。高さは普通のドアの半分ぐらいですが、長さは絵巻物のようにとても長い。

——キン・フー監督は『龍門客桟』を撮る前に、故宮博物院に行ってそれらの絵を全部写されたのですか。

胡　そうです。実はそれ以前に印刷物で見たことがあるんですが、はっきり見えなかったので調べに行ったんです。

——『龍門客桟』の行列は正面から撮っていますね、絵巻物風に横からではなく。

胡　それはどちらでもいい（笑）、衣裳が正しければね。あとは前方はどんな人間が歩いているかとかの順番が問題でね。それにそのふたつの図のとおりに行進させるわけにはいきませんからね。その図の行列の主は皇帝でしょ。映画のほうはひとりの官僚にすぎない。太監《たいかん》、つまり宦官にすぎないわけですから。

——白鷹《パイ・イン》が扮する白髪のボスが太監つまり宦官ですね。おそろしく強い。あの白髪の悪のイメージはどこから思いつかれたのですか。その後、クンフー映画に同じようなキャラクターがたくさん出てくるようになりました。白鷹自身も『空飛ぶ十字剣』（一九七七）などで何度も演じていますね。あれは白子ですか。

胡 あれは白子ではない。白子は病気です。彼はそうではない。若いときから白髪があるんです。年をとっていないのに髪の毛が白い人ってのはけっこういるでしょ。例えば袁世凱、彼は三十歳でもう白髪でしたね。死んだときまだ五十数歳だったでしょ。ああいうのはたくさん例がありますよ。白髪になったり毛が抜けたりするのは心理的な原因もありますよ。突然ショックを受けたりすると、急に白髪になったりすることがありますからね。

——しかし、白髪があのキャラクターを怖いイメージにしていますね。

胡 そう、若いけれども白髪で、しかも喘息持ちでね。異様な感じを与えるでしょ。

——武術にすぐれ、しかも喘息持ちの宦官という特殊性が、白髪でより強く印象づけられることはたしかですね。あれはカツラですか。

胡 カツラじゃありません。染めたんです。ときどき染め方があまりうまくいかなくて、少し黄色っぽくなってしまっています（笑）。それで、いつも外国に行くと記者に聞かれるんですよ。あれは西洋人を表しているのか、とね。あれは染めがうまくいかなくて黄色くなってるんですよと答えるんですがね（笑）。何度も聞かれた（笑）。

――白鷹が演じた白髪のボスのように、「東廠」「錦衣衛」のメンバーもみんな宦官だったのですか。

胡　いえ、みんな宦官ではありません。ボスだけが宦官なんです。太監ですね。白鷹は「東廠鎮撫司兼錦衣衛提督」です。これが白鷹の地位。彼はふたつの職務を兼ねているのです。最初に出てくるときに先頭に掲げられている旗にはこの職務が示されています。彼にはとても大きな権力がある。「東廠」「錦衣衛」両方のボスですから。明代では戦争があると、その最高位の指揮官を例えば提督だとすると、その上に「監軍太監」（軍の監察官）というのがつくんです。監軍太監が提督を動かす。ですから、上層部を管理しているのがこの派遣役人の太監で、この太監は明日にでも別のところの管理にまわるかもしれない。「東廠」の警衛たちはもともとそこに所属する者であって、彼らは宦官ではないんです。宦官が「東廠」に派遣されて、そこを管理する。宦官は何でも管理する、税とか軍事とか、何でも。多くの映画がそこを間違っていますが、下の者たちが宦官であるはずがないんです。

わたしが『龍門客桟』で、「東廠」を描いたあと、たまたま映画が大ヒットしたものですから、多くの映画に「東廠」が出てくるようになったんですが、どの映画も「東廠」についてはでたらめです。「東廠」の成員は宦官ではない。明朝では宦官は「東廠」のトップだけです。宦官がそんなに大勢いるなんてありえない。「東廠」には一万人余りも人間がいるっていうのに、宦官ばかりだなんて（笑）。

――日本語で「宦官」と書くところを、キン・フー監督は「太監」と書かれますが、どう違うのでしょうか。

胡　「宦官」というのは、要するにもともとあった男のモノを取ってしまった者のことですね（笑）。「太監」というのは尊称です。「センセイ」みたいなもので、敬意を払った言い方です。ただし、位が下っ端の者には使えません。「寺人」というのが総称です。下のモノが無い者をすべてひっくるめて「寺人」

といいます。その中に高官、宦官などいろいろある。アレを取った者すべてを指します。「寺人」の中にはたくさんの階級があるんです。例えば漢代に「黄門」という位がありました。漢代で一番位が高い宦官を「中常侍」といって、これは侯爵ですね。漢代も明代も宦官が多くて、例えば「南海遠征」で有名な明の武将、鄭和は太監ですし、紙の発明者として知られる蔡倫もそうです。彼も侯爵です。とても地位が高い。彼らはみんな太監です。中国人は役人になると、例えば総督ですが、両広総督つまり広州と広西の総督なんか、とても位の高い役職ですけれど、この相手に対して「総督大人」とは呼べない。だめです。「制軍大人」と呼ばなくてはならない。呼び方と役職名とは別なんです。宦官の場合は、高位にある者には「太監」と言えるのですが、尊称はこれだけではないんです。「公公《コンコン》」という呼び方もあるし、それから宦官がボスになると「内相」と呼ばれる。宰相という意味ですが、本当の宰相でなく、このトップの宦官は宮廷の内にいるために内相と呼ばれる。実は「内相」というのは官職名ではなくて、ひとつの尊称なんです。宰相ではないんですが、とても大きな権力を持っているんです。

　最近（一九八八年）、香港で宦官を主人公にした映画がつくられましたが（張之亮《ジェイコブ・チョン》監督『チャイニーズ・フィナーレ　清朝最後の宦官』）、まるでめちゃくちゃ（笑）。太監の回想録を読んだこともありますし、史料も読んだんですが、宦官の多くは河北省の河間府出身なんですね。河間府が昔から宦官を出している伝統があるんです。ほとんどが貧しい子供たちなんですけれど、宦官になるにはまず第一に両親が仲介人にお願いに行く。仲介人は家庭調査をするんです。将来、問題を起こさないかとか、家庭環境はどうだとか。それから北京の故宮の外宮に南三所というのがあって、三カ月間子供はそこに送られる。そこで三カ月間こもって、いろいろなことを学ぶのです。それからこの子供に決心がついたかどうかをたずねるんですね。男のモノを取るのはたいへん痛いし（笑）、しかも将来出世するとは限らない。一

1

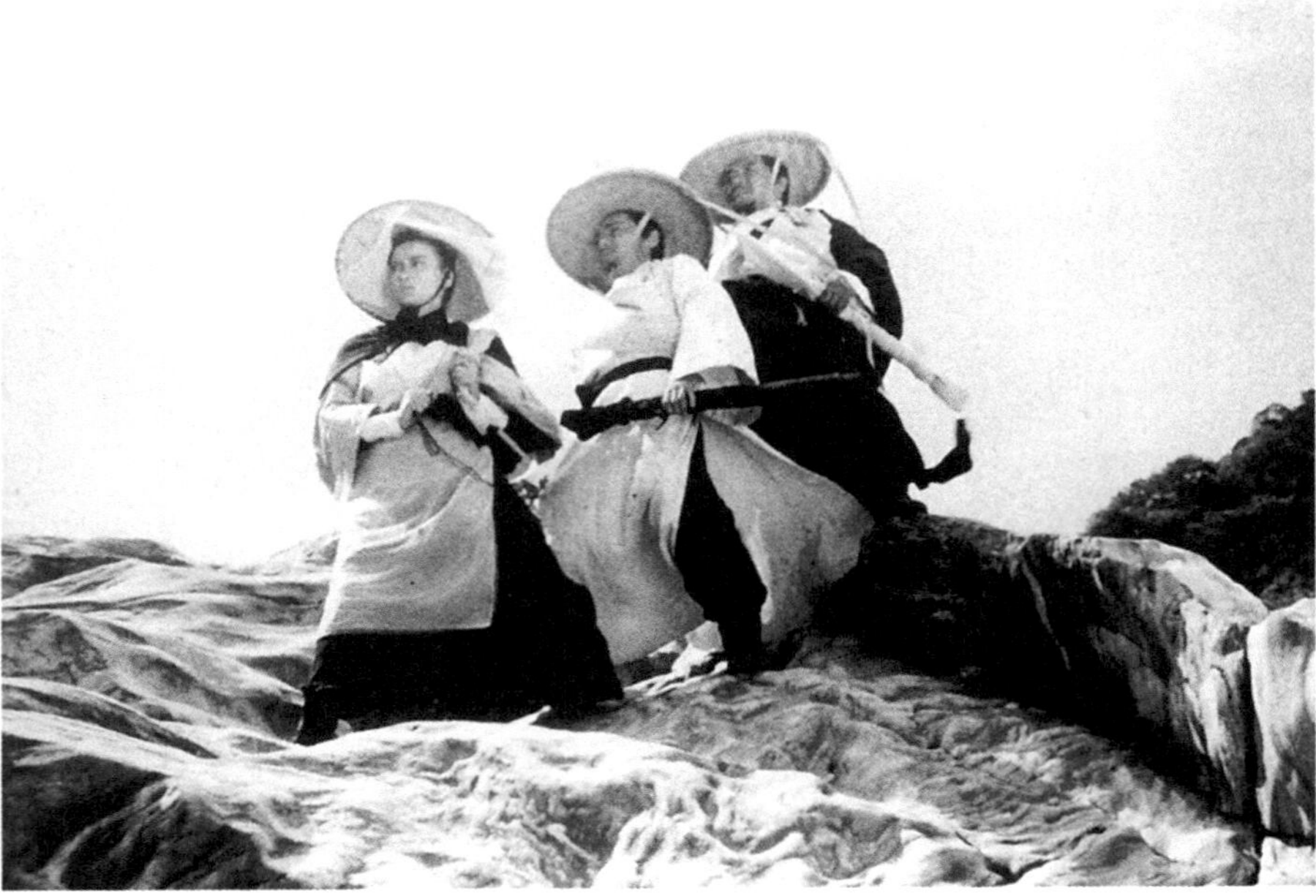

2

1 『龍門客桟』(1967)。上官霊鳳と石雋。 2 『龍門客桟』(1967)。上官霊鳳(左)。

3

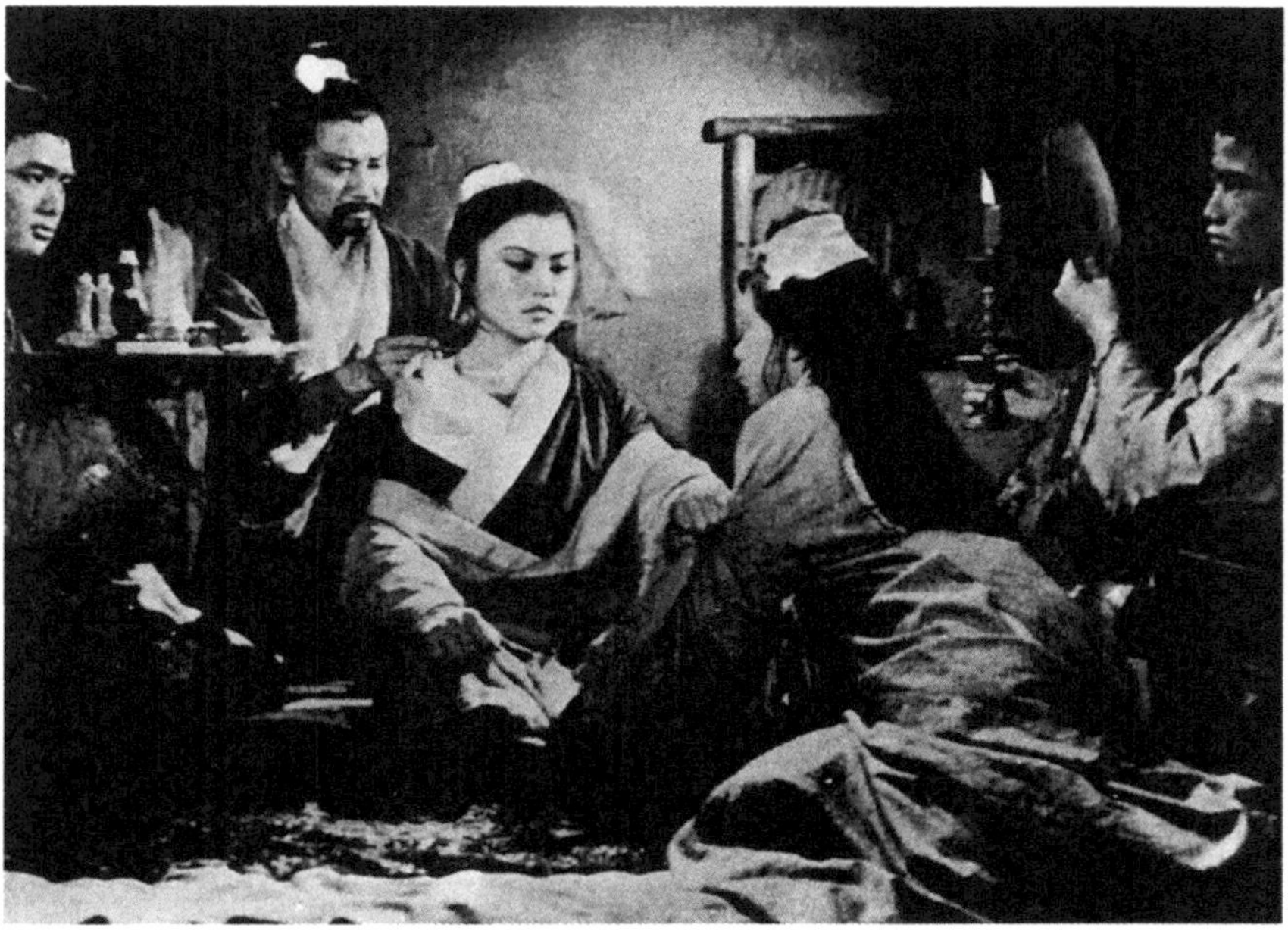

4

3 『龍門客桟』(1967)。 4 『龍門客桟』(1967)。上官霊鳳(中央)。

生下働きで終わるかもしれないんだとね。それでもいいということになり、決定が下されると両親が署名をし、先生に弟子入りの挨拶をする。するとこの先生は、「割師」というのに紹介する。アレを取る専門家です。手術はジェイコブ・チョンの映画とはまったく違って、針金に輪がつけてあり、これで男のアレを上に持ち上げて、身体のほうはベッドの上。輪でアレをしっかりと固定して、それから一種の麻酔薬を使う、実はあまり効かないんですけれど（笑）、曼陀羅華《まんだらげ》といって日本にもありますね、植物の一種です。それを嗅がせて麻痺させ、それから酒を飲ませる。割師のメスにはいろんな種類がある。実物は見たことがありませんけれど、写真を見たことがあります。それでアレを引っ張り上げておいて、ざくっとやって、すぐに引っ張り上げる。それから一種の管、これは植物なんですけれど、これを差し込むんです。そうしないと、傷口がそのままふさがってしまったんでは小便ができなくて死んでしまう。この管で通すようにする。これには高等な技術がいるんですよ（笑）。それから傷口がふさがってから、最も痛いのが、この管を引き抜くときです。もうすっかりくっついてしまってるわけでしょ。薬も塗り付けてあるんですが、でも管は引き抜かなければならない。そのときによく気絶してしまうんですけれど、それでも引っこ抜かなければならない（笑）。そのあとは自然に小便ができるようになります。管が必要なくなる。それから切り取ったアレですけれど、故宮の懐恩堂というところに運ばれます。この懐恩堂にはたくさんの小箱があって、そこに名前、生年月日、それから「浄身日」というんですけれど、いつ切り取ったかという期日ですね、これを書いて、小箱に入れて、これはずっと懐恩堂の中に保存されている。それで宦官が病気か何かで死ぬと、普通は「上奏」するのを許されていないんですけれど、一回だけ「上奏」することができる、つまり自分のモノを返してほしいと願い出ることができるんです。それで死んだときに、一緒に埋葬される。五体が全部揃った遺体となるわけです。中国人は遺体は全部揃ってなくてはならないと考えますからね。小箱の中には薬が入れてある。それで腐らないんです。『チャイニーズ・フィナーレ』では、上から吊るしてありましたよね、干物みたいに。あれはまったくでたらめ（笑）。宮殿の中でね（笑）、あんなことはありませんよ。

――「割師」に手術をしてもらって「寺人」になると、すぐ宮廷に上がって勤めるのですか。

胡　「寺人」になってからは、師について礼を習い、それから少し大きくなってから仕事を与えられます。ここで運が分かれるわけです。彼らの貯蓄はすべてひとつの道教の寺に集められて、北京の白雲観という寺ですが、ここに彼らのお金が貯蓄されて、年をとって仕事ができなくなると、宮廷から出て、だいたいこの白雲観で書を読んで暮らすようになります。初期のころの宦官は文盲だった。最初は彼らに字を教えなかったんですが、でも文盲だと仕事を任せられないから、明代では少し教育して、最初から読み書きを教えるようになりました。以上のようにして宦官はつくられるんですけれど、もうひとつ供給源があって、韓国とベトナムが毎年宦官を贈り物、貢ぎ物として届けてきたというんです。先ほども言った有名な明の宦官、鄭和は、雲南生まれのベトナム人です。それから、北京の故宮の設計者は阮成というベトナム人の太監です。北京の宮殿はすべて彼が設計したんです。宦官の中には大勢優秀な人間がいました。すべてが悪者ではないんです（笑）。

――宦官というのはいつ頃からあるのですか。

胡　もう数千年前からですよ。言い伝えでは殷・周の頃からあるらしい。中国のほかに、アラブの国々にもありますね。最初は中国とアラブの国々。韓国にもありますね。

（1） 台湾の映画会社

映画（『梁山伯と祝英台』）は大ヒットとなったが、監督の李翰祥と映画会社邵氏公司（ショウ・ブラザース）とは、経済的なトラブルが原因で喧嘩別れしてしまった。そこに目をつけたのが、邵氏公司とは長年ライバル同士の、映画会社電懋公司を傘下に置いていた国泰（キャセイ）機構である。国泰はちょうど台湾に聯邦公司という配給会社を持っていたので、邵氏公司との契約上、香港で映画を撮れない李翰祥を台湾に呼び寄せ、彼自身の映画会社国聯公司（国泰の国と聯邦の聯にちなんだ会社名）を設立した。六〇年代に入って、国産映画の発展と転換を目指す政府も、それを歓迎した。

　この国聯公司と李翰祥が台湾映画において果たした役割について『改変歴史的五年』（萬象圖書）という著書もある焦雄屏さんは言う。

「李翰祥は台湾に来るにあたって香港の優秀な技術スタッフや脚本家、俳優などを大勢連れてきました。これによって、台湾映画の水準が上がり、欧米映画や日本映画に押されていた国産北京語映画の地位も上昇しました。国産北京語映画がお金を稼げるようになると、民間も資本を投入するようになり、ますます国産北京語映画がさかんになりました。（……）」。聯邦公司の後を継いだ新たな経営陣は、その資金を経済的危機にあった李翰祥ではなく、別なところに投資した。香港の邵氏公司で思うように仕事ができないでいた胡金銓《キン・フー》監督を台湾に呼び、当時香港で製作され人気の高かった武侠映画を、自分たちの会社で製作したのだ。彼が監督した『龍門客桟』（六七年）は武侠映画として、台湾香港で最高の動員数を記録、さらに日本や韓国、アメリカなどでも公開された。

　胡金銓は続いて三年の歳月をかけて『侠女』（七〇年）を撮り、第二十八回カンヌ国際映画祭で高等技術委員会グランプリを受賞。台湾で製作された映画がこれほど有名な国際映画祭で大きな賞を受賞したのは初めてのことだった。聯邦公司は、その後も七〇年代末に建築業への投資が失敗して会社を閉めるまで、武侠映画やミュージカル映画を製作しつづけた。（粉雪まみれ「台湾電影小史」、「台湾興奮読本」宝島社）

（2） 東アジア研究会議（亞洲研究学会）

キン・フー・プロダクションが作成した経歴書によれば、一九六八年のこの会議において、キン・フーは「映画は独立した芸術である」と題した講演を行なっている。

（3） 呉晗《ごがん》

一九〇九～六九。歴史学者。専門は明代史。著書に「朱元璋伝」など。急進的自由主義者として政治的にも活動。五三年、北京市副市長。六一年、史劇「海瑞罷官」を発表。六五年、姚文元により批判され文化大革命のきっかけとなる。北京市副市長、北京市歴史学会会員を解任され、失脚。六九年、獄中死。七八年、名誉回復。（日外アソシエーツ「中国人名事典」）

第5章　1968〜70

『俠女』
徐楓という女優
闘うヒロイン
「緬刀」の使い方
キャメラは対象を逃さない
竹林の激闘
カンヌ映画祭で高等映画技術委員会大賞
ライティングの問題
一輪の名月のもとにて琴を弾く

――いよいよ『俠女』二部作（上下集）です。第一部（上集）のラストの有名な竹林の激闘シーンだけでも、血沸き肉躍る映画的興奮にみちた映画史上屈指の活劇の名場面と言えます。そもそも、徐楓《シー・フン》が演じたタイトル・ロールの俠女とはどんなヒロインなのでしょうか。俠女とはいったい何なのでしょうか。正義のために闘う女という感じでしょうか。

胡　「俠」という字は、ある行動様式、英語で言えばbehaviorのことです。サムライとか戦士とかの身の振り方、生き方ですね。しかし、わたしの映画の場合はそういうものではなく、正義のために闘う女というのでもありません。追われる女、お尋ね者の女です。徐楓が演じている俠女は政府方ではない。彼女は逃亡犯です。彼女の父はとても有名な大臣だったんですが、殺されてしまった。彼女も本当なら殺されていたところを逃げたわけです。逃げて、ある寺の和尚さんのところに行く。その和尚を喬宏《ロイ・チャオ》が演じていますが、この和尚が彼女を弟子として受け入れ、武術を教えるわけです。

彼女の言葉の中に、「天下はこんなに広いのに、すでにわたしを受け入れてくれる場所はない」というせりふがあります。どこにいようと追手に見つけ出されてしまうということです。だから、彼女は彼女が愛した男（石雋《シー・チュン》が演じる）に「わたしから離れていきなさい、わたしといると面倒なことになる、いつ何どき捕まるかわからないから」と言うのです。彼女は彼に琴を弾いて聴かせ、歌を歌う。その歌の意味するところは「こちらにいらしてください、あなたと一緒に寝ましょう、わたしはあなたに子供を産んであげましょう、でもわたしを愛してはいけません」というものです。「いつ何どき彼らに殺されるかわからない、子供を抱いて早く逃げなさい」と。これは、その男の主人公の母親の終生の心残りが、息子に金がなくて嫁をとることができず、子孫が絶えてしまうというので、そのことを耳にして彼女が、というのも彼女はその男と母親に助けられたので、彼に子供を産んであげるわけです。この詩は李白の「月下独酌」[1]からとられたものです。

――徐楓のヒロインが喬宏扮する僧侶のところに二年間かくまわれて、護身術を習って復讐をとげるというような歴史的事実あるいは伝説などがあるのでしょうか。

胡 ええ、たくさんあります。僧侶が武術をやるというのは決して伝説上のことではない。というのは、僧侶は寺院に多くの財産を持っていました。大地主だった。現在の韓国や日本でも大金持ちでしょう。よく強盗に遭ったんで、自分たちで財産を守らなければならない。それで武術の訓練をしていた（笑）。ですから少林寺では僧侶が武術をやっていましたね。財産を守るために、武術の必要性が生まれたのです。ああいった少林寺などでは田畑をたくさん持っていたわけですからね。それからこういった寺院は大々的な商業経営もやっていた。寺が発明した商売は三つあります。質屋、競売、高利貸し。どれもコストが低く、儲けが大きい。今の銀行のような感じでしたね。

――ヒロインたちが川べりの岩場を逃げていくシーンで僧侶たちに出会うのですが、そこで、僧が指さすと、かなたに、山の上の寺院が見えますね。あれはたぶん本物の寺院だと思われますが……

胡 ええ、実景です。あれは横貫公路（台湾横断道路）に面したある忠烈祠です。普通は革命、戦争などで国のために亡くなった人をまつるのが忠烈祠なんですが、あそこは道路の建設工事中に亡くなった人をまつる祠です。

――あの岩場の風景のロケーションも台湾ですか。

胡 ええ、台湾です。台湾全域を横断する道路の至るところにあのような風景があります。

――幹線道路のすぐそばにあのような地形があるのですか。

胡 あります。

――ヒロインの俠女を演じる徐楓は新人女優だったということもあると思うのですが、せりふがとても少ないですね。

胡　ええ、彼女は俳優訓練班に入っていて、彼女のほかにも上官霊鳳《シャンカン・リンフン》、石雋、白鷹《パイ・イン》などたくさんいました。『龍門客桟』が彼女のデビュー作で、その次が『俠女』です。

――功夫《クンフー》の心得がある女優なのですか。

胡　いいえ、全然ありません。彼女は訓練班でわたしが教え、育ててきた女優なのです。現実の彼女はとても静かで、しとやかな女性です。だからこそ、映画では静かな芝居は彼女に似つかわしくないと思い、男と同じように剣を持たせたわけです。この対照が彼女にある種の美しいバランスをもたらしたと思います。わたしのイメージにぴったりの女優です。もちろん、彼女はわたしの映画のほかにもいろいろと出演しましたが、メロドラマのヒロインが主で、そちらは彼女のイメージには合わなかった。わたしは『龍門客桟』の小さな役で彼女をデビューさせ、『俠女』で剣を持って闘うヒロインを演じさせて成功したと思います。

――せりふが少ないのは、もしかしたらキン・フー監督があまりおしゃべりな女の人は嫌いなのかなとも思ったのですが……（笑）

胡　そういうことも少しはあるかもしれませんね（笑）。

――李白の詩を歌うところは吹替えなしに徐楓が歌っているのでしょうか。

胡　いいえ、吹替えです。琴を弾いているのも別の人です。あの古琴はふつうの人では弾けませんから。弾くしぐさを身につけるのにさえ三カ月かかったのです。

――石雋が扮する男の主人公は「山水人物画」を描く店をやっていますね。「代写書信春聯」と看板に書

1

2

1 『俠女』(1970)。徐楓と石雋(うしろ姿)。 2 『俠女』(1970)。石雋。

いてあり、その店にいろいろな絵や書が貼ってあるのですが、全部キン・フー監督が描いたものですか。

胡 いいえ、違います。上の方に掛かっている扁額だけ、わたしが書きました。扁額の両脇に下がっている書や、中に掛かっていたのは、台湾師範大学芸術科の教師たちが書いたものです。というのは、彼らとは親しかったので借りてきたのです。

――お客の似顔絵を描くところで、手のアップがあるのですが……

胡 たぶん、それはわたしが描いてるんじゃないかと思います……ええ、そうです、画面に出ているのはわたしの手です。

――俠女と「東廠」の刺客が闘うときに双方が使う刀は何というのでしょうか。ベルトみたいに腰に巻いていて、すっと抜くとまっすぐのびて剣になる……あれは実際にあったものなのですか。

胡 実際にあったものです。いつ頃からかはわかりませんが、聞くところによると、ビルマ（緬甸）から伝わってきたものだということです。それで「緬刀」というのです。

――どんな人たちが使っていたのですか。

胡 例えばスパイだとか盗賊だとか。そりゃあもう、いろんなところで使われていましたよ。というのは昔は通りで刀を手にして強盗を働くわけにはいかなかったでしょう。役人に捕まってしまうから。

――実際に映画で使った緬刀も、腰に巻けるのですか。

胡 腰に巻くのだけは別ですが、実はあれは日本の刀なんです（笑）。巻き付けたのが一本、実際に闘うときに使うのが一本、いや二本、全部で三本ですね。実際に闘うときのは、一本は竹でつくってあって、危険なアクションのときに使いました。あぶなくないときは金属製のを使った。その都度替えて使わなければならなかった。竹の刀はたくさん必要でした。一回使うとだめになってしまいましたから。

『俠女』(1970)のオリジナル・ポスター。

――緬刀というのは、キン・フー監督の映画以外ではあまり見たことがないのですが、ほかにもこれを使った映画というのはあるのでしょうか。

胡　わかりません。これは書物で学んだものなのですが、「武経備要」の中にこういった武器があります。これは「古今図書集成」の中に収められていて、すべて古代の武器と戦争について紹介しています。

――そういう昔のことを書いた本というのは、武俠もの、つまりチャンバラ活劇をつくられるようになってから、資料としてそういうものを読み漁るようになったのですか。それとも以前からお好きで読まれていたのですか。

胡　以前から。これはふだん目にとまったり、ふと見つけたりしたもので、その場になってから資料を捜すというんでは間に合わない。どこに行って捜したらいいのやらわからないし。

――原作の「俠女」は「聊斎志異」の中の一篇で、ごく短い話ですね。

胡　そうです。ですから、話の設定だけ借りて、映画の物語はすべて新しくつくりだしたものです。原作はとても短い。わたしは、明代の密偵とか宦官とかが横行して多くの人を、大臣とかたくさんの人間を、窮地にまで追い詰めていったというような史実から、物語を考えました。それで、徐楓のヒロインも窮地に追い込まれる。それから石雋の心理状況といったものを描こうとした。例えば、映画のはじまりの部分で、石雋が食事をしているとき、母親に、科挙にも受からずふがいないとなじられ、独り言のように「苟《いやし》くも性命を乱世に全うせんとして、聞達《ぶんたつ》を諸侯に求めず」と詩の文句を言う。これは諸葛亮（孔明）の有名な「出師《すいし》の表《ひょう》」からの引用ですが、この言葉に託して自分のことを言っているわけです。この乱世にただ生きていさえすればよい、諸侯に仕えて有名になろうとは思わないと言ってるわけですね。石雋の自宅に扁額にして掲げてある「淡白明志、静以至遠」というのも同じく諸葛亮の有名な言葉で、

『俠女』(1970)。徐楓。

物事にこだわらず欲張らず、淡白になることによってその志を明らかにし、静かに安らかな心をもってさらに遠くへ達するという人生哲学ですね。諸葛亮が隠遁していた草堂にこう書かれた字が掛けられていた。この言葉を読んだ劉備がこれこそ「臥竜《がりよう》」すなわち野に隠れて世に知られぬ大人物だと確信する。諸葛亮のこの言葉を引用する石雋は、つまり科挙の試験など受けずにひそかに大事を成し遂げたいと考えている。しかし、もちろん成功していない。ですが多くのインテリはこういった同じような野心を抱いているのです。

――『俠女』という映画では石雋は諸葛孔明のそのような知恵と兵法を活かして、戦略を立て、徐楓のヒロインと共に闘うことになるわけですね。

ヒロインの徐楓が竹林の中を走るシーンがあって、顔がアップでとらえられるのですが、どのくらい走らせたのですか。フォーカスが常に合っているのに驚いたのですが。

胡　ちょっとした企業秘密をお教えしましょう（笑）。キャメラは大きくて重いミッチェルでした。このキャメラは対象を逃さなくて、とてもいい。一〇〇ミリのレンズでね。ただ、活劇を撮るときに一番難しいのは、動いている人物のクローズアップです。レールを敷いて追いかけても同じ問題が起きる。つまり、フォーカスを合わせたまま激しい動き、特に走っていくのを追っていくのが大変です。そこで、これはわたしのちょっとした発明、というほどのことでもないんですが（笑）、キャメラを中央に置いてその周囲を人物が弧を描いて走るようにする。走る人物のクローズアップを、常にフォーカスを合わせてとらえるのは非常に難しいので、だから穴を掘ってキャメラをセットし、そこから一定の長さの紐を徐楓に持たせて穴のまわりを走らせ、こうやって（と、絵を描く）距離を固定させて撮ったのです。

――紐を離さなければフォーカスは狂わないわけですね（笑）。しかし、キャメラとの間に竹が立っている場合はどうするのですか。

胡　それは、人がうずくまって竹を立てて、ヒロインが来るときに竹をこうやって倒して（押さえて倒す動作）パスしたのです（笑）。

――竹のほうが倒れるわけですね（笑）。

胡　竹とか木とか何でもいいですけど、その背景にフォーカスが合っていなければ、何だか見分けがつかないから（笑）。だから地面にしるしをつけて走るコースを描く。それから、紐を持たせるというより腰に縛りつけて走らせる。こうすればキャメラとの距離が常に一定して絶対にフォーカスが外れることがない。

――でも竹や木を持って背景に立っている人が、ヒロインが走ってくるたびに倒れるというのもたいへんですね（笑）。

胡　大丈夫、みんなプロ。長年アクション映画の撮影をやっているんですから（笑）。

――走る姿をとらえるのには、いつも一〇〇ミリのレンズですか。

胡　そうとも決まっていません。八五ミリでも一〇〇ミリでも。でも、もし全身を撮るとしたら何でもいいですね。

――一〇〇ミリのレンズというのは、クローズアップのときだけなんですね。

胡　アップで撮る場合だけです。かなりスピードがあって迫力があるから。

――いかにも林の中をかき分けて走っているようなスピード感が出ていますね。

胡　すごく速く走っているように見える。キャメラも一緒に走っている感じになる。以前はキャメラが走る人物のあとからついていった。今でもアメリカの多くの映画ではこの方法を知らなくて、被写体を追いかけている。それでは迫力がない。『俠女』の多くの活劇シーンがこのようにして撮られました。とても正確に、アングルも外れることがなくパンしてね。

――『俠女』の前篇の終わりの竹林の中の激闘の場面、徐楓と白鷹がプロの刺客というか、敵のスパイ二人と殺し合うところで、徐楓が宙を飛んで剣を持ったまま急降下してくるのですが、あれはどのようにして撮影したのですか。

胡　これも企業秘密なんですが（笑）（と、台を重ねた絵を描く）。

――そんな何段もの高いやぐらの上から飛び込ませたわけですか。何メートルくらいあるのですか。

胡　十メートルくらいはあったでしょう（笑）。撮影用の台があって、それを組み立てて高くしていくのです。

――撮影用の高いやぐらを日本ではイントレというのですが、グリフィスの『イントレランス』に由来するとのことです。

胡　なるほど。でも、こちらではただ「高台」です（笑）。

――その高台から飛び込ませたわけですね。下の水はプールですか。

胡　いいえ、湖です。台湾の有名な観光地にもなっている日月潭です。

――徐楓はそんな高いところから飛ぶのを怖がらなかったのですか。それも剣を構えて飛び下りるのですから。

胡　最初に別の人間がテストをしていますし、何回も練習しましたから、それほどたいへんではありませんでしたよ（笑）。

――画面では飛び下りる徐楓の両側に竹が綺麗に出ていますが、湖のまわりに実際に竹林があったのです

上下とも『俠女』(1970)。徐楓。

か。

胡　竹林はつくったものです。日月潭には竹はありません（笑）。

――徐楓さん本人からお聞きしたのですが、そのシーンで膝を伸ばしたまま飛び込めと言われて（笑）、それがたいへんだったと。

胡　いやむしろ膝はかならず伸ばしていないといけないんです。でなければ、水に入る瞬間にバシッと打ってしまい、脚にたいへんな圧力がかかってしまいますから。

――ああいうアクション・シーンを撮るときは、どういう手順で撮られるのですか。

胡　韓英傑《ハン・インチエー》が殺陣を決めて、わたしがそれをカット割りして絵コンテに描く。即興では撮りません。同じシーンでも実際の撮影では一カ所で撮らないであちこち場所を変えて撮ることが多いものですから。そうしておけば、編集がしやすい。

――韓英傑はどこかリハーサル室とかで殺陣を決めて、そしてキン・フー監督がそれをもとにカット割りするのですか。

胡　仕事の手順としては、そう。実際の撮影は順撮りではなく、撮りやすいような順番でとびとびに撮ります。

――俳優たちを撮影の前に訓練するわけですね。

胡　そうです。

――リハーサルのときにも衣裳をつけるのですか。

胡　練習のときは本来の衣裳は着ません。汚してしまうとまずいから（笑）。練習は二回くらいやります。大きなアクション・シーンを撮るときは、同じ衣裳を二、三着用意します。

——竹林で徐楓が竹を駆け上がるところは、どのくらい練習したのですか。

胡 けっこう面倒でした。人間がいっぺんに上がれる高さではありません。一度に、竹の節でいうと四つか五つくらい上がって、それを何度かやらせてつなげました。つなぎかたは破格のやりかたです。結果的に成功したと思っています。ただわたしは、このシーンのときフィルムの逆回しだけは決してやるまいと思っていました。不自然になりますから。

——スローモーションとか逆回転とかいった安易な手を使わない、純粋な映画的モンタージュによるその自然さの迫力が圧倒的なすばらしさです。しかし、竹の節を少しずつ分けて上がるといっても、実際にかなり高い所まで上がっているのですね。

胡 実際にはそんなに高くない。斜面を使ったから（笑）。

——第二部（下集）の森の中の乱闘シーンでは、サモ・ハン・キンポー、ラム・チェンイン（林正英）の顔が見えますね。

胡 はい、アクションの責任者が韓英傑、副責任者がサモ・ハンで、出演もしました。

——第一部の最初のほうで、「東廠」の刺客に怪しまれて、徐楓のヒロインが洗濯物を持って家の中に逃げこみ、奥の部屋に刺客が入っていくと、もう彼女の姿がない。実は彼女は天井にへばりついている。というよりも、背中が天井にくっついているのですが、あれはぶら下げたのですか。

胡 ええ、そうです。徐楓を吊り下げた（笑）。ワイヤーで吊ったんです。

——ワイヤーで？　たいへんだったのではありませんか。

胡 いえ、出来合いのものがありますから（笑）。

——竹林の決闘のシーンは何度見てもみごとで緻密なカット割りで、そのすばらしいモンタージュに息を呑みます。モンタージュ理論の見事な実践が見られますね。一九七五年のカンヌ映画祭では『俠女』の編集に対して高等映画技術委員会大賞が授与されていますね。

胡 編集に関するわたしの持論はこうです。映画を見ている人間の目は、そこに映されているものの現実の動きを見てとっているのではないということ、例えば、人間はこういうふうに（と、手で螺旋をクルクルと描いて）跳び上がることはできません。肉体的に不可能です。けれども映画の中ではそれができる。それは、例えば人間をトランポリンで宙に跳び上がらせる。一度だけ跳び上がるところを撮る。初めのカットはこっち向きに（と、フレームの中に人が左を向いている図を描く）跳び上がり、次は反対向き、次はこっちと、向きを変えて跳び上がったカットをいくつも撮って、ある編集のテクニックを用いれば、それがこのように（と、また手で螺旋を描く）飛んでいるように見えるわけですよ。まあ、いま言ったのはひとつの簡単な例だけれど。この手法を初めて使ったのが『俠女』です。それぞれ非常に短いコマ数のカットをつないであります。それが網膜の残像現象によって、心にそういう映像を刻むことになるわけです。この編集テクニックが、カンヌ映画祭で高等映画技術委員会大賞を受けた理由でした。フランスの映画技術者たちで構成された審査委員会から賞を与えられたのです。

――それは香港ではキン・フー監督だけが試み、始められたテクニックですね。

胡 いや、香港だけではないよ。世界中でもはじめてわたしが使ったテクニックですよ（笑）。

――それはどのようにして思いつかれたのですか。

胡 『俠女』の編集中のことです。わたしは、どうも結果に満足がいかなかった。わたしが考えているものと、いまひとつ違うのです。そこで、編集をやり直した。その結果は前とまったく違うものになったわけです。わたしは非常に満足し、いい機嫌で編集の者にそれを見せました。「ずいぶん変わっただろ」

とね。彼はそれを見て、ショックを受け、キツネにつままれたような顔をしていた。それまでのどんなセオリーも、八コマのカットなんてそこで何が起こっているのか脳が把握できないから、そんな短いカットを次々につなぐ編集はしてはいけないというのが黄金律だったのです。その後、こんなふうにしてわたしは四コマのカットなんかをつないだりするようになったわけです。そのようにしてアクションの新しいつなぎ方を見つけたので、そのときまだ残っていた『俠女』のある部分の撮影ではそのつなぎ方を念頭に置いた撮り方をしました。竹林の中でヒロインが高いところに飛び上がり、すごい勢いで飛び下りながら攻撃するシーンがそれです。

――まさにすごいシーンで圧倒されます。モンタージュの効果なんですね。キン・フー監督はいつもそのように編集を頭に入れながら撮影なさるわけですか。

胡　いつも編集の可能性を頭に入れて撮影します。

――ワンカット撮るのに何回くらいキャメラを回されますか。

胡　うーん……アクション・シーンの場合はやや多いと思います。三回くらい。

――編集は全部撮り終えてからやるのでしょうか、それともシーンごとに撮影中から編集をなさるのでしょうか。

胡　撮影しながら編集します。

――すると、撮影が終わったときには、もう粗つなぎは終わっているわけですね。セット撮影のときに「中抜き撮影」などもやられるのですか。つまり、切り返しをいちいちやるとライトの位置を動かしたりするのがたいへんなので、一方だけからまとめて撮って、中を抜いて、次に反対側から照明を変えて全部まとめて撮るという方法ですが。

門達《メンダー》の用心棒だ

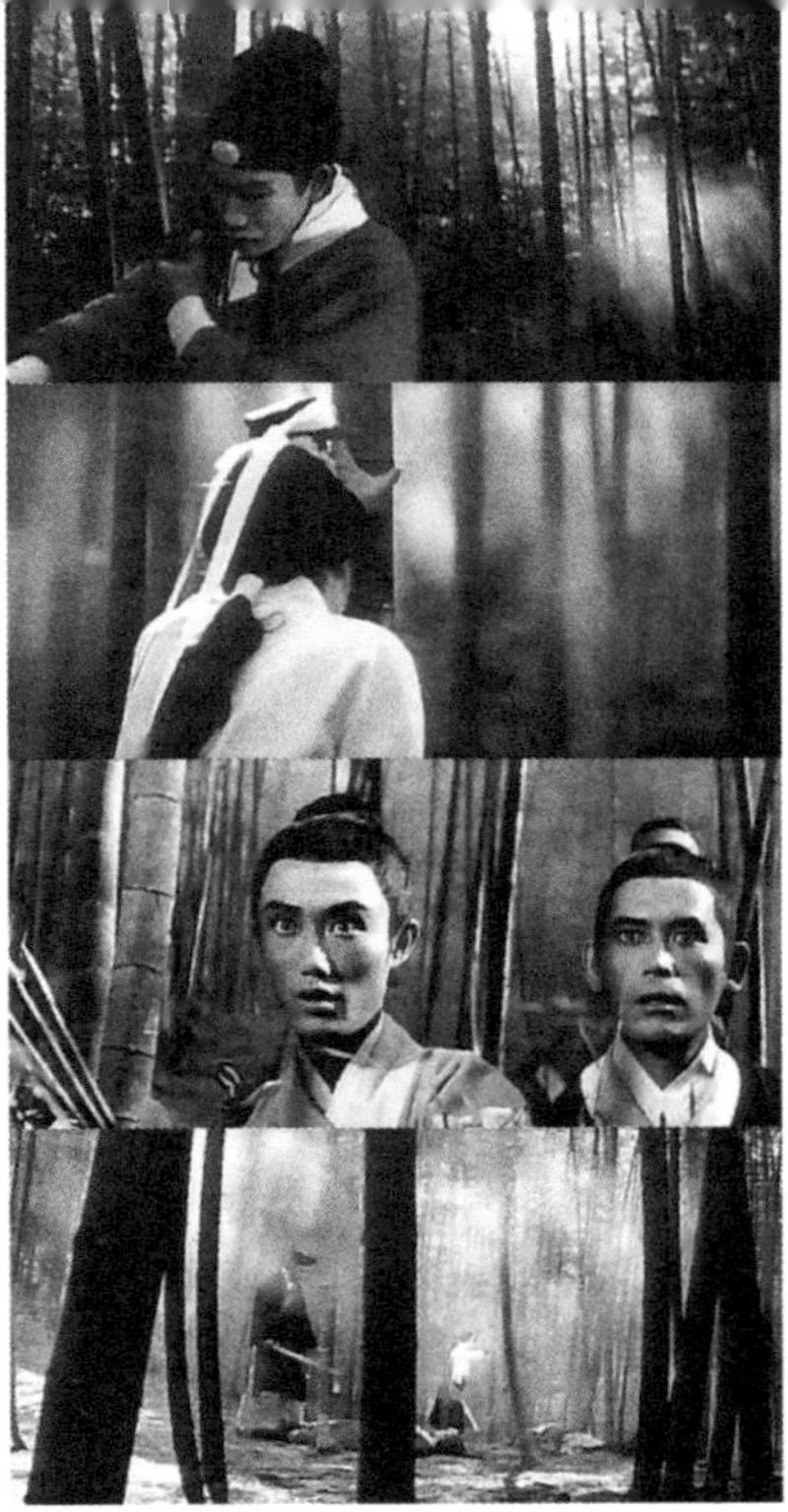

184〜185ページの『忠烈図』のクライマックスの激闘シーンとともに、この『俠女』のコマ撮りによる連続写真は「映画術 ヒッチコック/トリュフォー」の方法に倣ったものではあるが、シーンの選択やイメージの骨格はキン・フー監督自身の構想によるものである。演出プランとして描かれた絵コンテも合わせて載せたかったが、「撮り終えたあと、捨ててしまったと思う」とのことで、「なんなら、もう一度描いてもいいよ」と言って笑わせたキン・フー監督であった。

胡　例えばここにひとり、ここにもうひとり、この奥にもうひとりいるとしますね。室内のセットの場合はまず前もってキャメラマンに言っておくんです。まず、遠くから引きで撮りたいんだと。ですからそのライトはかなり離れたところに置きます。ひとりの人物を撮り、それからもうひとりを撮ります。こうすれば、つなげるときにとてもやりやすいんです。照明に関してね。それからキャメラを寄せていく。最後に彼ひとりのアップを撮る。まずは同じ方向に向けた視角から撮れるカットをすべて、引きから寄りへとキャメラの位置を変えながら撮っていく。それから次は切り返して逆の方向からやはり同じようにして撮るわけです。

――つまり原則としてロングからだんだん寄りのサイズを撮っていくわけですね。

胡　ですから、照明が逆になるときはあらかじめよく計算しておかないとだめですね。この撮り方は慣れると簡単なんですが、新人の監督には少々難しい。それで新人の監督はよくワンカットをとても長く撮る。長く撮れば編集のときに混乱することがないから、これは難しくないんですよ。難しいのはひとつのシーンの中で、ある距離まで寄ってきて、そこでカットを変えて横方向へ動いていく、それからまた少し寄って、またあっちに動く、その途中にレールとか障害物があったりなどするときですね。新人はよく混乱してしまう。対象があちこち動くと方向がわかんなくなっちゃうんですよ（笑）。アメリカの監督は、ワンカットごとにせりふ全部をはじめから終わりまでしゃべらせるんです。そうすれば間違えっこないでしょ。かならずひとまとまりのつながりになる（笑）。我々はそういうふうにはしない、我々はヨーロッパ式です。むだなことはしない（笑）。アメリカ式だとひとつの作品の撮影にフィルムを数十万とか百万フィートとか使ってしまう。我々は最高でも三万フィートとか五万フィートですよ。新人がアメリカ式に撮ったのを見て「とても芸術的だ、ワンカットがあんなに長い」なんて賞賛する批評家がいますけれど、あれは編集で混乱するのを恐れているにすぎないんですよ（笑）。特に人が行ったり来たりするところとか、戦いの場面とか、そこでは間違いは許されませんからね。室内セットの場合はまだいいんです。外景になるともっと面倒になってくるんです。太陽が動くからです。ロケ地に着いたなら、まず照明係に、わたしの撮りたい方向はここ、ここ、ことというように指示します。そうすることによって彼らは照明機材を特定の場所に置くことができます。そうしなければ、撮影のたびに機材を動かさなくてはならず、くたくたにくたびれてしまう、特に山の中で動かすにはたいへんですからね。わたしはよく、いくつかのカットをまとめて撮ってしまいます。どうしてそうするかというと、まとめて撮らないと光の具合が違ってきてしまうのでつなぎがうまくいかないんです。

――ロングからだんだん近づいて撮っていくのが効率がいいとしても、照明が本当に難しいわけですね。

胡　でも、そうするからこそすべてが容易になるんです。先に遠くから見てこそ、光源を決まった位置に定めることができます。例えば窓があって、ライトがそのうしろにあるとしますね。それが主な光源だということが決まりますね。遠くにあってこそそれの位置を定めることができるでしょ。こうすると近づいていったときに容易なんです。光源の位置の問題は解決していますからね。決して間違った方向から光を当てることがない。ですから先にまずロングで撮り、光源の位置を決めるんです。

――『俠女』のキャメラマン、華慧英はキン・フー監督が育てられた人なのですか。

胡　いえ、このキャメラマンはわたしより歳が上でして、台湾で長年仕事をしてきた経験豊富なキャメラマンです。ただ、彼はずっと台湾流のやり方を通してきたわけで、それをわたしがちょっと変えたというだけです。

――『俠女』の最初のほうでチンルー砦（靖虜屯堡）の屋根のほうへキャメラがズーム・アップしていく

と、裏手から十羽くらいの小鳥がきれいにうまく飛んでいくのですが、あんなにきれいにタイミングよく鳥が飛ぶものなのかどうか（笑）。一回《ワン・テイク》で撮れたのですか。

胡　いいえ、何度も撮り直しました（笑）。

——シネマスコープの横長の画面を小鳥の群れがちょうどうまく横切って飛んでいくんですね。

胡　うん、うん。

——『梁山伯と祝英台』でも同じように雀だったと思いますが、きれいにぱあっと飛ばすところがありますね。あれもキン・フー監督がお撮りになったシーンですか。

胡　あれは違います（笑）。李翰祥《リー・ハンシャン》が撮ったほうのシーンですね。

——映像の美しさ、構図、キャメラ・ワークがキン・フー監督の映画では非常に印象的なのですが、ハリウッドでは映画をつくるときに、まず一番目にストーリー（シナリオ）、二番目に撮影（映像）、三番目に演技（俳優）、日本的に言うと、一スジ、二ヌケ、三ドウサ、という順になるのですが（もっとも、ジョン・ヒューストン監督は一番目が俳優だと言っていますが）、キン・フー監督にとっては映画づくりのこの三つの大条件はどういう順序になりますか。

胡　わたしの考えでは、ストーリーが一番、というのはそのとおりだと思います。最も大切なのは、何かを思いついて、それからストーリーを考えるというやりかたです。それから、撮影。わたしはとても撮影を重視していました。でも監督の仕事を始めたときは持ち時間がとても少なかったために、苦労しました。撮影はたっぷりと時間をかけることが理想です。例えば、『空山霊雨』でも『俠女』でも、逆光で撮るシーンのために照明を整えるのがとても大変でした。俳優は最後に考えます。

——また『俠女』の竹林の激闘シーンに戻りますが、ロングでアクションをとらえているところはかなり

1

2

1　『俠女』(1970)。韓英傑。　2　『俠女』(1970)。韓英傑(左)と喬宏。

スタントマンを使っているような気がするのですが。

胡　使っています。何人も使っているんですが、これはちょっと複雑でして、そのスタントマンが何ができるかにかかっています。スタントの難しさの度合いにもよりますから。

――あの竹林のシーンの撮影には何日くらいかかりましたか。

胡　あまり憶えていません。ですがそれほどかかっていません。簡単なところから撮っていって、それから難しいものをという感じで撮っていって……多くても一週間くらいで撮り終えたと思います。問題は撮影のテクニックの難しさではなく、主に天候が問題でした。山ではあっという間に曇ったり、すぐまた晴れたり、また曇ったりとなりますから。とても高い山でしたからね。午後二時頃になると霧が出て雨が降る。だからそこに二十五日間も泊り込んだ。でも実際に撮影したのはそんなに長くありません。

――映画全体は何日くらいで撮られたのですか。

胡　途中で、かなり長く中断しましたからね。撮影をしながら一方で撮影所のステージをつくっていきましたから。実際の製作期間は正味三カ月くらい。この映画を製作する一方で、母体の会社、聯邦影業の撮影所もつくっていたので、そのための中断期間があり、それで一年かかっています。

――一九七〇年に『俠女』上集（第一部）が公開されていますが、実際に撮影を行なったのは何年ですか。

胡　主に一九六八年ですね。

――大作の印象ですが、当時の香港、台湾映画界の中でみると、どのくらいの規模だったのでしょうか。

胡　予算はかなり大きいほうです。しかし、ショウ・ブラザースで撮った『大地児女』と比べるとむしろ低い予算ですね。というのも、新人俳優ばかりなのでキャスト費が安く済んでいるからです。

――『俠女』の公開当時の台湾の新聞広告によると、『龍門客桟』より製作費二倍、キャスト三倍、製作期間五倍、労力十倍、面白さ百倍みたいな宣伝文句があったのですが（笑）、製作費が『龍門客桟』の二倍、撮影期間が五倍というのは本当ですか。

胡　ええ、そんなもんだと思います（笑）。しかし、その間ずっと撮影していたわけではなく、夜昼なくほとんど寝ずに、撮影所の責任者として他の作品の製作も面倒をみたり、撮影所の管理もしなければならなかったし、そのうえに撮影があった。二倍とか五倍とか、ああいったことはすべてもちろん、宣伝ですけれどね（笑）。聯邦影業の社長がでたらめを広めたんですよ、沙栄峰が。社長は経費を節約することばかり考えていた。経費を節約しようというのは悪いことじゃないんですけれど、節約すべきところで節約しなければね（笑）。で、これはある城壁です（と図を描く）。これは通り、ここには建物がある。これは木。それで、まず、わたしはこの壁のこの部分をコンクリートでつくろうとしたんです、セメントで。日本語では「コンクリ」と言うでしょう。台湾の総統、李登輝が言ってましたね、「あたまコンクリ」ってね（笑）。これを見て、社長の沙栄峰が「これじゃあ本物の家を建てるのと同じじゃないか」と言うんですよ。わたしは「台風のくる方向は知ってますよね」と言ってやったんです。結局ほかのセットはみんな吹き倒されてしまったのに、わたしの建てた壁だけは倒れなかったんです。台風の方向をきちんと計算に入れていましたから。

――『俠女』の主要な舞台になるチンルー砦という古色蒼然たる庭と屋敷はオープンセットですね。

胡　そうです。ご存じですか、『龍門客桟』は竹でステージを組んで撮影したんです。こういう（絵を描く）竹の足場なんですが、とても危険なんです。台風が来て斜めに傾いてしまった（笑）。それですぐ建て直さなくてはならなかった。『龍門客桟』のステージはとても危険な状況にあったんです。一度など火事になりそうなこともあった。高圧電線が切れて、それが接触して火花を噴いている。主演の白鷹が勇敢にもその電線を引き離したので火事にならずにすみましたが、でもあぶないところだった。その撮影が終わって、『侠女』の撮影に入ってから本格的に撮影所をつくりはじめたんです（笑）。もとの竹のステージは、もう使えなくなってしまったので、撤去した。『侠女』のときは本格的なステージですよ、竹のではなくて（笑）。

台湾に移ってからは、ライティングやセットなど、すべて一から始めたわけですから、左官から、木工、塗装など、各種の実験も行なって、もちろん苦労はしましたが、創造的な作業ができたとも言えますね。例えばチンルー砦の庭にある獅子の石像はコンクリートでつくってあるのですが、コンクリートでつくったものはやはり撮影してみると本物には見えない。でももちろん本物の石の獅子を使うわけにはいかない。石屋、といっても石碑をつくる工場なんですが、そこには石が細かく粉状になったものがたくさんあって、ただでくれる。それを車で運んで帰ってきたんです。そしてコンクリート製の獅子の上に糊を塗り着け、この粉を吹きかけた。こうすれば石の獅子になる、というわけです。

キャメラマンの西本正さんが台湾に一緒に行っていたならば、あんなに疲れることはなかったと思います。例えば、夜の撮影では、城壁があって、中庭があって、道があって、木があるとしたら、わたしは西本さんとの共同作業に慣れていたので、撮影の角度からまず見定めます。そしてライトをまず固定させる。固定させるんですけれど、当然ながらライトは木よりも高くなくてはならない。そうしないと月光がきれいに出ないんです。それで、このときは四〇万ワット分のライトがあったんですが、もし西本さんがいれば手間取ることなく簡単に済んだ。彼ならその四〇万ワットすべてを利用するだろうから。ですが、台湾では、おそらく以前から節約してきたのでしょう。キャメラマンはそれを全部は使わないで、だいたい一〇万ワットしか使わなかった。そのために『侠女』では夜の中庭のシーンの光量が十分でない。わたしが壁だけをつくって照明を当てやすくしたのは絞りをできるだけ絞って撮ろうと思っていたからなんですが、彼らは慣れていなくて、それでとても暗くなってしまった。ほとんどの監督はこんなライティングのことまで考えてやらないんですけれどね、とても危険でしたから。かなり高いところに照明機材を綱で引っ張って固定させていましたし、強風も吹いていて、風でぐらつくかもしれなかったし、それやこれやで疲れました。

――下集（第二部）の中庭の夜景はたしかにとても暗いですね。

胡　ええ、門を入ったところですね。第一部の最初のほうの中庭を入ったばかりのところでは、キャメラマンは絞りを大きく開いてしまった。絞りを開くとだめなんです。絞りを開いてそれでもよく見えなければ、現像のときに増感すればよいというんですが、増感現像したらきれいに出ないんで、よけいだめなんです。ですが、あそこではいろいろやってみて多くのものを得ましたよ。たとえば月ですが、屋根の真上に来ているとか、あるいはアングルを変えて空高くかかっているといったときは、以前はゴムマットを吊り下げて使っていたんですが、ゴムマットではいかにもつくりものですよね。しかもあのときは実景の場面だった。それでどうしたらいいかということで、わたしは一万ワット（10ＫＷ）のライトを月の代わりに置いたんです。ライトそのものを月に見立てて、光が四方に散らないようにライトをブルーの紙でおおったけれど、だめでした。どうしても黒い輪ができちゃうんです。そこでスモークを少々焚いたんですが、これもだめでした（笑）。というのは、スポットライトには帯状の渦がある集光レンズがついていますね、黒い渦があるでしょ。しかもぐるぐると輪になっていて、同心円が出てしまう。それでわたしは、この集光レンズを取ってしまったんですけれど、すると、電球そのものの形が出てきてしまう。ではどうしたらいいのか、それで一枚の白い紙をフィルターとして電球にかけたんです。

ですが、この場合すばやく撮影しなければなりません。こういった紙はだいたい数分で燃え始めるからです。それですばやくライトを備えつけるとすぐ撮る、撮ったらすぐ紙を捨てる、とやったわけです（笑）。中に電球のコイル線の影が見えてしまうので、どうしようかと考えて、紙に糊をつけたんです。コイル状のフィラメントの影を糊でぼかそうとして。それですばやく撮る。十分たつと、乾くだけじゃなくて、糊が黄色く変色してしまう。糊が焙られて黄色く変わってしまうんですよ（笑）。

——白い紙の上に糊を一面に塗ったわけですか。

胡　ええ、原始的な方法です。しかし、のちにハリウッドに行って見たときも、けっこう原始的な方法を使っていましたね（笑）。それから、ある人が本当の月を使ったらいいじゃないかって言ったんですよ。でも本物だったらこんなに小さくなっちゃう（笑）。レンズを通して見たらこんなに小さい（笑）。で、月をどうしようかとずいぶん考えて、でんぷんで糊をつくってね。だから作家が脚本を書くと、「一輪の名月のもとにて琴を弾く」なんてやりますけれど、これがどんなにたいへんなことか知りはしない（笑）。

——徐楓が離れの部屋で、夜、例の李白の詩、「月下独酌(1)」を歌いながら琴を弾いているという美しいシーンの月ですね。

胡　そうです。あの琴を弾きながら歌う場面です。あのシーンではライトの足場を築かなければならなかった。ライトの足場はとても高いんです。それは木で隠します。するとプロダクションの社長は言うんです。「あんなに高くして、金がかかるよ」とね（笑）。セット全体があんなに高いんだから、足場もあれぐらい高くしなくちゃだめだと言ったんですが（笑）、でももう少し低くしてもいいだろうと言うから、「低くしてもいいけれど、見た目がよくなくなりますよ」って答えたわけ。「どういうことだ」と聞

1

2

1　『侠女』(1970)。　2　『侠女』(1970)。サモ・ハン(右)。

くから、「ライトが見えちゃうよ」ってね。もちろん、月は上から差し込むわけですからね（笑）。

――あの夜の庭のシーンはとても美しいと思いますが。

胡　でもやっぱりライティングが十分じゃない。あの庭のセットは実に面倒だったんです。すべてのススキが生え揃うのを待ってから撮影したなんてことを製作会社の社長は言いふらしていましたけれど、あれは嘘ですよ。あのシーンのススキは自然に生えたものじゃなくて、ほかから持ってきたものなんです（笑）。持ってきたススキを地面に木の足場を置いてそこにくくりつけたんです。だから、シーンが変わるごとに、これもそれに合わせて方向を変える。自然に生えるのを待つなんて、そんなことをしてたら撮影なんてできやしない（笑）。

社長の沙栄峰は、撮影所のステージと俳優の控室のことにも口出しをして、ここがステージ、ここが控室と、自分で考えた図面を見せにきたんで、それじゃあだめと言ったんです。俳優たちの声が響くからと言って、ステージと控室を別棟に分けている。これでは屋根付きの渡り廊下をつくらない限り、化粧も整え、衣裳も着込んだ役者たちが雨の日など雨に濡れてしまってどうしようもないと言うと、「傘をさせばいいじゃないか」だって（笑）。傘をさしたって濡れて眉毛やひげだって落ちてしまう。しかも、彼は自分のオフィスを大理石で飾ろうとしたんですよ。「人が参観に来たときにきれいじゃないか」って言うんですよ。映画会社は、作品がよくてはじめてひき立つ、参観に来られたってそれは何の役にも立たないって言ってやったら、ショウ・ブラザースには綺麗な大理石のオフィスがあるじゃないかって言うんですよ。それは向こうは金があるからねって答えてやったんですよ。大理石のオフィスなんかあったってしょうがないでしょ（笑）。

――チンルー砦の荒れ果てた感じのセットをつくるのに、わざと台風がくるのを一年も待って、それから撮ったという噂を立てたのもたぶんその沙栄峰社長ですね（笑）。

胡　そのセットを時代をへてきたように古く見せるために一年待ったと言ったんです（笑）。これはまったく筋が通ってない。建物を古めかしくするには一年ばっかりじゃなく、五十年たってから撮影しなきゃ（笑）。あのセットはすべて古びた感じでつくったんです。苔を置いたりして。苔が生えるまで待ったなんていうのは沙栄峰のでたらめ（笑）。苔を生やすには、おがくずを緑色に染めて、接着剤で表面に貼りつけたんです。ただ緑の色を塗ってもそこはただの平たい板になるだけですから、そこであれこれ考えまして、木工所に行っておがくずをもらった。木材を削るのにたくさんのおがくずが出るでしょう、それを持って帰って、糊の中におがくずを混ぜこんで、さらにそこに緑の色を加えたんです。そしてそれを壁に貼りつけた。これで苔ができあがったわけです。これで立体感が出ますよね。ただ緑の色を塗っただけでは緑の壁になるだけで（笑）、苔になりませんからね。

台湾で映画を撮るというのは、当時は、香港で映画を撮るのと同じく、美術とか装飾とか、ハリウッドのような専門のスタッフなんかはいなくて、すべて監督自らがやるしかなかったんです。自分でやらなければ、適当にそのままそこにあるものを使うことになってしまう。しょうがないから自分でやるしかない。こういうことをやっていたために、俳優たちの間であの監督はやっかいなやつだ、この葦をそこに植えてそれが伸びるまでは撮影しないなんて、うるさいこと言ってるぞ、などとありもしないことを言われるようになってしまった。でたらめですよ（笑）。実際に、それが育ってから使うなんてことはできません。刈り取ってきて地面に木の板で挟みつけておくんです。撮影の角度を変えようとするとき、葦もそれに合わせて変えなければなりませんから。ですが、今でもわたしに、葦が育ってから撮ってるんですか云々と尋ねてくる人がいるんですよ（笑）。それから壁を古く見せるのはどうしたかというと、塩酸を使ったんです。だからすぐできた。台風を待つ必要なんてまったくなかったんです。その場ですぐできたんですから。おがくずはお金なんかいらないし、緑に染めてそれで出来上がり（笑）。塩酸のほうはショウ・ブラザースでもう何年も前からとっくに使っていた。だから葦が生えるのを待ったり台風なんか待つはずがない（笑）。こうしたことはまったく沙栄峰社長の宣伝です。この映画がどれだけ大規模なものだったか、どんなにたいへんだったか云々と宣伝のために使った。実際は、セットが出来上がってから、それを古く見せる工夫を施していったのです。苔やらなんやら、みんな古びて見えるようにしていった。全部人工的につくったものです。大した時間もかからずにできている（笑）。

――一九七〇年の『喜怒哀楽』はオムニバス映画で、キン・フー監督は第二篇の『怒』を撮られていますが、ほかの三篇、『喜』『哀』『楽』はいずれもいわゆる怪奇ファンタスティックもので、『怒』だけが活劇なんですね。それは全体の製作の中で問題になりませんでしたか。

胡　まったく問題になりませんでした。四人がそれぞれ別々に撮ったわけですから（笑）。『喜』『哀』『楽』に次いで、わたしは最後に撮ったのです。前に撮られたものは、わたしは実は見ていない。物語のだいたいの内容は知っていましたが、見てないんです、急がされていて、時間がなく間に合わなかったんで（笑）。

――プロデューサーは作品の内容に対して何も言わなかったわけですか。

胡　特に何も言いません。というのは、みんなボランティアで撮ったようなもので、お金はもらってないんで、プロデューサーは何も言えない（笑）。この映画は李翰祥の借金返済のためだったんです（笑）。

――他の三篇の監督は『喜』が白景瑞《パイ・チンルイ》、『哀』が李行《リー・シン》、『楽』が李翰祥ですね。李翰祥以外は台湾の監督ですか。

胡 そうです、『喜怒哀楽』は台湾の作品ですから、李翰祥とわたしのほかは台湾の監督です。

――それで、李翰祥監督の借金を返すのには成功したのですか。

胡 いいえ（笑）、彼はまた金をすっかり使っちゃったんです。撮影が終わってから、みんなともかくやるべきことはやったんだからと、それぞれの仕事に戻ったんですが、事務上のこと、財務関係のことを誰も管理しなかったんです。映画の興行が終了してから、お金は李翰祥が持っていったんですが、彼はそれを個人の邸宅のほうに使ってしまった（笑）。内部を改築したり、庭園を造ったり。借金があるのにどうしてそんなに邸宅のほうに使うのかという声もあがりましたが、誰も当人に問いただささなかった。わたしたちが返済しようとしていたのは銀行の負債ですが、その金も完全には返していない。それだけでなく、個人融資による借金もあったようですが、よくわかりません（笑）。

――銀行の負債が十分返せるだけのヒットはしたのですか。

胡 ええ、興行成績はかなりよかったと思います。

――台湾のどこの撮影所で撮ったのですか。

胡 「中製」というところ、つまり中国電影製片廠、これは軍隊所属のものですが、使用料がとても安いんです。今でもあります。今でも軍隊所属ですけれど、でももうずいぶん作品を撮っていませんね。わたしたちは軍と関係があるわけではなく、ただ単に撮影所を借りただけなんですけれど。

――『怒』の舞台もまた客桟、宿屋ですね。

胡 これは京劇の有名な「三岔口《さんちゃこう》」を映画化したものです。時間がなかったものですから、脚本を書かなくても済むもので撮った（笑）。

――しかし、限られた空間の中でアクションが圧縮されて炸裂するというキン・フー監督ならではの面白さですね。京劇そのものにも、そうしたドラマチックな要素があるのでしょうか。

胡　うーん……京劇はいつも限られた一カ所の狭い空間でやるものばかりとは限りません。ですが、「三岔口」は、京劇が外国で公演されるとき、最も多く上演されているレパートリーです。なぜかといえば、せりふがとても少なくて、唱《うた》も少ない。しかも、主に暗闇の中での身のこなしを見せるものだからです。しかし、思うにわたしの映画には、たしかに、京劇の影響はアクションの面ではあると思います。ですが、閉鎖された空間でアクションを展開するというのは、たぶんわたしの個人的な好みだと思います。

――二階建てのセットづくりもキン・フー監督のアイデアですか。

胡　京劇では、二階建てというのは少なかったように思います。京劇で二階を演出するときは、机をふたつ重ねます。わたしの映画で二階建てのセットが多いのは、画面の構成としても動きの面でも、躍動感が大きく出るからだと思います。つまり、わたしはそうするのが好きなんです。

――それは実際にその時代にあった造りなのでしょうか。

胡　そういう構造の宿は実際に見たことがあります。この客桟とそっくりな宿を、子供のころに北京で見たことがあります。香港に移ってきてからも、「南北行《ナンペイハン》」というのですが、多くが山東人、つまり山東地方から香港に商売にやってきた人たちが利用している宿屋があって、彼らは金持ちなのに西洋式ホテルには泊まろうとしない。泊まるのを嫌がってました。というのは彼らにとっては「南北行」のほうが便利で居心地がよかったからです。この「南北行」にはやはり客桟と同じ階段があって、二階があります。二階に寝泊まりし、食事をしたり、荷物を取り扱ったりは、すべてこの吹き抜けの大きな部屋でやるんです。税関の申告までも、一切合切の手続きすべてを「南北行」が請け負ってやってくれるんです。ですから彼らはとても楽に過ごせる。彼らはみな山東方言で話をする。そこの従業員たちも「南北行」

の親方とかは、みな山東方言を使う。わたしが言うのは、広い意味での山東人で、その中には河南人もいたりしますよ。

こういった客桟では、たくさんの荷を奥に積み上げてあります。例えば漢方薬、いわゆる干物、つまり干し椎茸とか、キクラゲとかですが、こうした客桟はさすがに現在ではもうなくなってしまったようです。これは香港の上環《ションワン》にありましたね。北方では「大車店」といいます。わたしは小さい頃見たことがありますが、しょっちゅう目にしていたわけではない。北京に住んでいましたからね。見る機会に恵まれなかったんです。旅館に関する資料をたくさん調べたんですが、中国では面白いことに、役人は廟に泊まる。それが規則になっている。「読書人」(知識人)は「会館」に泊まります。湖南人だったら、湖南会館に泊まるというように。ですが、商人は多くがこういった「車店」、つまり「客桟」に泊まります。

――そういった歴史はいつ頃からあるのですか。

胡 かなり昔からあったんだと思います。「駅停制度」(宿場)ができた頃にはもうあったと思います。例えば「江湖奇俠伝」とか「十三妹」とかの武侠小説では、やはりこういった「店」の中での出来事を舞台にしています。「清明上河図」という宋代の絵画(中国北宋風俗画作品)があって、そこに「車店」が描かれている箇所がいくつかあります。北京では、昔はこの「店」はかならず前門の外側にありました。なぜ前門外にあるのかといえば、皇族の邸宅を除いてはいかなる者も前門の内側に二階建て以上の建物(楼)を建てることが許されていなかったからです。というのは、高い建物が建つと宮殿内部が覗かれてしまいますから。

――『怒』の物語は、京劇の「三岔口」をもとにしているとはいうものの、ラストは全然違いますね。宿屋の夫婦が出てきて、その奥さんのほうが最後に役人と闘っている旦那さんを助けるために剣を投げると、その役人が身をよけたために旦那さんの背中に刺さって殺してしまうんですが、それで奥さんが捕まっていくというのは「三岔口」にはない話ですね。

胡 ええ、そこは京劇の「三岔口」とは違います。京劇は地方劇とともに清末から、少なくとも一九四九年以降だけを見てみても、何回も改編されています。例えばもともと宿屋の主人の劉利華は悪人でした。彼とその妻は悪人だったんですね。ですが、中共（中国共産党）政権になってから、劉利華は革命的な立場に立つほうになる。任棠恵と焦賛が旧体制の役人だということで、劉利華が善人に変わってしまう。こうして劇の内容が変えられてしまった。それでその後、つまり四人組が失脚してからあと改革開放政策となりましたよね、そうなると、やはりこれは京劇なんだから、もとの原作どおりにしようということで、現在ではふたたびもとのかたちに戻りました。こういう感じで何回となく変わっている。ある決まった話というのはないんです。こんなふうにたくさんの劇が変えられたんです。そしてそれが今またもとのかたちに戻されている。「水滸伝」に関連してもいろいろとあります。例えば宋江はご存じですよね、宋江という人物は、以前はずっと革命的だとみなされてきたのです。なぜなら彼は役人をやっつける側でしょ。その見方は反右派闘争まで続いていたんですが、反右派闘争が起こったとき毛沢東が宋江は反動派だと言い出したんです。何で反動派かというと、小説の最後で宋江は朝廷に投降しますよね。それで反動派になる（笑）。ですが、現在はまたもとに戻った。劇なんだから関係ないじゃないかということで（笑）。でもこういったことは、わたしにはなんら影響を与えていません。ですからわたしは「三岔口」の劉利華を単なる小人物にして、しかも善人だとか悪人だとかいった価値評価をしていない。彼はしょっちゅう金持ちがやって来ないか窺っているし、何ということなくてものを盗むしね。この人物はもともとは「水滸伝」の中に出てくる人物で、はじめは人のものを盗んでいて、小説では人肉饅頭を売ったり、人間を切り裂いて云々といったふうに描かれているけれど、京劇ではそうではない。わたしもそういうふうにはしていない。ですが、彼は役人に買収される。劇の中で役人が焦賛将軍を殺してくれと言っていますよね。それで彼は相手が金を持っているのを見て一儲けしようと、焦賛を殺しに行く、そこで任棠恵が焦賛を救う。つまり、この劉利華は小人物、悪党でも小悪党だということです。お金がもらえるならば何でも引き受ける。チャンスがあれば盗みを働く。けれども、人を殺して肉饅頭をつくるといったことは、わたしの映画ではない。それほどの悪人ではない。

――原作では劉利華は殺されるのでなく、あとまだいろいろエピソードが続きますね。どうしてそれを奥さんが投げた剣で死なせるという結末にしたのですか。

胡 なぜなら、彼女にしたって劉利華を殺そうと思ってやったわけじゃない。彼女はただ任棠恵の銀をとろうとしただけです。任棠恵は銀を持っていたでしょう。あの結末は、つまり、何であれ、ひとつの結末がなくてはならないでしょう。ともかくあの夫婦は銀が欲しかったわけで、それで手元が狂って劉利華を殺してしまった。そこでひとつの話が終わったという感じにすることができる。

――暗闇が多いので、カラー作品ですがモノクロのような雰囲気がありますね。

胡 ええ、色が少ない。道具はリアルな感じを出さなくてはなりませんから、使い古したように見えるようにします。古い感じを出そうとしますから、もちろん色はくすんだ感じになりますね。道具とか衣裳、それから化粧、画面に出てくるありとあらゆる背景といったものについて、だいたいはまずあらかじめ色彩のデザインをしておきます。そうすればあまりに不調和だということはなくなります。色の調和がとれていない映画をたくさん見てきましたからね。色の調和がとれていないというのは、色が多い、少ないという問題ではなく、つまり、例を挙げると、アダム・チェン（鄭少秋）が出演している映画を見たことがあるんですが……うーん、題はわからない（笑）。たくさんの広東語映画がそうなんですけれど、うーん、なんていうタイトルだったか、アダム・チェンが演じて楚原《チョー・ユン》が監督をやっている作品で、すごく興行成績がよかった。そのカラーがすばらしくて、でも色だけが目立って不調和なのです。ですから、例えばわたしがよくスモークを使うのは、まず色彩を減らす、色を殺すため、第二に空白をつくるため、第三に逆光を使うためなのです。スモークを使うのは雰囲気をつくるといった問題だけではありません。というのは、東洋の絵画、特に中国画には空白がたくさんある。空白はご存じのように撮影所ではつくりようがない。それでスモークを使います。スモークには色がありませんから。ですが、スモークを使うにはひとつ条件が必要で、かならず逆光でなければならない。ですから光線に向かってキャメラを回さなくてはならず、なかなかたいへんなのです。わたしはあまりに多くの色があるのは好きではありません。

——『怒』の中では窓から朝の光が差し込む、その光の筋が見えるように撮っておられますが、スモークを焚いて撮っているわけですね。

胡　スモークを使っています。あれはモンタージュを使って、間もなく夜が明けるという状況にしている。ところで、あるときこんなことが起こったんです。韓国で、実際の寺の中で撮影したのですが、登場人物の衣裳の白い襟が、朱色に映っているんです。フィルムがどうかなったんじゃないか、現像に問題があったんじゃないかと思っていたんですが、もう一度寺に行って撮りなおしたところが、結果は同じ。いろいろ調べてようやくわかったのは、その寺の壁はすべて木造りだったのですが、その表面のニスがすっかり剝げているので、ペンキを塗るのではなくて、サンドペーパーで磨いていた。それで表面にたくさんの木の微粒子ができていて、それに光が当たって乱反射していた。だから襟の白にその乱反射した光が反映して、本来白い部分が朱色になってしまったというわけです。それで、スプレーで水をかけて反射を殺したらうまく白に映った。

（1）「月下独酌」李白の詩（四首連作の第一首）。
「花間《かかん》 一壺《いっこ》の酒《さけ》／独《ひと》り酌《く》みて 相《あ》い親《した》しむもの無《な》し／杯《さかずき》を挙《あ》げて明月《めいげつ》を邀《むか》え／影《かげ》に対《たい》して三人《さんにん》となる／月《つき》 既《すで》に 飲《の》むを解《かい》せず／影《かげ》徒《いたず》らに 我身《わがみ》に随《したが》う／暫《しばら》く月《つき》と影《かげ》とを伴《ともな》って／行楽《こうらく》 須《すべか》らく春《はる》に及《およ》ぶべし／我歌《われうた》えば 月《つき》 徘徊《はいかい》し／我舞《われま》えば 影《かげ》 凌乱《りようらん》す／醒《さ》むる時《とき》 同《とも》に交歓《こうかん》し／酔《よ》いて後《のち》 各々《おのおの》分散《ぶんさん》す／永《なが》く無情《むじよう》の遊《ゆう》を結《むす》び／相《あ》い期《き》す 邈《はる》かなる雲漢《うんかん》に」
（松浦友久編訳「李白詩選」、岩波文庫）

『俠女』(1970)。白鷹(左)と徐楓。

第6章　1970〜75

『迎春閣之風波』
「ジュリアス・シーザー」のように
河南王リー・カンの悲劇
胡弓と元曲
呉大江が楽器をつくった
李麗華とアンジェラ・マオ
『忠烈図』
明朝と倭寇
サモ・ハンが博多津という名の海賊を演じた
ジャッキー・チェンはどこに出ているかわからない

――『迎春閣之風波』は、ラストの激闘シーンをのぞけば、砂漠のまんなかにポツンとある迎春閣という一軒の宿屋を舞台にさまざまな人物が出入りするというグランド・ホテル形式のドラマ展開ですね。しだいに人物の一人ひとりのキャラクターが浮き彫りになってきて、衝突し合い、敵のスパイか味方のスパイかというミステリーとサスペンスに集約されていって、すばらしく映画的な緊迫感のあるみごとな作品になっていますね。

胡　この形式も、じつは京劇から来ています。宿屋とか居酒屋とか、さまざまな人間が集まる公共の場を舞台にして、フランスの古典劇のように時間と場所と物語《アクション》を一致させる三一致の法則にもとづく作劇法です。本当はすべての出来事が迎春閣という宿屋の中だけで起こるという厳格な構成を持った映画になるはずでした。しかし、マレーシアやシンガポールの配給業者から、ラストは派手なアクションの見せ場にしてほしいという要請があって、あの岩山を背景にした激闘のシーンを追加したのです。最初の発想ではシェイクスピアの「ジュリアス・シーザー」の予告された暗殺のように、すでに陰謀が企まれていて、暗殺団が一カ所に集まるといったふうに、そこにすべてのドラマを集約し、すべてのアクションを一つの空間のなかに凝縮してみたかったのです。そのために、迎春閣のセットは、階段があって、二階があって、調理場があって、窓があるというように奥行きのある複雑な立体的空間に仕立てたわけです。

――迎春閣で暗殺団が河南王、リー・カン（李察罕）を待ち伏せするというシチュエーションは、なるほど、「ジュリアス・シーザー」だったのですね。たしかにリー・カンには運命によって死に向かう悲劇のヒーローのイメージがあって感動的です。ジュリアス・シーザー（ユリウス・カエサル）のように、リー・カンも歴史上の人物なのでしょうか。

『迎春閣之風波』(1973)。徐楓。

胡　ええ、リー・カンは中国の歴史に実在した人物です。元朝で非常に功労があった人で、河南王に封じられた。実際は彼は多くの特務工作員を抱えており、しかも軍権を握っていました。当時、一三五三（至正一三）年に朱元璋が挙兵をして元朝に対して謀反を起こしましたね。それで河南王リー・カンはそれを調べに行ったわけですが、なぜ自ら出かけて行ったのか、これは歴史の謎ですね。河南王としての彼にはあんなにたくさんの特務がいて、軍権も握っていたのにね。ともかく、朱元璋のことを調べに山西省まで行って、手下の一人が朱元璋と通じていたので、そこで殺されてしまった。

――朱元璋はのちに明王朝を建国して、明朝初代の皇帝、洪武帝になる人ですね。

胡　そう、リー・カンを殺してからは周辺の元朝討伐軍を奇襲して破り、各地で群雄を平定して、一三六八（洪武一）年に南京を首都にして明王朝を建設します。しかし、それにしても、河南王リー・カンが、あれほどの力があったのに、あんなに多くの軍隊、護衛に守られていたのに、刺殺されてしまった。史料はそんなに多くなかったんですけれど、とても興味を引かれて調べてみたんです。実は、その後、撮影を終えてからですが、アメリカ人の友人の一人でハーヴァード大学の教授であり中国の歴史を研究している人が、山ほどの資料を送ってくれたんです。英語のです。元王朝というのはヨーロッパまで広く遠征していきましたよね、だから、西洋の資料のほうが中国にあるよりも多いんです。で、友人はわたしの映画を見て、自分の研究しているところでしたから喜んで送ってくれたんです。もう遅かったんですけれどね（笑）。

河南王リー・カンは、のちの資料からみると、暗殺されていなければ、おそらく元の支配者になっていたでしょうね、強大な軍権を握っていましたからね。

――映画を撮り終えたあとのその英語の資料には、もしこれを知っていたら映画に描きたかったというような新事実があったのですか。

胡　いいえ、資料があまりに多すぎてね（笑）。でも、どのみち彼が死んだらそこで終わりにするしかないですね。

――『迎春閣之風波』でリー・カンに付き添ってくる女（妻でしょうか）に扮しているのが、徐楓《シー・フン》ですね。扮装のせいか、エキゾチックな美しさもあり、闘う女の美しさに圧倒されました。

胡　徐楓が演じているのはリー・カンの妹です。ですから、西夏の王族の娘ですね。扮装がエキゾチックなのもそのためです。チベット系の少数民族です。西夏は西南の辺境の党項《タングート》族という少数民族の国家ですね。彼らは遊牧民で、男も女も武術にすぐれ、傭兵として歴代王朝に仕えてきた民族です。ただ、リー・カンは妹と普通の関係じゃなかったみたいです。つまり、妹との関係が普通のものではないという説があるということです。実の妹ですが、何か普通の関係ではないものがあった。映画の中では、そうだとははっきり出してはいません。本当にそうだったのか確信がなかったから……。

――普通の関係以上に愛し合っている感じがよく出ているので、ラストの激闘シーンでふたりがかばい合うところなど実に感動的です。決闘シーンで荒れ地が出てくるのですが、ひょっとして『俠女』のラストの岩山と同じところですか。

胡　いいえ、いえ、『迎春閣之風波』はすべて香港で撮っていますから。『俠女』のロケ地は台湾です。

――『迎春閣之風波』のラストのアクション場面を本当は撮りたくなかったとのことでしたが、なぜですか。

胡　もともとは政治闘争のドラマですからね。ですが当時はかならずアクションを入れなければならなかった。この映画のアクションは満足いくようにできていません。俳優たちがもともとああいうアクショ

『迎春閣之風波』（一九七三）。左から李麗華、馬海倫、徐楓、白鷹。

ンをこなせないからです。

――迎春閣という客桟（宿屋）のセットはゴールデン・ハーベストの撮影所のステージに組んだのですか。

胡　ええ、そうです。二つのステージに。ひとつだと収まりきらないんで。

――「客桟」という限られた空間の中で劇が展開する面白さはキン・フー映画ならではのすばらしさなのですが、全然窮屈な感じがなくて、すごく空間を闊達に使う。その秘訣は何でしょうか。

胡　空間や時間や角度を事前によく考えておくというだけのことです。

――演出プランを綿密に立てるということですか。

胡　ええ、そう。平面図と絵コンテを描く。あらゆるアングルを平面図に描き込んでいく。各シーンごとに方眼紙に、たとえばこれが机、これが窓、キャメラはここというように、きちんと描いていく。それをもとにして演出プランを立てます。わたしは、そういうのをきちんと、役者の動きにしても、割り振っていくのが好きなんです。少年時代、数学や物理、化学のほうが文科より成績がよくて、理工科系に進もうと思っていた、その名残の「科学的方法」かもしれません（笑）。それでも、もちろん、思いどおりにいかなくて、即興というのはときどきありますが。

――韓英傑《ハン・インチエー》が乞食の役で、夜、リー・カン役の田豊《テイエン・フォン》とその妹役の徐楓の前で、胡弓を弾きながら歌を歌いますね。悲しい恋の歌ですが、あの歌はオリジナルですか。

胡　いやいや、あれは作曲したんじゃなくて、現存する唯一の元曲です。元曲は完全に失われ、断絶して伝わっていませんから、めずらしいものなんです。大陸で元曲の「工尺普」が出土したんです。楽譜のことをむかしは「工尺普」と言ったんですが、とても複雑でわたしにもわからない。その唯一の楽譜を持ってきて歌わせたんです。本当の元曲からとってきたものなのです。そのほかの元曲はみな失われて

2

1

1　『迎春閣之風波』(1973)。徐楓と田豊。
2　韓英傑と白鷹。
3　左から白鷹、李麗華、韓英傑。
4　アンジェラ・マオ(左)と徐楓。

3

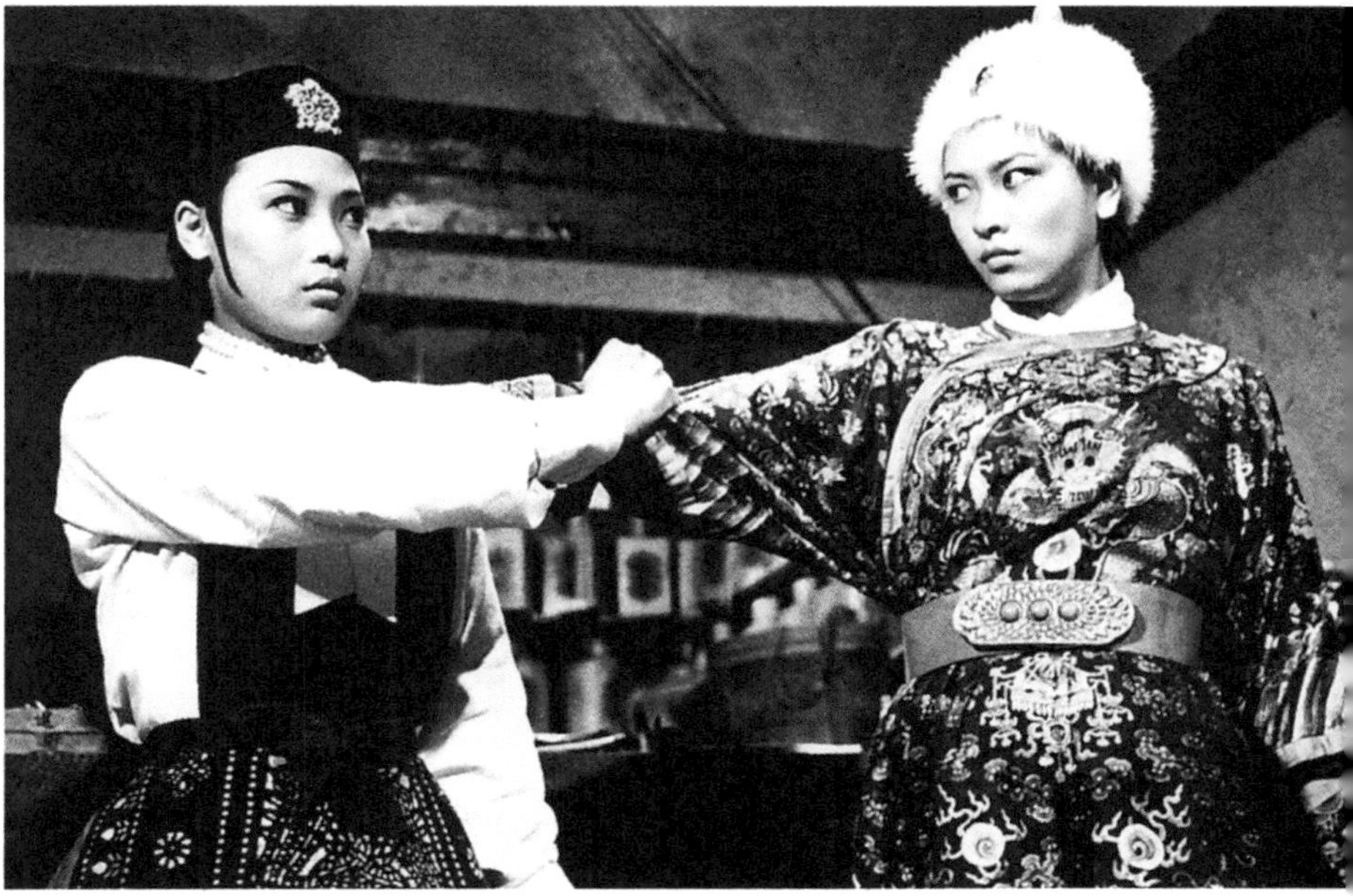

4

しまった。元曲は現在では言葉だけしか残っていません。たとえば「西廂記」とか、みんな譜がなくて言葉だけです。それで、ただ一曲だけ出土して、なぜわたしがこれを使ったのかというと、当時の元の時代の流行歌ですからね。あそこではいくつかわざわざモンゴルの民族楽器を使っています。元朝はモンゴル民族でしょ。ですから、作曲家にああいった楽器をいくつか使ってもらうようにしたんです。民族楽器といっても、実はこれは作曲家の呉大江《ウー・ターチャン》がつくったんです。たとえば烏巴《ウーバ》とか、丸い土器で、こう吹くんですが。それから、モンゴル人が使うものでなんていうのかわからない楽器もあった。これらすべて呉大江がつくったんです。とても頭がいいし、器用な人なのです。

——呉大江は『俠女』以来、『山中傳奇』『空山霊雨』までずっとキン・フー監督作品の音楽を担当していましたが、その後どうなったのでしょうか。

胡　管弦楽団の指揮者になって……映画をやめてホテルを経営したり居酒屋を開いたりして失敗してしまった（笑）。彼は商売に向いていなかったんですよ。まず商売が下手だったし、それからお酒がとても好きだった。ホテルや居酒屋を開く人間は飲んべえじゃだめですね。酒が好きだと、自分で飲んでしまうから（笑）。

——迎春閣の女主人に李麗華、給仕女のひとりにアンジェラ・マオ（茅瑛）が出ていますね。アンジェラ・マオは『燃えよドラゴン』でブルース・リーの妹の役をやっていました。李麗華は古いスターですね。

胡　李麗華はスターになってからもうずいぶんになる。上海時代からですからね。十代の若い頃にもうスターになっていました。李麗華は結婚して今はシンガポールにいます。もちろん今はご老体ですが。もう七十いくつかになっていますが。

――李麗華は厳俊監督と結婚されていたのではありませんか。

胡　厳俊はだいぶ前（一九八〇年）に亡くなっています。

――それで再婚されたのですね。

胡　彼女は何度も結婚していますよ（笑）。厳俊は彼女の二度目の夫でした。最初は上海時代に国民党の大物で汪兆銘とともに南京に傀儡政権をつくった周仏海の息子の周幼海の求婚を蹴って、張緒譜という実業家と結婚しましたしね。いまの夫は上海時代にすでに知り合いで、厳俊の死後に再会した人です。

――李麗華を『迎春閣之風波』で使われたのはキン・フー監督がお好きな女優だったからですか。

胡　そうです。彼女とは感情的にも、うまが合っていました。彼女の母親もわたしによくしてくれてね。しょっちゅう、あなたは身体がよくないからと言って漢方薬を飲むようにたくさんくれてね。李麗華は、母の言うことはきかないように、毒殺されちゃうからって言っていましたがね（笑）。でも本当に彼女の母親はとてもよくしてくれた。ともかく李麗華とは仲がよかったんです。それで映画を撮るときに、彼女に出てくれないかとたのんだわけですが、すぐ喜んで引き受けてくれました。出演料もすごく少なかったのですが、喜んで出てくれてね。

――『迎春閣之風波』に次いで『忠烈図』を撮られていますが、どちらもキン・フー・プロダクションの作品ですね。

胡　そうです。『迎春閣之風波』と『忠烈図』は、一九七〇年にわたしが香港に帰って設立した会社（金銓電影公司《キン・フー・プロダクション》）の社長として撮ったものです。二本ともゴールデン・ハーベストと共同で撮ったんです。それから、彼らは『迎春閣之風波』の権利を取って、わたしの方に『忠烈図』がまわってきた。それで『忠烈図』の権利はわたしが持っています。『忠烈図』も香港で撮ったものです。海や島のシーン

『忠烈図』（一九七五）。白鷹とサモ・ハンの死闘。

が多いのですが、すべて香港の近くです。ただし、出だしのところ、宮殿の部分だけは、『迎春閣之風波』もそうですが、韓国で撮っています。出だしのほんのちょっとした部分ですね。宮殿の場面です。そこだけは二作とも同時に撮ったんです。(1)

——撮影がダブっているところもあるわけですね。しかし、香港での公開は『迎春閣之風波』が一九七三年で、『忠烈図』が一九七五年なんですが……

胡　ええ、でも撮った時期はほぼ同じ時期です。というのは、この二本の映画の撮影をやっていたとき、わたしは途中でヨーロッパに行ったんです。一九七三年にパリで開かれた東方会議に。(2)それで撮影の途中でしばらく中断していたんです。

——東方会議というのは何の会議ですか。

胡　東洋文化をテーマにした会議で、すでに百年の歴史があり、一八七三年にパリで設立されたものです。設立百周年を記念してふたたびパリで開かれたのです。

——映画の会議ではないのですね。

胡　映画とは直接関係ありません。東洋の文化、経済、政治といったものすべてを含んでいる、おそらく世界で最も古くから東洋学を研究している学会です。

——そこへ行かれて講演とかなさったのですか。

胡　ええ、参加者一人ひとりが短い発表を行ないます。わたしが発表したのはすべて老舎に関することです。

——『忠烈図』は日本の海賊つまり倭寇を退治する話で、ラストの海辺での長い激闘シーンは、『俠女』の竹林の激闘シーンと並んでキン・フー監督の活劇の白眉と言っていいすばらしさですね。

『忠烈図』(1975)。徐楓。

胡　当時の中国の絵巻物などから倭寇の扮装を再現してみたのですが、日本人から見るとやはりちょっと滑稽でしょう。

――たしかに柔道着と浴衣をミックスしたような扮装だし、博多津という海賊の首領などもメーキャップが濃すぎる感じはありますけれども……

胡　十六世紀の明朝の頃、中国の東南沿海地方一帯を荒し回った海賊は、倭寇の名を借りて実は中国人が主体だったのです。倭寇を利用した一種の密貿易だったのですね。日本人もいたけれども少数で、ほとんどが日本人の扮装をした中国人だったわけです。ですから、かなりいいかげんな扮装だったのだろうと思います。そんな史実をふまえて、わたしとしてはリアリズムでやってみたつもりですが、でもやはり映画としては滑稽になってしまったかなあと思っているのです。(3)

――博多津という日本の海賊の首領は、モデルがいたのでしょうか。

胡　実在の人物です。名前も博多津です。たくさんの史料に出てくる。

――映画の最初に絵が出てきますね。あれは本当に博多津を描いたものですか。

胡　あれは出来合いの絵です（笑）。博多津だとは限らない。博多津が一体どんな容貌だったのか、わたしも知らないんです。博多津そのものの絵は残っていません。ただ本で読んだだけで。絵とは別です。倭寇に関しては、日本で刊行された「世界文化大系」というシリーズの一冊にあった日本画を写真に撮って使ったんです。

――最初のタイトルバックに使われている絵巻物がそれですか。

胡　ええ、それです。

――人物の顔のアップの絵は浮世絵みたいな感じですね。

1

2

1 『忠烈図』(1975)。博多津役のサモ・ハン。 2 『忠烈図』(1975)。左から韓英傑、袁小田、サモ・ハン。

胡　あれも、出来合いのもの（笑）、やはり本の中に出てきたものです。誰の顔かはわからない。ふたつともそうです。日本の本からのものです。同じ本じゃないですよ、別々の二冊からとったものです。大きい絵は「世界文化大系」シリーズから。クローズアップは別の本からの絵です。

――倭寇の話をとり上げたのは、どんな興味からですか。

胡　明の時代、倭寇は大きな問題でした。どうして明の時代だけそれが問題化したのか調べてみると、倭寇は官僚といろいろなかたちで結びついていた。そのため倭寇退治の任を与えられた将軍たちはどうしたかということに、わたしは興味を持った。とはいっても、物語としてはその中のごく小さな局面を描いただけですが。

倭寇の問題が、なぜ明代だけに出てきたのか、他の王朝時代に出てこなかったのかというと、主な原因として、役人、海賊、倭寇、それから高級官僚、商人らが結託して海賊をやっていた。つまり巨大な株式会社みたいなものだったのです。強奪し、兵器弾薬を売り、捕獲品を売り、そして輸送する。一貫したシステムになっているのです。役人も加わって。朱紈《しゅがん》のあと、倭寇を徹底的に退治したのが明の智謀の臣、胡宋憲です。高官です。海賊退治のために皇帝の命を受けた役人が兪大猷《イー・ターヨウ》、『忠烈図』に出てくるイー将軍です。

――喬宏《ロイ・チャオ》が演じている役ですね。

この映画でも徐楓の衣裳が、ターバンなどもふくめて、実にエキゾチックです。白鷹のほうは当時の中国の剣士の感じなのですが……ふたりは夫婦の役ですね。

胡　徐楓の衣裳は苗《ミャオ》族のものです。白鷹は漢族だが、以前苗族との戦いのためにそっちへ行って苗族の女と結婚したという設定です。当時は珍しいことではなかった。

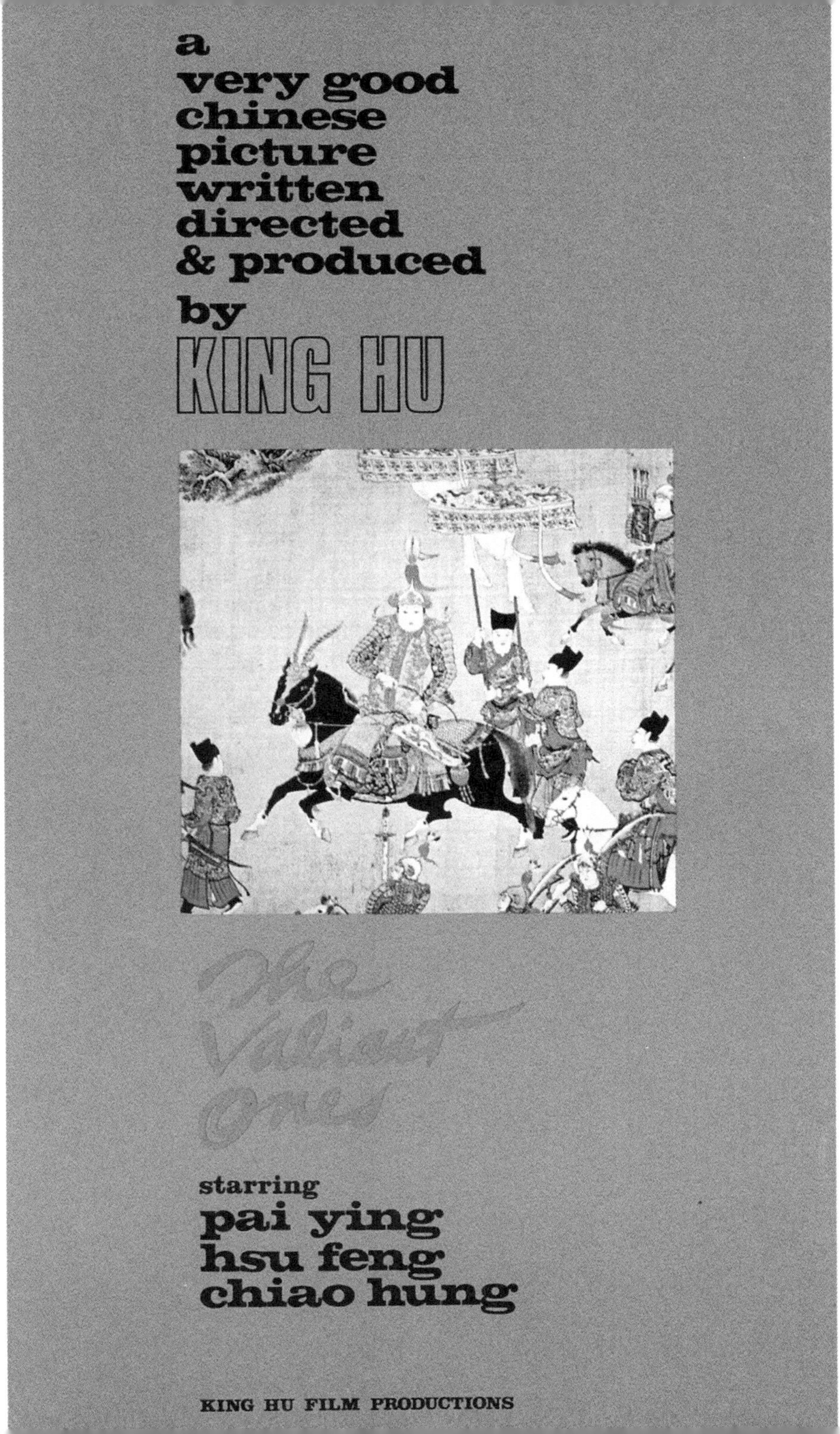

『忠烈図』(一九七五)の海外向けパンフレット

――明朝の役人が苗族を傭兵として使っていたわけですね。

胡　そう、明朝の官兵たちとは違って、苗族の兵士たちは腐敗していなかった。官兵は腐敗していましたから。彼ら役人たちはみんな海賊からお金をもらっていました。ですから海賊の討伐ができない。苗族の兵士はそのような内情がわかっていませんからね。彼らは少数民族ですから。

――苗族はどの辺に住んでいた民族なのですか。

胡　苗族は貴州、広西、四川、雲南など、あちこちに住んでいました。彼らの中でも多くの種族がいますが、わたしが映画の中で用いているのはひとつの典型としての苗族です。

――徐楓のエキゾチックな恰好から、苗族というのは見てすぐわかるのですが、ほかの映画の中でも苗族は出ていたのですか。

胡　出ています。でも苗族の服装はしていません。すでに兵士になってその制服を着ていますから。

――『忠烈図』は息つく間もないくらいの面白さで圧倒されます。緻密な戦術とダイナミックなアクションが見事に絡み合って、映画の醍醐味とはこれだという興奮があります。キン・フー監督はご自分の作品を「京劇の映画的アダプテーション」と定義されたことがありますが、たしかに、歌わないけれども、ミュージカルのように単純でリズミカルな流れを感じさせるものがあります。ミュージカル的なアクション映画とでもいうか……

胡　そうですね。アクションと舞踏の映画ですね。主役たちの殺陣はわたしの演出と編集でつくり上げたものですが、ラストの激闘シーンには、武術指導《インストラクター》も兼ねてジャッキー・チェンやサモ・ハンが出ています。彼らは本当に功夫《クンフー》、武術を知っていますから。ですから、集団の立ち回りのシーンは本物のアクションなのです。

徐楓と白鷹。

『忠烈図』(1975)。徐楓。

倭寇の根城。

徐楓と白鷹。

——サモ・ハンは海賊の博多津の役で出ているのでわかりましたが、ジャッキー・チェンはどこに出ていますか。

胡　画面では見分けがつかないくらいの小さな役で、あちこちに（笑）。『忠烈図』のなかで、三十六日間出演しているんですが、顔が一回もわからない（笑）。当時彼はまだ成龍という名前ではなかった。別の名前でなんていったか忘れてしまった。陳なんとか……陳元龍だったか……忘れてしまった。子供だったでしょ。なぜそんなに出ていたのに顔がわからないのかというと、我々はみんな彼が気に入ってて、目をかけてやって、できるだけ多く金を稼げるようにしてやっていた、彼の状況を考慮してね。生活が苦しかったらしいから。多く金が稼げるように、それで兵士役をやらせたかとおもうと、すぐ盗賊役をやらせる、というわけで、顔が見えてしまったらまずいでしょ。だからうしろのほうで演技させていたんです、顔が見えないように（笑）。

——それではわからないわけですね（笑）。

胡　これもジャッキー・チェンが、その後大スターになってから、三十六日間出演していたんだとわたしに話してくれたんですよ。わたしは当時ちっとも知らなかった。ただ、「胡《フー》おじさん、もっと金を稼ごうよ」って言っていた子がいたんですよ。そしてのちに大スターになった（笑）。

——ユン・ピョウが出てくるところはわかりますね、海賊島の道場で。

胡　そう、彼にはちゃんと役があった。ユン・ピョウ、ユン・ワー（元華）、サモ・ハン、みんなわかるでしょ。

——ユン・ピョウが出てくる場面の海賊の巣窟が、道場みたいな造りで、それも二階建てのセットになっているのですが、あれも実際にあったものなのでしょうか。

1

2

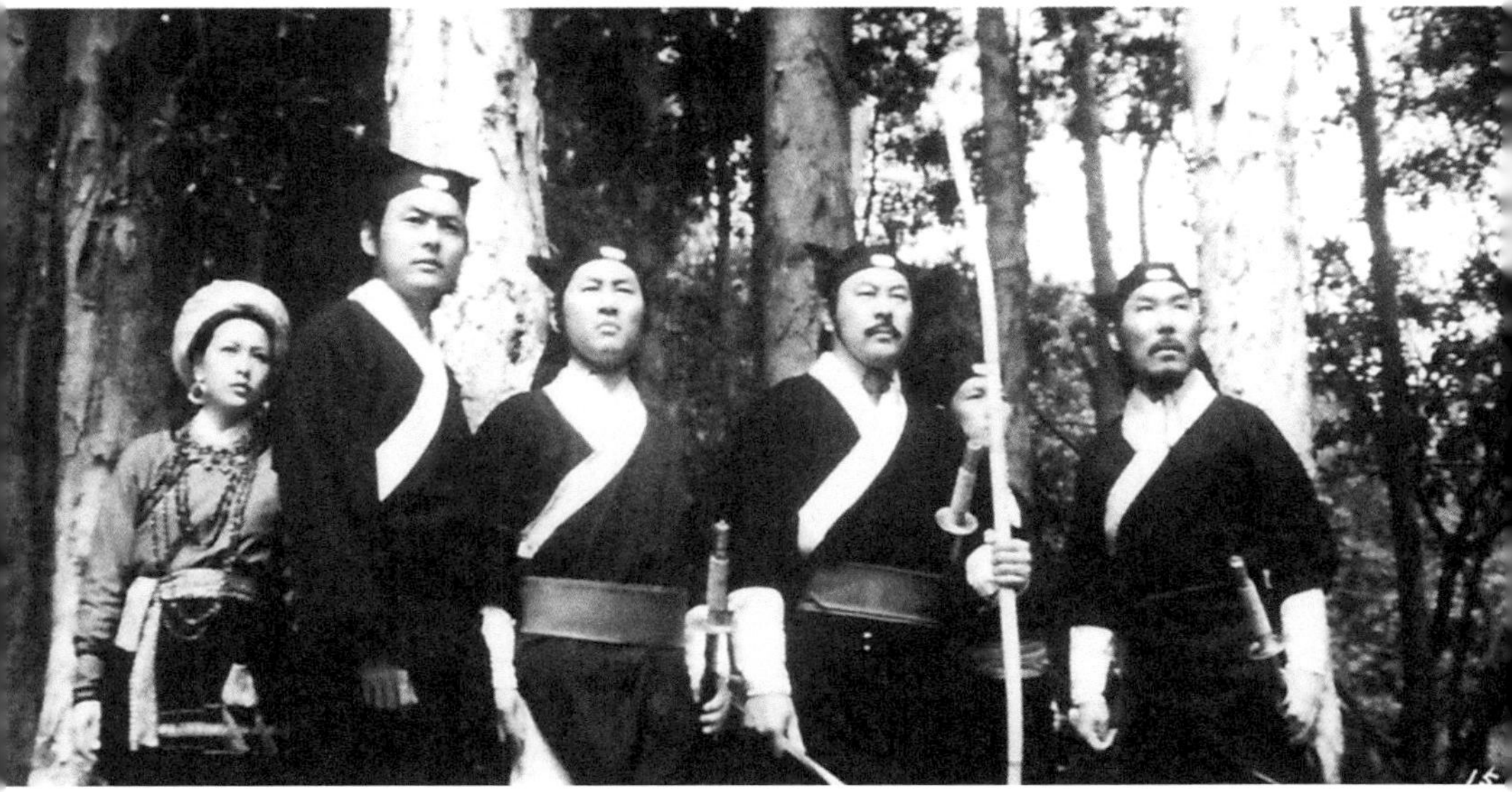

1　『忠烈図』(1975)演出中のキン・フー(中央)。屠光啓(右)、楊威と。

2　『忠烈図』(1975)。左から徐楓、白鷹、陶威、喬宏、李文泰。

胡　海賊の巣窟は、その多くが福建、広東の大型家屋の様式です。この大型家屋ですが、現在でも香港にひとつ保存されています、新界に。

――韓英傑が海賊島の主になって出ていますね。それから『酔拳』（一九七八）の老師役で有名なユエン・シャオティエン（袁小田）も海賊一味の老僧役で出ていますが、この映画の頃、彼は有名な俳優だったのですか。

胡　彼は古い武術映画関係の役者です。『大酔俠』にも出ています。わたしが監督になるずっと前から武術映画に出ていました。

――『青城十九俠』（一九六〇）などの監督、屠光啓が朱紈の役で出演していますが、『忠烈図』がこの人の最後の映画というか、映画に関わった最後の仕事ですね。この監督さんとは親しかったのですか。

胡　ええ、彼がとても売れっ子だったとき、わたしは彼を知っていましたが、向こうはわたしを知らない。わたしが映画を撮りはじめた頃、屠光啓は巨匠でした。(4)

――『忠烈図』に彼を俳優として使ったのはなぜですか。

胡　そのとき彼は特にやることがなかったからで、それで……武俠小説を書いていました。

――役者としては『忠烈図』に出たのがはじめてですか。

胡　いやいや、もう若いときから役者をやっていました。以前、上海で役者をやっていましたよ。

――『忠烈図』のラストの岩山を背にした海辺で激突するシーンでは、サモ・ハンが宙を舞うすさまじいアクション・シーンですが、あの激闘のシーンにもワイヤーワークが使われていますね。

胡　ああ、あれは……（と、図を描く）

――上に水平に渡してあるワイヤーから人を吊ってチャンバラをさせたわけですか。

胡　たいへん面倒で、しかもきれいに撮れないので、もう使いません（笑）。

――そのようなテクニックを、どういうところから学ばれたのですか。

胡　適当な思いつきです（笑）。でも、この方法はよくなかった。

（1）『迎春閣之風波』と『忠烈図』

ゴールデン・ハーベスト撮影所の資料によれば、『忠烈図』が同社の作品通し番号「26」、『迎春閣之風波』が「27」で、ともに一九七二年六月に撮影開始したことになっている。また、キン・フー・プロダクション作成による経歴書によれば、キン・フーが『迎春閣之風波』にたずさわっていたのは一九七一～七三年、『忠烈図』は七二～七四年ということである。

（2）東方会議

キン・フーは一九七三年にパリで開かれた東方会議に参加している。ある資料によればこのときは漢字のコンピュータ化に関する討論に参加したとある。また、それとは別に一九七五年にパリ大学で「映画は独立した芸術である」、ハーヴァード大学で「老舎とその作品」と題した講演を行なっている。

（3）後期倭寇

「十六世紀」嘉靖年間になると、ふたたび倭寇がさかんになった。だが、それは明初のいわゆる前期倭寇とは大きく性格を異にしている。明の官僚が「いま海寇といわれるもの数万、それらはみな倭人とされるが、そのじつ日本人は数千にすぎず、他はことごとく中国人であり、しかも福建の漳郡《しょうぐん》のものが大半を占めている」と指摘しているのは、そのことを端的に物語っている。

このように、後期倭寇ではその主導権を中国人が握り、これに日本人のルンペン海賊衆が加わったものであった。その目的は腕力に訴える密貿易の強行にあったのである。（……）目と鼻のところにこのような無法地帯が出現しては、明廷も捨ててはおけず、一五四八（嘉靖二七）年、正義派官僚の朱紈《しゅがん》に沿海を取り締まらせた。（三田村泰助「世界の歴史14　明と清」、河出文庫）

映画『忠烈図』は屠光啓扮する朱紈が海賊退治のための討伐隊を組織するところからはじまる。

（4）屠光啓

中華人民共和国成立後、上海から香港に移り『秋瑾』『半下流社会』『小鳳仙』等のドラマや『青城十九俠』等の武俠映画を多数監督。六〇年代に引退、武俠小説作家となる。

『迎春閣之風波』(1973)。徐楓(左)と田豊

第7章　1976〜80

『空山霊雨』
仏寺の権力闘争
玄奘直筆の経典
韓国ロケの理由
囚人がエキストラ
北は雪獄山、南は済州島
生き仏と裸女たちの水浴
『山中傳奇』
二本同時撮影
中国の怪談はお説教調のものが多い
鍾玲夫人の仕事
テーマは常に映画
特撮でもアニメーションでもない
徐楓の首
何という行き方！
テレヴィジョン・ブルー
シルヴィア・チャンの秘密
カラヤンから映画化の依頼

――『空山霊雨』の物語は、古い大きな仏寺の中の陰謀、権力闘争ですが、そこへ秘伝の巻物を盗みに怪盗が忍び込んで忍者合戦、間諜合戦になるというところは冒険小説のような面白さですね。

胡　そう、それが経典にしろあるいは戦略図にしろ、宝を盗むという話は昔からよくあるパターンですね。要はこのパターンにどうやってヴァリエーションを持たせるかですね。京劇にもたくさんありますし、「蔣平撈印（蔣平、水から印をすくいあげる）」のような武俠小説もある。「蔣平撈印」は、宋の時代の物語で、「印」というのは大臣が持っているような、大切な印鑑です。そこで語られているのは、印鑑が悪者に盗まれて海の中に投げ込まれてしまった話です。それから、「失火找印（火事を起こして印を見つける）」というのは、中国の劇の中でもとても面白いものです。ひとりの県知事がある日、印をなくしてしまう。執務室に置いてあったはずなのにどうしてなくなってしまったんだろうかということで、役人頭を呼んで問いただすと、彼が、知っているけれど申し上げられないと答える。言えないんだったら知っているなんて言わなければいいじゃないか、大丈夫だから言ってごらん（笑）、と県知事に問い詰められて、それでとうとうその役人頭が、「実は犯人はこの役所の顧問です」と明かす。顧問というのは幕僚で、県知事が私的に雇った人間であり、官庁の役人ではない。だから顧問が盗んだことがわかっていても証拠がなければ訴えることはできない。顧問の政治的地位はとても高いんです。それでこの役人頭が知事にある提案をする。「印鑑がなくなってしまったことを伏せておいてください」と。盗まれたと公言してしまったら大騒ぎになりますからね。それで印鑑の入れ物を包んでそこに置いておいて、「あとはわたしにお任せください」。どうするんだと聞くと、これこれこういう寸法でと、耳打ちする。「よし」ということになって、それで、突然執務室から出火する。さあ大変だと消火作業が始まる。そこで役人頭が知事に「印鑑を避難させましょう」と言う。知事が印鑑の入れ物を役人頭に渡す。と、役

『空山霊雨』(1979)。徐楓。

人頭は「誰か持っていてください」と、例の顧問にそれを渡して自分は消火作業に戻る。渡したところはみなが見ている。さて、火も無事に消えて、知事が「では印鑑を返してくれ」と顧問に言うんです。顧問は盗んだ印鑑を入れ物の中に戻さないわけにいかない。戻さなければ顧問がなくしたことになりますからね。というわけで、役人頭の計略は上々の首尾をあげた（笑）。実によくできている話です。中国の古典小説のこういった話は本当に面白い。外国のものよりよくできている（笑）。

——『空山霊雨』にもその話が反映されていますね。

胡　全部そのまま使っているわけではありません。使ったのはむしろ「楊乃武小白菜」ですね。「楊乃武小白菜」は誰もが知っていますが、この話の前のひとくさりも、そこはあまり知られていませんが、とても面白いんです。それは、あるひとりの金持ちがいて、金持ちは薄情でしょ（笑）、彼にはひとりの貧しい親戚がいる。むかし助けられたことがあったんですが、その親戚がお金を借りにやってくる。借りるというより、むかしのお金を返してもらいにくるわけです。が、金持ちは金を返さないどころか、この老婆を追い払ってしまう。彼女は身寄りもない。それで奥の建物の裏庭で首を吊って自殺してしまう。この金持ちは県知事から日頃ろくでもない奴だと思われているので、もし朝が来てこのことが発覚したら面倒なことになる、金を惜しんで仁義を忘れて、貧しい親戚を追い詰めて殺してしまったんですからね。それで金持ちは楊乃武を呼んでくる。楊乃武は、こりゃあ銀一万両だって言うんですよ（笑）。金持ちが、なんでそんなに高いんだ、まだ裁判も起こしてないのに、とぶつぶつ言うんですが、いやならこっちはかまわない、と言われてね。銀一万両というのは裁判に必要な金なんですよ、楊乃武は訴えを起こす必要なんてないと言う。「明日にでも検分に役人がやってくるじゃないか」「心配するな、あんたの代わりにうまく処理してあげるから」「よし、じゃあ何をしたらいいか教えてくれ」。そこで楊乃武

『空山霊雨』(1979)。徐楓。

が言うんです。「今は死人を動かしちゃだめだ、できるだけ多くの友だちを集めてきて、飲めや歌えに麻雀と大いに騒いでくれ」とね。金持ちが、「何を言うんだ、裏には死体がぶら下がってるのに」と言うと、「大丈夫、ともかく飲んで騒いでくれ。人が多ければ多いほどいい。でも裏庭は覗かれないようにするんだ」。仕方がない。楊乃武には何かうまい考えがあるはずだろうから、と、金を与えて、それで、大勢の人が集まって、酒を飲み、麻雀に興じて、大宴会がくりひろげられた。と、ちょうど真夜中にさしかかった頃、みなが大いに興に乗っているのを見て、楊乃武がそっと人を遣わして金持ちを呼んでくる。「何の用だ」と言うと、「裏に行って、あの老婦人を抱え下ろしなさい」「えっ、なんだって、そんなことできないよ」「できないなら、あんたはもうおしまいだぞ、さあ抱え下ろしてきなさい」。金持ちが下ろしてそれからどうするんだと言うと、「いったん抱え下ろしてから、また吊り下げなさい」「どういう意味だね」「言うとおりにするって言ったじゃないか」。金持ちはおそるおそる死体を抱え下ろし、また改めて吊り下げる。と、誰かが通りかかってそれを見つける。そこで彼は訴えられるんです(笑)。県知事は、おお、そうかと、検死官を引き連れて乗り込む。ここで楊乃武は金持ちにあらかじめ教え込んでおく、「濡れ衣だあ、と泣き叫んでいなさい」とね。検死官が老婦人の死体を下ろして検死する。終わってから死体を地面に置くと、県知事の顧問に言うんです。「この金持ちを逮捕することはできませんと県知事にお申し上げください」とね。県知事が「なんで逮捕できないんだ。だめだ、だめだ、どうしても逮捕しなきゃいかん」と言って、金持ちを取り押さえ、連行する。そこへ楊乃武がやってきて言うんですね、「県知事様、どうしてこんなことをなさるんですか」と。県知事が「お前に関係のないことだろう」と言うと、「いやいや、大ありですよ。わたしは事情を全部知っております。この老婦人は誰か別の者に絞め殺されたんですよ」「どうしてそんなことがわかるのか」「では検死官におたずねになってください。首に二重の痕がついているでしょう」。というわけで、見てみるとそのとおりなんで、県知事も手が出せなくなってしまう。無実だということになるんですよ。なぜたくさんで飲んだり食ったりして宴会を開いたかというと、大勢の人間にこの金持ちの姿を見せておきたかったからなんですよ。金持ちはそこで酒を飲んでて、部屋から一歩も出てないって証言する証人をたくさんつくったのです。そういうずるいことをやる話がたくさんあります。中国の古典小説を読むと、そういうことが勉強できます（笑）。

『空山霊雨』は権力闘争の話ですから、アクションも多い。わたしは、権力というものはどんな人間にとっても魅力的なものではないかと考えてきました。人間は権力が好きなのです。権力を手にすれば、人よりいい暮らしができるし、好き勝手なことができる。女でも食べ物でも手に入る。それも理由です。しかし、ほかの物を手に入れるために権力が欲しいという以外に、権力それ自体が人を魅するものを持っているのではないか。仏教寺院内での権力闘争という設定にしたのは、そこなのです。なぜ坊主が権力を欲しがるのか。彼らは菜食主義だし、性生活はもたないし、いつも同じ物を着ている。どうして権力を欲しがる必要があるのか。それは権力それ自体が魅力的だからにちがいないのです。ヒトラーは菜食主義者で、生涯結婚しなかった。エヴァ・ブラウンという愛人はいたけれど、彼は実は女が好きではなかった（笑）。では、なぜあんな強大な権力を持ったのか。仏教の寺院で、年老いた最高位の僧が死んだとき、他の高僧たちがその位を求めて激しい戦いをくりひろげるのも、まさに同じ理由からなのです。

――仏寺の中での権力争いはよくあったこととは思うのですが、『空山霊雨』の脚本はオリジナルですか。

胡　原作の小説はありませんが、言い伝えはあって、それにもとづいています。

――三蔵法師が直筆で書いたという経典をめぐる争奪戦が行なわれますね。最後のお寺の住職になる慧明という僧は、実在した禅僧、慧能《えのう》にヒントをえているということですが、これは有名なお坊さんですか。

胡　禅宗の第六祖ですね。このお坊さんが経典を燃やしてしまうんですね。

そうです。ですが歴史上は定かでない。この慧能というお坊さんは文盲で、五祖が彼を禅の継承者としたとき、すぐ彼を逃がすんです。というのは多くの者が六祖（一、二、三、四、五、六番目でしょ）、これになりたがってましたから、それで彼は逃げた。逃げたところで捕まってしまうんですが、最終的には逃げおおせる。広東の曹洞まで行く。今でも日本では曹洞宗があるでしょう。彼はこの広東の曹洞で普通の僧侶となるんですが、のちに正体がわかってしまって、大僧正に見つけられて、それで六祖となる。ですが彼のあとからは継承させなくなった。伝えるものがあると権力闘争が起きるでしょう。六祖以降はなくなって、七祖というのはない。だいたいこんな話が伝わっているんです。映画でもそれを語っている。日本でも「説書的人」がいますよね。日本語で何というかわかりませんが……講談師ですか。最も早い時期では、日本の講談師も中国の講談師もみな僧侶です。ただ道理を説く、仏の教えを説くだけでは、人々が聞きたがりませんから、それで物語を語るようになるんです。ですから、とても有名な耳なし芳一も、そうでしょう。のちにわたしが撮る『天下第一』もファースト・シーンは僧侶の語りから始まっています。

――『空山霊雨』では、六祖が経典を燃やしてしまうところで終わりなのですが、その経典が三蔵法師が自筆で書いた唯一のものだったという史実のようなものはあったのでしょうか。

胡　いいえ、この「大乗起信論」ですが、これは、今日では日本でも中国でも「大乗」と呼ばれていますが、「大乗」というのは人を動かすこと、「小乗」は自己修身という意味なんです。三蔵法師は玄奘《げんじょう》とも

徐楓と呉明才。

『空山霊雨』(1979)。徐楓(右)と孫越。

徐楓。

徐楓。

いいますが、ともかく、この「大乗起信論」を書いたなんて事実はない（笑）。まったくの伝説です。ただ口で語っただけで、後世の人間が、彼の名で書いて「大乗起信論」と名付けたのです。この原本はとても古い。唐代にはまだ活字の印刷技術がないでしょ。ですから、これはのちに書かれたものなんです。言い伝えでは、これは確かに存在していたものですが、でも玄奘が書いたはずはない。ともかく古書はとても高いでしょ、だからみんなが欲しがるというわけです（笑）。現在では「大乗起信論」はたくさん伝わってますが、それはのちに印刷したものです。活字を用いた印刷技術は宋代、十世紀から伝わりましたからね。

——でも映画のラストは皮肉ですね。ひとつしかない経典の争奪で死闘がくりひろげられたあと、最終的にはオリジナルを燃やしてしまうけれども、じつは写本がたくさん残っているとオチがつく。これはたぶんキン・フー監督のオリジナルですね。

胡　そうです（笑）。

——最後にお寺の住職の後継者になる佟林《トン・リン》という俳優はどんな人ですか。キン・フー監督の映画にはこれと『山中傳奇』以外には出ていませんね。

胡　彼は台湾から香港にやってきたので、わたしの映画には出たことがなかったのですが、でも俳優としてはけっこう経験を積んでいます。ただ、以前彼は端役ばかりで、重要な役はやってなかったんです。『空山霊雨』で初めて大きな役をやった。彼の外見が、わたしが思い描いていたとおりだったからです、囚人でありながら……つまり、彼は受刑者でしょ。

——年取った住職の役で出ているのは、たしか鄭昌和という韓国の監督ですね。

胡　いえいえ、あれは監督でも俳優でもなく、金昌根という人です。ただひげを生やしている人を見つけたんです（笑）。とても立派なひげでね。それで韓国のプロデューサーに言って、撮影に誘ってみたら、いいだろうということで、やってきたんです。それだけの人です。立派なひげの生えた人でしょ（笑）。ただ彼のひげが立派だったので目をつけたんです。俳優ではない、一般の人です。

——あれは本当のひげなんですか。

胡 そう、自分のです（笑）。何歳かわかりませんが、おそらく七十前後だったんじゃないですか。役では九十歳ということなんですが（笑）。台詞は彼が中国語が話せないので、一、二、三、一、二、三、四と数字を言わせていたんです（笑）。

——イタリア映画方式ですね。

胡 ええ、そう、そう、フェリーニと同じやり方です（笑）。

——『空山霊雨』のお寺は本物ですか。

胡 実はたくさんの寺を撮って編集したんです。実景で、セットはひとつもないことだけは間違いないのですが。

——映画の中に出てくる三宝寺っていう名のお寺なども実際にはないわけですね。

胡 ありません（笑）。一番大きい建物は韓国の宋廟です。韓国の宋廟というのは皇帝の祖廟です。そのほかにはだいたい五つの寺が使われてますね。

——お寺の中はセットですか。

胡 いえ、セットはありません。内部もすべて実景です。

——たとえば蔵の中とか……

胡 ええ、あれだって本物ですよ、あそこは海印寺という寺の蔵の中です。

――仏像があるところも本物ですか。

胡　あれは一番面倒だったところです。あの「蔵経楼」ですね。

――経典があるところですね。

胡　ええ、撮影禁止だったんです。なぜなら国宝が中にありましたから（笑）。で、どうしたかというと、「蔵経楼」の守衛の僧侶に袖の下を使ったんですよ、入らせてくれないものだから（笑）。撮影できないものだから、仕方なくて、それで（笑）。

――映画の中の盗賊と同じようにこっそり鍵を開けて入ったのかと思いました（笑）。

胡　そうですよ、こっそりとですよ。あの和尚さんは金をもらったのを、他の和尚に見られてはまずいですからね。ですから我々はこっそりとね（笑）。

――映画の中でもお坊さんを買収して鍵を開けさせますね（笑）。

胡　ああ、あそこは別です。あれは「三十三間楼」といって、寺ではなく古い建物です。徐楓《シー・フン》と呉明才《ウー・ミンツァイ》が忍び込んで中で物を盗むところ。たくさんの棚があってお経がぎっしり入っているところです。

――呉明才の盗賊が、木の実のようなものを食べながら、その種を投げたりするんですけれど、あれは何ですか。

胡　ナツメです。

――それを投げて敵の足を滑らせて転がしたりする。あれもキン・フー監督ご自身で考えたのですか。

胡　ええ、そうです。でも実は、本当に盗人が木の実などを食べてそれを投げて逃げたりすることがあったようです。小説の中に出てくる。

1

2

3

1　『空山靈雨』(1979)。呉明才と徐楓を演出中のキン・フー(右端)。　2　呉明才(右)とキン・フー。
3　陳慧樓(左)とキン・フー。

――当時奥様だった鍾玲夫人から、『空山霊雨』の構想は一九七四年、『忠烈図』を撮り終えた直後のことで、一九七七年の春に脚本が出来上がり、その年の五月と六月に二度、キン・フー監督が韓国にロケハンに行かれたと聞きました。撮影はその年の八月から翌年の四月までつづき、さらに撮り残しを九月にまたロケーションという長きにわたったとのことですが、どうして韓国で撮影されたのですか。

胡 それは、韓国の建物、特にお寺が中国のとまったく同じだから。実はロケ地を探しに行く前に、偶然の機会で韓国に行ったことがあるんですが、何しに行ったか忘れたけれど(笑)、そこで部分的に撮影した。『迎春閣之風波』の出だしの部分を韓国で撮影しました。表門から入ったところのシーンとか、リー・カンの王府とかは韓国の首都ソウルの景福宮という宮殿で撮ったものです。現在は撮影禁止になっています。それから宋廟つまり皇帝の祖廟でも撮りました。韓国の寺は中国の寺とよく似ていますし、それに韓国の寺はそれほど大きくなく、建物が集中していますから、撮影には都合がいい。あるひとつのシーンですけれど、憶えていらっしゃるかどうか、まったく中国の絵画と同じなんです。そこは「観稼亭」[1]という場所です。ほんとに不思議に思いましたよ、まるで中国の絵画に出てくるそのままなんですから。それで、韓国の人に聞いたんですが、一般の人はわからなくて、あとでソウル大学の中文科の主任で車柱環という教授に「ここは以前何に使っていたんですか」とたずねたところ、彼が言うには、以前はある金持ちが、大地主ですが、別荘として使っていたもので、そこら一帯の田畑もすべてこの地主のものだったというんです。まるで中国絵画に出てくるみたいじゃありませんか、と言ったところ、それはあたりまえですよ、この地主は中国の絵画を見てそれを真似て建てたんですから、と言われましてね(笑)。

――中国本土で撮影しなかったのは、なぜですか。予算の問題ですか。

『空山霊雨』(1979)のためのスケッチ。

胡　いいえ、当時はおそらく中国で撮影したら、台湾の入国許可が取り消されたでしょう。撮影はできますよ、わたしは香港市民だから。でも中国で撮影すると、台湾に入国できなくなる可能性がありましたね、作品も本人も（笑）。もうひとつの理由は、中国では建物がバラバラで、あちこちに離れているけれど、韓国では全部集中していて撮りやすいということでした。ロケ撮影というのは戦争と同じで、物の移動が重要な問題になりますから。建物が集中しているから、まとめて撮ることができる。もし規模が大きければ、移動するのがたいへんです。照明機材がたくさんあるでしょ、担がなければなりませんからね。しかも、なぜあんなにたくさんの寺を使ったのかというと、現代の寺だから、電線があるでしょ。それを避けて、いろいろとアングルを探すためにね。撮影に行く前に、韓国の北端の三十八度線から南端まで、たくさんの場所を見て回ったんです。その後、フランス人の尼さんとアメリカ人の僧に出会った。仏教の尼僧と僧ですよ。ふたりはたくさんの寺を巡礼していたんですけれど、その彼らが寺を探すのを助けてくれたんです。というのは、ひとりはパリ大学の斑文幹に教わっている学生で、尼さんになったんですが、もうひとりはカリフォルニアのサンタバーバラ校の中文科の教授、白先勇のところの学生。彼らはわたしの撮影を見にやってきたんです。ええ、本物の尼さんと僧ですよ（笑）。ソウルに来ていた。ふたりは何の関係もなくてたまたま行き逢っただけ。映画の撮影を見にやってきて、それで知り合った。もとは台湾に仏教を学びに行っていた。だから中国語が話せる。でも、台湾の寺はよくなくて、福建式だし、あまり尊重されていなくて。それで彼らは韓国に修行にきたんです。彼らが寺めぐりを手伝ってくれて助かりました。というのは、韓国のプロデューサーから、韓国では寺の撮影に多額の礼金が必要だと聞いていたんですが、ふたりが、お金なんてまったくいらないんだと教えてくれたんです（笑）。基本的に教えに反対するものではないと寺の住職が考えたならば、許可されるはずだと。

――お寺の屋根からの俯瞰ショットがありますけど、本当にお寺の屋根から撮ったのでしょうか。

胡　いやいや、やぐらを使ったんです、屋根には登らせてくれない、そんなことをしたらとんでもないことになる（笑）。

――『空山霊雨』のお坊さんは何百人ぐらい集めたのですか。

胡　ええ、そうですね……一番多いときは百人ぐらいでしたか。すべて囚人です。

――囚人ですか。エキストラではなくて。

胡　囚人だったなんて、わたしも知らなかったんですよ。あ、それに精神病院の患者たちもいた。彼らは勝手に立ち上がったりして、全然言うことをきいてくれなくて困りました（笑）。あとでわかったことなんです（笑）。

――囚人だから坊主頭でちょうどいいわけですね（笑）。

胡　そう。それなのに韓国のプロデューサーは、そのことを隠して、エキストラの剃髪代を計上してきたんです（笑）。

――最後に山の中で盗まれた経典を奪い合うところは、どこでロケーションされたのですか。

胡　雪獄山《ソラク》といって、三十八度線に近い韓国側の山の中です。ええ、積雪があってとても寒かったのでたいへんでした。ロケ地の多くが撮影が困難なところでした。雪獄山では、みんな徒歩で登りました。撮影機材を担いで登らなくてはならなくて、朝五時に出発してもロケ地まで行くと九時になってしまう。それからやっと撮影を始めるわけです。とても遠い。数時間歩かなければならないんで、シルヴィア・チャン（張艾嘉）も徐楓も全員みな歩いた。山道ですよ。道らしい道がないんですから。

――キン・フー監督はそういう困難なところにあえて行かれる傾向があるようですが……

胡　風景を見てしまうと、つい（笑）。どうしても、わたしが求めているようなロケ地はほとんどが交通の不便な場所です。山や林に分け入ってね（笑）。この映画のロケハンで一番苦労したのは、韓国の最北部、三十八度線のすぐ下の雪獄山から、南端の済州島に至るまで、山ばかりでしょ。それをほとんど全部見終わってから、撮影を始めたんですよ。新しい場所に移るたびに日照時間の計算もやらなきゃならなかったし。太陽がこんな感じだから、このぐらいかなとはじめてわかる、場所によって日の長さが違うからね。

――『空山霊雨』の最後の決闘の場面の山中のシーンはとっても寒かったとおっしゃいましたが、映画を見ていると、アクション場面なので、徐楓がわりと汗をかいているような、寒い感じは全然しないんですね。光のせいかもしれませんけれど。

胡　あれはいろんな場所で撮っているんですよ。一番寒かったのは、あの山中で飛び出してくるところ、あれは雪獄山です。それから、闘っているところは、もっと南のほう。だから、いろんな場所で撮ってつなげてある。一カ所じゃないんです。徐楓が縛られたところは韓国の皇陵。

――ということは韓国を一番北からずっと南へ縦断して済州島まで撮影に行かれたわけですね。

胡　ええ。大法師がお経を唱えて、たくさんの女性が水浴びをしていたでしょ。あれは南の済州島です。

――女性たちはほとんど裸で泳いでいますね。セクシーで美しい女性たちばかりで。特にアップでとらえられた娘たちが美しくて。

胡　そう、きれいじゃない娘はアップで撮らなかった（笑）。

――あのシーンの撮影にはどのくらいの期間をかけられたのですか。一日で撮ったのですか。

胡　そう、一日か二日で。集団のシーンはそうやって撮りましたけれど、個々のアップは、ほかのキャメラマンがそれぞれ撮ったのを、あとでわたしが編集しました。水の中のカットだから角度なんかいろいろ難しくて、それでたくさん撮って編集したんです。

――あそこは有名な渓谷とか河なのですか。

胡　ええ、有名です。とてもきれいな淵ですね。岩もとてもきれいです。済州島の中ですよ。済州島はとても大きいんです。しかし、あのシーンでは女の子たちがかわいそうだった。韓国のプロデューサーがひどかった。横領同然のことをしてね。彼女たちがまだ金を手にしないうちに彼がみんな着服してしまった。彼女たちは臨時のエキストラです。どこから来たのかわからない（笑）。

――裸の女たちを水浴させて僧侶たちが修行をするというようなことが本当にあったのですか。

胡　ええ。あのシーンも史料にもとづいてつくったんです。僧侶は女性には近づかなかったものなのに、仏教が中国に入ってからは妻帯者も出てくるようになったわけで、三蔵法師がインドに行ったときだって遊廓で遊んでいるんですよ。こういったことはのちになってなくなった。以前は菜食主義でもなかった。南朝の梁武帝（五〇二―五四九在位）が命令を出して僧侶たちの肉食を禁じたんです。それで、しかたなく菜食になった。以前は托鉢でもらっていましたから、もらえるものは何であろうとそのままもらったわけで、肉だから食べないということはなかったわけです。

――『空山霊雨』で水浴したりする女性をいっぱい連れている偉い僧侶、大法師、生き仏に扮する呉家驤《ウー・チャーション》は、以前、監督だった人ですね。ブルース・リーの主演第一作『ドラゴン危機一発』（一九七一）の監督も本当はこの人がしていたという話もありますが。

胡　彼は大先輩ですよ、戦時中にすでに俳優になっていましたが、たくさんの監督作品があります。『ドラゴン危機一発』は彼とロー・ウェイ（羅維）の共同監督だったんじゃなかったっけ。

――そうです。ロー・ウェイは数日前（一九九六年二月二十日）に亡くなりましたね。

胡　ロー・ウェイも先輩です。彼は呉家驤と同じ時代の人です。でも呉家驤はもともと映画俳優で、ロー・ウェイのほうは舞台役者出身です。呉家驤も何年か前に亡くなっています。

――一九九五年一月に亡くなっていますね。

『空山霊雨』では、生き仏についている女性たちがアクション・シーンでも活躍しますが、彼女たちはどういう存在なのでしょうか。

胡　彼女たちは生き仏の弟子なのです。だから武器は持っていない。

――つまり彼女たちは仏教徒なわけですね。

胡　そうそう。

――お寺の老管長が引退したあと、あの世からの使いのように渡し舟の船頭になって出てくる印象的なシーンがありますね。

胡　そう、幻想的な意味があるだけです。彼岸に渡ることの象徴です。

――『山中傳奇』は『空山霊雨』と同時に撮影したとのことですが。

胡　ええ、ほぼ同時です。まず先に『空山霊雨』を撮っていたんですが、まったくロケ地の状況によっています。ある場所でまず『空山霊雨』のあるシーンを撮って、それから『山中傳奇』のあるシーンを撮るといった感じですね。俳優たちもシルヴィア・チャン以外はほとんど同じだから。

――韓国の法律で二本単位でなければ映画の撮影が許可されないというようなことがあったとか聞きましたが……

胡　そんなことはありません。なぜだかわかりませんが、そんなふうによく聞かれる。韓国政府がそう定

『空山霊雨』(1979)。

めたとかね（笑）。韓国政府はそんなこと言ってませんよ。二人の社長がいてそれぞれ異なるプロダクションだったのです。韓国の合作会社も違う。韓国政府は二本の映画の撮影が終了してから、わたしたちを数日間の周遊旅行に招待してくれましたよ。だいたい十日間ほどでしたか。つまり、ご褒美をくれたわけで、これまで韓国をこんなに美しく撮った作品はないと言ってね（笑）。

――『山中傳奇』は中国の怪談の映画化ですが、脚本に協力された鍾玲夫人と筆談したときに（笑）、日本の幽霊の特徴は「幽玄」、中国の幽霊の特徴は「人情・幽美」と書いてくれたのですが、キン・フー監督も同じ考えですか。

胡　そうですね、日本の幽霊の物語は文学性が強い。中国の物語は、「戴道（聖賢の教え、正しい道を文章で説く）」「説教（道徳を説く）」の傾向が強い。わたしはわりと日本の怪談のほうが好きですね。たとえば、「耳なし芳一」。これは好きですね。この小説の中国語訳は「無耳風衣」といいます。映画化された小林正樹監督の作品も見ましたよ。オムニバス映画の一篇でしたね。中国には幽界の話がたくさんあります。「聊斎志異」はご存じですね。「閲微草堂雑記」というのもあります。これは紀昀の作で、怪異ものを主とした文語体の短篇小説集です。蒲松齢の「聊斎志異」、曹雪芹の「紅楼夢」と並んで清代に流行った小説です。清の時代の、乾隆帝の時代の怪談集です。「聊斎志異」も清の時代のものですが、唐代伝奇と六朝志怪小説のスタイルを混用し、見聞録とフィクションを混交しています。その「聊斎志異」の書き方に不満を持って書かれたものが「閲微草堂雑記」なのです。中国の幽霊の物語、あるいは小説一般でもそうですけれど、道徳的な色彩が強く、お説教調のものが多いんです。説教臭くないのは、「紅楼夢」くらいのものでしょう。

中国の怪談においては、人物がみな単純化されてしまった。単純化というのは、善玉のやること、す

胡金銓手繪之「山中傳奇」服飾草圖

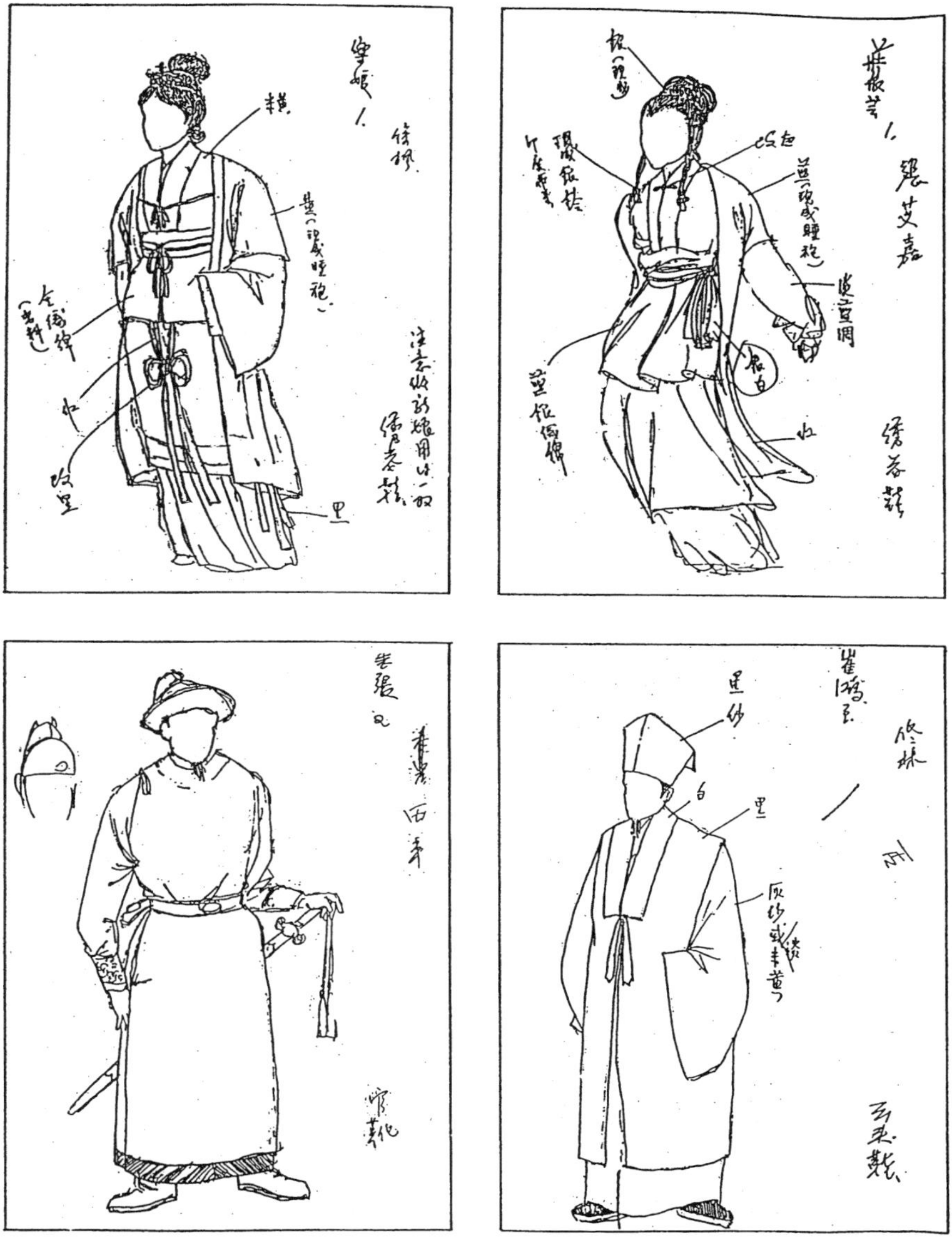

『山中傳奇』(1979)の衣裳デザイン。

べての行動がよいものだとされ、悪玉のやったことはすべて悪いという具合になる。これは我々の伝統劇での瞼譜（隈取り）、つまりメーキャップによるキャラクターの類型化というものと深く関わっているかもしれない。名裁判官である包公の顔は黒で、英雄関羽の顔は赤だというふうに決まっている。だから黒と赤の顔を見れば、それが善玉だとわかる。それから、白は悪玉の色だと決まっている。共産党が権力を握ってから、こうした歴史的な伝統を見直すとか、定説をひっくり返すとかやったんですが、それも、実は同じことをやっている。「瞼譜化」つまり善悪の単純な類型化という点では変わらない。気に入ったものは良いもので、気に入らないものは悪いものだというふうにね。本質的に変わりません。ただ、沈従文[2]という人の小説では人物がそういうふうに単純化されていません。彼はノーベル賞候補として正式に名前があがったひとりだったんですけれど、亡くなりました。一九三〇年代、四〇年代の人ですが、文革のあとまで生きていました。わたしは文革後、はじめて帰国したときにわざわざ彼を訪ねていったんですよ。

——『山中傳奇』の脚本を書かれた鍾玲夫人はその後、監督とは離婚されたわけですが、何をなされているのでしょうか。

胡　今は中山大学の教授で、台南にいます。彼女がわたしの映画でやった仕事は主に脚本です。『空山霊雨』『大輪廻』の脚本も書いています。

——一九七七年に結婚されたわけですが、映画に関わられたのは、キン・フー監督と結婚されてから、『空山霊雨』と『山中傳奇』がはじめてですか。

胡　はじめてです。彼女は学校の教師ですから。実は脚本を書いたといっても、下書きを書いただけなんです。わたしが彼女にたのんだわけじゃなくて、わたしが監督でしょ、だから彼女は脚本に名を連ねた

『山中傳奇』(1979)。徐楓。

かったんですよ（笑）。

――鍾玲夫人が脚本の下書きを書かれたということは、つまり、彼女の原案、オリジナルということですか。

胡　いやいや、彼女が創作したんじゃなくて、もとの材料も古書からとってきたものです。「宋人話本」という宋の時代の流行小説集の中の「西山一窟鬼」が『山中傳奇』のもとの物語です。

――中国の怪談は説教調のものが多いと言われましたが、『山中傳奇』はかならずしも説教調の物語ではありませんね。説教色を薄めたのですか。

胡　実は筋そのものまで変えています。だから、大陸に行ったとき、よく、「あなたの映画のテーマは何ですか」と聞かれる。テーマはつねに映画なんですけれどね（笑）。映画というのは、テーマがないとだめなんですかと反論したこともあります。向こうは芸術にはかならずテーマがあると言うんですが、では、チャイコフスキーやモーツァルトの曲にはテーマがありますかと聞き返したんです。モーツァルトなんかわずか十歳くらいで作曲していたわけでしょ。テーマなんて考えるはずがない。それからセザンヌの絵なんかは何がテーマなのかといっても意味がない（笑）。すると向こうは反駁して言ったんですね、セザンヌは後期印象派の人間だけれど、その時代の写真には色がなかったので、彼が油絵の点描を使って色の印象を主張したのだと。これがつまり主題であり、テーマだと言い張る。それは主題でもテーマでもなく、方法にすぎない、とわたしは答えたわけです。ゴッホが室内を描いた、そこにどんなテーマがあるのか、テーマなんかありませんよ、あなた方の「毛沢東万歳」というのには、たしかにテーマがありますけれどね、と答えたんです（笑）。彼らは『山中傳奇』や『空山霊雨』の自然をとらえたトップ・シーンとか、歩くシーンなどがあまり意味がない、何かの役に立っていないというんですが、それは意味があるとか役に立つかどうかに関係なく、見て美しければいいじゃないですかと、言い返してやった（笑）。

——映画にはテーマとか主題ではなくてスタイルがあるだけだとジャン・ルノワールも言っていますね。黒澤明は言葉でテーマを要約できるようだったら映画なんか撮らないとよく答えるんですね。

胡　そうですよ（笑）。

——『山中傳奇』はトップの自然描写のシーンから始まって、ゆったりとしたペースで展開していきますね。

胡　あの映画はわたしの映画の中で唯一アクション映画としてつくられていないからです。

——『山中傳奇』ではいくつか特撮を使っておられますね。徐楓の妖怪と呉明才の僧が闘う場面で、徐楓が現れるときに逆回転で真っ赤な煙が渦巻くところとか。ひょっとしてあれはアニメーションですか。

胡　いやいや、あれは特撮ではない。アニメーションでもありません。韓国では当時まったくアニメーションはつくれなかった、そのときはアニメーションの技法なんて韓国には全然なかった。その設備がなかったんです。あれは、リアルに、そのまま撮影したんです。爆破装置の専門家に爆発させてもらって、そのまま撮った。向こうにはその手の専門家がたくさんいる。韓国はわりと最近まで戦争していたでしょ、爆破の専門家は簡単に見つかるんですよ（笑）。

——シルヴィア・チャンが薬草を採りにいったとき、自分の仲間の妖怪が現れるのを怖がって、はっと叫ぶところで、林の向こうの空に黒雲がむくむくと出る。あれはどういうふうに撮影したのですか。

胡　黒い煙を買ったんですよ。簡単ですよ。赤とか、黒とか、すぐ買える（笑）。実はわたしが使っていた設備は非常に原始的なものだったんですよ。何も持っていけなかったからです。たとえば、反射板《レフ》なんかはあまり持っていかなかった。そこで、キャメラマンの陳駿傑、ヘンリー・チャンという人ですが、非常にいいキャメラマンで、ロンドン・フィルムスクール卒なんです。アン・ホイ（許鞍華）と同級生です。彼が発泡スチロール製のカポックを使ったんです。軽いし、簡単に手に入りますよね。仏殿では電気を使っちゃいけないことになっていたんで、そこでカポックと食品店で買ってきたアルミ箔で、反射板《レフ》をつくって、光を中継し、中へ明かりを採り入れたわけです。

はじめの部分、若い石雋がひげの老人と出会う場面、ここでも仏殿の中では照明を使っちゃいけないことになっていて、仏殿は暗いでしょ、そこで光をリレーさせて中に光線を入れたんです。そのときには、外で強いライトをつけ、あらゆる道具で、鏡とか、反射板《レフ》とかで光を幾重にも反射させていたんです。ライトを使っちゃいけないっていうんだから、いろいろ工夫するしかしょうがないでしょ（笑）。多くの場所でライトの使用を禁じられました。それに、『山中傳奇』では、夜のシーンの撮影がありました。池の中にきれいな影が映る場面ですけれど、池があまりにも大きいから、外から光を当てようとするととてもライトが足りない。そこでライトをすべて部屋の中に集中させ、窓に映し出された影をさらに水面に投影させ、それを撮影したわけです。そういうふうにしてできた映像が非常にきれいでした。それから、対象に直接光を当ててはならない場合には、たとえば、まず水面に照明を当ててその反射を利用する手もあります。

――ライトを持ち込んではいけないというくらいですから、当然ながらアクション・シーンなども禁じられたかと思われますが、どうなさったのでしょうか。トランポリンを使って跳んだりしますね。お寺のほうから文句を言われませんでしたか。

胡　あっちこっちから文句が出ましたよ（笑）。だから黙ってやるしかない。あるときなんか、あわや逮

徐楓と石雋。

『山中傳奇』(1979)。徐楓。

石雋とシルヴィア・チャン。

シルヴィア・チャン。

捕されるところだったんですよ（笑）。というのは、『山中傳奇』の中で煙を出すシーンがありましたね。撮影している最中に、韓国情報局、ＫＣＩＡの人がやってきて、誰が責任者だと聞くんですよ。わたしだと言ったら、おまえを逮捕すると言われたんです。韓国のプロデューサーが事情を話したら、香港のプロデューサーのほうが捕まえられちゃった（笑）。事前に知らなかったんですが、そこは韓国の皇族のお墓だったんですよ。ソウルに皇帝の墓があったんで、こっちにもあるとは思わなかったし、しかも何の標識もなかったからわからなかった。普通の墓だと思って（笑）。あとでソウルにある合作相手の会社と相談してみたら、彼らを韓国の「酒家」（料亭）に招待してもてなしなさいと言われた。韓国の「酒家」には接待嬢がいますよね。そこで一席を設けてその地域のＣＩＡの責任者と部下を招いたんです。そこで食べたり飲んだりしたんですけれど、どうも雰囲気がぎこちなくて、それで韓国のプロデューサーが、監督は先に帰ってください、あなたがいるとどうもうまくないって言うんで（笑）、わかった、わかった、先に失礼しますと言ってね、二人の助監督、フレッド・タン（但漢章）と佟林を残して、勘定とか接待嬢の代金だとか全部済ませるからということになった。仕方がないでしょ、これが向こうのやり方なんだから（笑）。それで彼らに適当にやってくれと言って先に帰ったんです。次の日、助監督のフレッド・タンがひどい二日酔いで吐いて吐いて吐きまくった（笑）。あとでわかったんですけれど、彼はゲイだったんで、女が嫌い。することがないから酒ばかり飲み続けて、それで泥酔してしまってね。接待嬢にどうしても最後までやらなくちゃだめだって迫られたけれども、彼はやらない。やらないんだから、あとは酒を飲むだけ（笑）。最後に佟林に背負われて帰ってきたんですよ（笑）。のちに監督にもなって、台湾で『怨の館』（一九八八）などの作品を残すあのフレッド・タンです。たいへんな出費でしたよ。どのくらいの人数を招いたか、ともかく一晩で当時の額で六、七百ドルも使ったんですよ、あんな辺鄙な田舎でね（笑）。

――妖怪と道士が闘うシーンで、瓢箪を投げると爆弾のように爆発するのですが、あれは原作にあったのですか。

胡 あれは自分で考え出したものです。中に爆薬が入れてあった。

――なぜ瓢箪を使うのですか。

胡 道士はみな瓢箪を持ち歩いていたでしょ、丹薬を入れるものとして。

――徐楓の妖怪は実に美しくエロチックでした。石雋と徐楓の裸身がたわむれる美しいシーンもありましたね。

胡 あれは吹替えです。本人ではありません（笑）。石雋は非常に真面目な男で、徐楓はあまり気にしないけれど（笑）、彼は紳士でね。韓国でも、どこでも、女には見向きもしない。非常に真面目。だから夫人と子供たちにとってはとても模範的な夫であり父親なんですよ。

――石雋だけ吹替えなのですか。

胡 ふたりとも本人じゃない（笑）。石雋と監督の宋存寿は映画界では「聖人」と呼ばれているんですよ（笑）。

――キン・フー監督はどうなのでしょう？

胡 わたし？　わたしは半聖人ですよ（笑）。

――個人的なことですけれど、たしか、キン・フー・プロダクションを閉じてアメリカに行かれた頃に、キン・フー監督は奥様と離婚されたのではありませんか。

胡 いいえ、離婚はそれよりあとです。台湾で、ツイ・ハークと撮っていた、あの……そう、『スウォーズ・マン』のときですから。

──では一九八八年頃ですね。実は、『山中傳奇』の妖怪の徐楓が石雋を捕まえて身動きならじと縛りつけ、浮気もさせないという話に、多少私生活が反映しているのではないかと勘ぐりまして（笑）。

胡 そんな反映などありませんよ。もとの物語の筋がそういうふうになっているんです。「西山一窟鬼」というもとの物語がそうなっている。私生活の影響はまったくない。あったら複雑になってしまいますね（笑）。

わたしはこの映画のことでは、ラスト・シーンで妖怪の徐楓の首が飛んで落ちて燃えていることだけを、よく憶えている（笑）。徐楓の首がよくできていてね、非常に似ていてね。韓国でつくったんですよ。よく映画に使うつくりものの手なんかもみな韓国製で、よくできている。どうしてそんなによくできているのか不思議に思っていて、あとでわかったのですが、朝鮮戦争でたくさんの人が手足をなくしたため、韓国では義手などの技術が発達したからというのですね。

──『山中傳奇』のラストでは、妖怪の徐楓がシルヴィア・チャンに化けて、二人のシルヴィア・チャンが闘って、どっちがどっちかわからなくなるんですが、ここではシルヴィア・チャンが、つまりは一人二役を同時に演じて、徐楓よりも大きな存在になるわけですね。シルヴィア・チャンを起用されたのはどんな理由からですか。

胡 彼女のことはもうごく小さい頃から知っていましたよ。彼女の母親とわたしは知り合いでしたから。実はそれよりもっと早く、彼女のおじいさん、つまり彼女のお母さんの父親とわたしは友人だったんです。もちろん向こうはわたしの大先輩ですけれどね。この彼女の外祖父（母方の祖父）は有名な英文記者だったんです。

――ということは、シルヴィア・チャンが子役をやっていたとか、そういうことからではなくて……

胡　いえいえ、子役はまったくやっていない。

――キン・フー監督の映画でデビューしたのですか。

胡　デビューはわたしの作品ではないと思います。彼女の母親の妹は香港に住んでいました。わたしの住まいからけっこう近いところに。それで、ある日、これははっきり憶えている（笑）、シルヴィア・チャンはそのときは十二歳かそこらだったけれど、ばったりと彼女の母親に会ったら、「たいへん、シルヴィアが失踪してしまった」と言うんですね。おそらく母親と口論かなんかをして家を飛び出したみたいでね。その後、戻ってきて、それからまたどこかのバーかなんかで歌手になったこともあったようですね。そのときも母親が腹を立ててそのバーから連れ戻してね（笑）。香港、台湾と行ったり来たり、娘を連れ戻して叱りつけて（笑）。母親のほうは香港と台湾の両方に行ったり来たりして住んでいた。彼女の母はとても有名な美人でしたよ。わたしはこの美人の母親の結婚式には三回も出席しました（笑）。といっても彼女の結婚が三回だけだったわけではない。わたしが参加したのが三回というだけ。シルヴィア・チャンの父親は空軍のパイロットで、軍用機を操縦していて、墜落事故で亡くなったんです。淡水というところで墜落したんです。わたしは彼女の父親の家族の何人かと知り合いだったからそのことを知っていた。この張さん、つまりシルヴィア・チャンの父親との結婚式にはわたしは出ていません。彼本人には会ったことがない。シルヴィア・チャンの母親はその後結婚を三回して、わたしは三回とも出ました。美しい女性でした。今だってなかなかですよ、もう七十を越しているけれど。

今は彼女はしょっちゅうアメリカに行っています。アメリカでも最も高価な場所にビルをひとつ買いましたね。彼女の最後の夫は遠東航空会社の社長で、だからお金がある。それから、その遠東航空会社

『山中傳奇』(1979)撮影中のキン・フー。

田豊と。

『山中傳奇』(1979)撮影中のキン・フー、脚本も担当した鍾
玲夫人と。左後方に徐楓、右手に石雋。

呉明才と。

石雋と。

の社長のあとに、もうひとり恋人がいた。新光という会社の社長です。これが彼女の一番新しい恋人。それでさらに金持ちになっている（笑）。

――やはり女優だったのですか。

胡　いいえ。でもすごい美人でね、彭雪芬《パン・シューフエン》の友人……彭雪芬は知ってますね。

――シルヴィア・パン、『大輪廻』の主演女優ですね。

胡　そう、彼女は小呉と結婚している。新光の社長の息子です。父親の社長のほうはもう亡くなった。父親はシルヴィア・チャンの母親の恋人だった。ともかく彼女はたいへんな金持ちだということです、簡単に言えば（笑）。シャーリー・マクレーンが出た映画、『何という行き方！』、あれみたいですね（笑）。

――『何という行き方！』はJ・リー＝トンプソン監督の一九六四年作品ですね。

胡　そう、あの映画のシャーリー・マクレーンみたいな生き方ですよ、シルヴィア・チャンの母親は。もう七十歳を越えているっていうのに、チャイナドレスにハイヒールといういでたちですよ（笑）。

――『山中傳奇』でシルヴィア・チャンが初めて出てくるシーンは、山に囲まれた谷川の風景のなかに逆光気味で撮影されて、実に美しいですね。白い衣裳が目にまぶしいくらいです。

胡　白く輝くように見せるために、白い衣裳に淡い藍色をつけたんです。そのほうが白く見える。こういった淡い藍色をわれわれはテレヴィジョン・ブルーと言っています。撮ってみると白くなりますね、というのは、コダックのカラー・フィルムの発色は実際目で見たのとは異なるため、ときには工夫をこらさなくてはならない。例えば、あるシーンで後景に撮ろうとするものがある場合、わたしはよく前景を少し暗くします。光を遮って少し暗くするんです。つまり、人物のシルエットを強調するために前景に当てる光を意識的に多少殺す場合がある。『山中傳奇』では、シルヴィア・チャンが出てくる場面ですが、このとき太陽は逆光です。あの時間、あの場所、あの角度でなければあれは撮れないんです。時間が少しでもすぎてしまえば、三十分でもすぎてしまえば、もうだめです。あの美しさは得られない。それで少し早めに行って待つんです。『俠女』で喬 宏《ロイ・チャオ》の扮する大僧正が岩の上に立っていて、後光が射しているようなところがありますが、あれも実はあの時間だけ、あの場所でだけ撮れるものです。時間がずれるともう効果が出ない。後光が射しているように見えるんですが、実は何もしていないんです。

――あれは自然光だったわけですね。

胡　自然の光です、完全に。といっても、補助のライトは要ります。逆光ですから、光はうしろからきます。それで前の方はライトを補ってやらなければなりません。もしライトを当ててやらなければ、顔が真っ黒になってしまう。ですが、補助のライトは直接顔にではなく、うしろから手前の反射板《レフ》に当てるようにします。それもあまり強くなく。つまり、反射板《レフ》を使った間接照明ですね。

――テレヴィジョン・ブルーというのは、そのために衣裳を真っ白に見せることができるように淡い藍色の衣裳をつくらなければならないということですか。

胡　いえ、そういうことではありません。衣裳デザイン上のことは問題がない。問題は色温度です。このことは多くの監督がわかっていません。色温度というのは、それが最も高いとブルー、最も低いと赤です。ですから、天気がとてもいいときは八十五番のアンバー系フィルターをかけて撮る。光線が青つまり色温度が高いので、アンバー系のフィルターで色温度を下げて、衣裳の青味を抜くわけです。朝早くから撮り始めて、ずっと撮りつづけ、夕方になったとき、光線が赤系になったときに、八十五番のアンバー系フィルターを取り外します。室内の場合は、窓を通して、例えば外から夕方の赤い太陽光が差し込んでくるとすると、窓にブルーのフィルターを取り付ける。そうするときれいに撮れる。つまり、白く見える。

――窓のガラスそのものをフィルター代わりにするということですか。

胡 ええ、ですが問題は窓に差し込む光の色温度なのです。外が早朝だとすると問題はありませんが、昼を過ぎると光線が赤っぽく変わってきます。そのときは窓全体にかかる大きさのブルーの色温度変換フィルターで遮らなければならない、それから室内のライトにもB1、B2、B3、B4、B5、と呼ばれているブルーの照明用色温度変化フィルターを取り付けて光源のライトの色温度を上げる。そうしないと画面の中に色温度の異なる二種類の光が混じって濁ってしまいますから。

――衣裳ばかりでなく、女優の表情も実に美しくとらえられていますね。

胡 夕方の野外シーンでは、人物のクローズアップは容易にできるんです。キャメラの被写界深度が浅いので、背後はすでにぼけて見えなくなっていますから、あまりつながりを気にしないでいい。難しいのは、太陽が頭上高くにあるときです。このとき撮影すると女優のクローズアップなんかはきれいに撮れない。それで人物の頭上を白い布、バタフライと言っていますが、それで覆う。光を遮ってからライトを当てる。そうしないと女優の目の下にたるみのような影ができてしまうんです。よく、髪を縁取るように光が出るようにする撮り方がありますね。でもこれは、実際その場にそんな光が当たっているわけはない。いかにもわざとらしくライトを当てていると見えてしまう。ですから、わたしが撮るときは、光線をうまく操作したいのでキャメラマンによく言うんですが、まず遠景を撮る。遠景を撮るときに光源の位置を決める。もし近景を先に撮ってから光が別方向に移ってしまったら面倒です。ですから、わたしは遠景を撮ってから、近景を撮ります。光を調整しやすいように。くどくどしゃべりましたが、要

『山中傳奇』(1979)。シルヴィア・チャン。

するに技術的なことで、つまりあれこれやるのはみな光線を調整するためなのです。『山中傳奇』を撮ったときの徐楓はもう、目の下のたるみが年相応に出ていましたので（笑）、クローズアップのときには、彼女の上方の光線をみな遮って、しかもライトを当てるときは、横顔を撮るように気を遣いました。というのは、正面は逆光になりますから。クローズアップは太陽が動くのに合わせて回転しながら撮っていった。太陽がここにあるときはこうやって撮って、こちらにきたときはこう撮るというように、どっちみちクローズアップでは背景はぼけて見えませんから。でも、まあそれはたいへんな作業でした（笑）。彼女のほうはなんでそんなたいへんなことをするのかよくわかっていなかったようです。それでわたしは、「わからなくっても、まあいいんだけどね」と言って、セットをつくる前に、一度彼女の上を何も覆わない状態、つまり完全な自然光のままで撮ってみせたんですよ。そうしたら、たちまち目の下のたるみが現れてしまって、まるで顔が腫れているみたいに見えた（笑）。それで彼女も理解できたようです。しかし、そういったことは、わたしも映画を撮るにつれて次第に学んだことで、ショウ・ブラザースにいた頃は、まだよくわかっていませんでした。『大地児女』と『大酔俠』の中ではまだ逆光は使っていません。『龍門客棧』のときは、少しずつ光線のことがわかってきました。というのは、『龍門客棧』は川床、つまり、干上がった川の底で撮ったもんですから、石ころによる光の反射が強くて、それで光のことを悟ってきたわけです（笑）。

――シルヴィア・チャンが石雋を連れて薬草を採りに行くシーンがありますね。スモークをいっぱい焚いて寒々と煙った感じが美しく印象的でした。

胡　あれは雪獄山です。とてもきれいでした。この雪獄山には一つしかホテルがなくて、そこに泊まったんですが、撮影現場まで遠いので朝早く起きて登山しなければならなかったんです。機材を担いでね、毎朝早く起きて。ここはすべて冬に撮ったんです。この撮影はとても疲れました。二本の作品を同時に撮ったものですから。裁縫師まで連れて行かなければなりませんでしたからね。衣裳がだめになってしまったりした場合、繕うことができないといけませんからね。しかも、香港から物資が到着しても税関手続きがとてものろくて、ものすごく面倒（笑）。それで毎晩、寝る前に、あれこれの問題を処理してね、あれが税関を通ってない、どうしようか、じゃあ変更しなさい、とか、それからあそこの寺からライトを使ってはいけないと言ってきたのでライトは運び込めない、じゃあどうしようか、などなど、日夜こういった問題が出てね。たとえば雨が降ったら撮影は休みで、俳優たちは休憩することができますよね。でもわたしは町に道具捜しに出かけなくてはならない（笑）。休む暇がなかった。

——韓国ロケのあいだ、ずっと、スタッフ・キャストは一緒に生活していたわけですね。

胡 そうです。そうやって撮影してはじめていい仕事ができます。今の香港のやり方ではだめですね。台湾はまだいいですけれど、香港のシステムはまったくだめですね。しかし、撮影につきまとう問題がいろいろ出てきて、とても面倒でしょ。道具を捜すには、たくさんの店を駆けずり回らなければならない。骨董品、といっても本物の骨董品ではなくて、模造品のほうですよ。それをあちこち駆けずり回って捜した。しかも、韓国では、あまり時間を守ってくれない。何時にと約束してもやってこない。そうなると、もうみじめ（笑）。わたしたちは小さな村にいたんですけれど、わたしは韓国料理だって平気ですが、広東人ってのはだめなんですよ、食事に文句ばっかり言って。

——それで韓国料理を食べられない連中はどうしたのですか。

胡 どうしようもないですよ（笑）。でもおかしかったんですけれど、突然、急にこの小さな村に中国料理店が開店したんです（笑）。ロケ地にたくさんの中国人がいる、中国人が撮影をしているというんで、それで華僑が駆けつけてきてね、しかも、親切で、食べたいものがあれば何でも言ってくれ、つくってあげるからとね（笑）。この店がとてもよくてね。海印寺のすぐわきの村でした。それから、ある日、シルヴィア・チャンが、「監督をナイトクラブにご招待しましょう」って言うんですよ。こんなところにナイトクラブなんてあるわけがないだろうって言うと、「あります」って。忙しくてそんな暇ないと断っても、「行きましょうよ、美女がいて、歌も伴奏もある」ってどうしても行きたがる。わかった、わかった、行くよ、と答えてね、彼らも夜はすることがなくて寂しいだろうと思ってね、ともかく捜しに行こうということになった。捜して捜してやっと見つけたんですね。あることにはあったんですよ（笑）。そのナイトクラブはかなり広いんですけれど、けっこうボロで（笑）。そこでビールやつまみをたのんで、飲んでたんですが、シルヴィア・チャンに、「どこに美人の歌手がいるんだい」と聞いたら、「向こうにいる、もうすぐ出てくるから」と言うんですね。それでまた飲んでいたら、しばらくして歌手が出てきた。見ると、彼女じゃないか！（笑）、シルヴィア・チャン自身がステージに上がって歌い始めた（笑）。美人の歌手って自分のことだったわけ（笑）。彼女ひとりで全部仕切っていたんですよ。それで歌い終わってから、「なかなかよくやってるじゃないか、儲かっているだろう」と聞いてみたら、「まさか。バンド全員に金をやらなきゃいけないし、客が少なくて、それでみんなを誘ってきたの」って（笑）。田舎だから客がいなくて儲からないからって（笑）。

ある日、天気が悪くて撮影できなかったもんで、では釜山に行こうということになった。これもシルヴィア・チャンが見つけたんですけれど、ハンバーガーの店があったんですね。みんなもう大喜びでね。ハンバーガーなんか、いつもは誰も見向きもしないんですけれど、そのときはこんな田舎にマクドナルドがあるなんてと、まあ、感激してね（笑）。毎日キムチばかりを食べて飽き飽きしていたから、韓国料理に（笑）。ハンバーガーを目にしたとたん大喜びだった（笑）。しかし、この村ではやることがなくて、わたしはいろいろやらなくてはならなくて忙しかったんですが、俳優たちは暇を持て余していて、それで問題を起こす（笑）。田豊《ティエン・フォン》なんか、ある日警察官に引っ立てられて来てね。若い女の子がひとり来ていて、韓国の女の子ですよ、まだ十六歳にもなっていなくて、彼女の父親が訴えたんですよ（笑）。それで監督は誰だってことになってね。わたしは何も知りませんよ（笑）、筋違いだ（笑）、プロデューサーを連れてくるからって言いましてね（笑）。田豊に、何やったんだ、と詰問すると、だってこの娘が帰ろうとしなくて、自分と一緒になりたがっているからなんてぬかすんですよ。まったく、なんてことだ、こんなことやってる暇なんかないんだから、自分で始末しろと言いましてね（笑）、警官にも説明したんですよ。そのあとはプロデューサーがなんて言ったのかわからないけれど、ともかく両親をあれこれなだめたんでしょ。ところが娘のほうが帰ろうとしない。彼女は本当に彼のことが好きだったんですよ。まったく困ってしまった（笑）。こういった類のことはたくさんありましたよ。これ一件じゃない（笑）。サモ・ハンだって、奥さんをあのときに見つけてきたんですよ。彼はわたしの映画じゃなくて、ほかの作品に出ていたんですけれど。

――サモ・ハンはたしか、鄭昌和監督で『黒夜怪客』（一九七三）という題名の映画を韓国で撮っているときに知り合った人と結婚したということだったと思いますが。

胡　それは知りません。サモ・ハンには二人の韓国人のガールフレンドがいたんですが（笑）、その中のひとりがわたしのところにやってきて、三毛《サンマオ》に話してくれって言うんですよ。「三毛」ってのは子供のときの呼び名で、そのまま「サモ」という愛称になっていてね。三毛はそのとき香港に戻ってしまっていた。それで、あなたから、三毛に言ってください、もうひとりの女はとても悪いやつで云々とね

（笑）。わたしが、そんなことは言えないよ、その娘に会ったこともないし、と答えると、あなたは彼の年長の上司なんだから、国際電話を香港にかけて彼に伝えてくれなくちゃいけない、お金はあたしが出す、と言うんですよ、これはお金の問題じゃないよ、君の代わりにかけるわけにはいかない、って答えた。だってそうでしょ（笑）、そんなことできないでしょうが（笑）。もちろん電話なんかしませんよ（笑）、そんなことやってたら仕事になりやしない（笑）。わたしは二人の裁縫師を連れてきていたんですけれど、その中のひとりがある日やってきて、「監督、結婚します」って言うんですよ。そして来週にでもしたい、と言うんで、じゃあ香港に戻るのかと聞くと、「いいえ、ここで結婚するんです」。ああ結婚するんで休暇願いに来たんだね、と言うと、「そうじゃないんです」。「じゃあ何しに来たんだ」と聞くと、「書類にサインをしてください」（笑）。それでわたしが家長代わりになって、いろいろ必要書類に全部サインしてやったんですよ。結婚ばやりでした（笑）。それから小杜《シャオ・トー》というスタントマンも、つまり『俠女』の中に徐楓とやりあう二人の東廠の者が出てきますね、その中のやせたほうが彼なんですけれど、彼も結婚したいって言うんで、わたしは書類にサインしたんです（笑）。しかも彼は披露宴を開いて祝いたいって言うんです。ここは小さな場所でみんな寂しいでしょ。

それから、結婚ではないけれども、こんなこともあった。ある日撮影に出かけようとしていたら、プロデューサーが大汗かいて駆け込んできて、「監督、ちょっと待っててくれ」。「そんなこと言ってる間に出かけちゃうよ」って言ったら、「孫越《スン・イエー》が車にぶつかって怪我してしまった」って言うんですよ。『空山霊雨』と『山中傳奇』の両方に出ている台湾の俳優、孫越が酔っぱらって車にぶつかって、骨を折って病院に担ぎ込まれたんですよ。慌てて病院に駆けつけたんですが、さいわい医者が大丈夫だと言ってくれてね。現在は彼、台湾で宣教活動をしている（笑）。

——俳優をやめたのですか。

胡　ときどきは演じますけれどね。主として宣教している。まったく韓国ロケのときはたいへんでしたよ（笑）。

——『山中傳奇』には三時間のオリジナル版のほかに、いろいろなヴァージョンがありますね。

胡　二時間にカットされた版があるんです。わたしはそれを見ていないんだけれど。

——二時間版は、オリジナルの最後の一時間を乱暴にもバッサリと切ってしまったような感じですね。幽霊たちの生前の物語が全部なくなっています。しかも、二時間版といっても少なくとも二種類のヴァージョンがあるようで、日本でビデオになった版にも入っていないし、オリジナルの三時間版にもないカットが入っている二時間版も存在するんですね。明らかに別のテイクが使われていたりするんです。

胡　ほんとに？　そんな版は知らない（笑）。いずれにせよ、二時間版は見ていないけれど、台湾でカットされたのです。それに韓国版もあり、それもわたしは見ていません。

——徐楓扮する妖怪が鼓を叩くと呉明才の僧が苦しがりますが、そこのところで、もうひとつの二時間版のほうは地震がくるのです。屋根が揺れたりするカットが入って。

胡　地震？　揺れる？……うーむ、奇妙だな（笑）。

——それから、鼓を叩いているのを、真下からのアングルで撮っているカットもありました。木漏れ日が上から射していて、逆光になっているんです。

胡　そのカットは撮った。三時間ヴァージョンにも入っているはずです。

——三回見たのですが、やっぱりそのカットはなかったように思います。

胡　ない？　うーむ、奇妙だな（笑）。

――『山中傳奇』では、昆虫の生態がかなり時間をさいてとらえられていますね。

胡　そう、あれはシンボリックに使ったのです。たとえば、クモですが、あの映画のロケ地、韓国でわたしははじめて赤と緑の色のクモを見ました。ふつうは黒が多いですよね。で、ふつうのクモは巣にハエなどをひっかけて食べるけれども、そのクモはクモ同士で共食いしていた。それで、撮影してシンボリックに使ってみました。

ドイツのテレビ局でZDFというのをご存じですか。このZDFはドイツの第二テレビ局です。が、わたしのすべての作品の実景ばかりを集めて特集した番組をつくっています。わたしが一緒に行ってつくったのではなくて、向こうがよく知っていてロケ地で撮っていました。どんなものかはまったくわかりません。見ていないんです。でも、彼らはまずやってきて、わたしの事務所を撮ったり、インタビューをしたり、それから自分たちでわたしの映画のロケ地に行ったんです、台湾だとか、あちこちへ。

――キン・フー監督の映画のロケーションがすばらしいから、ということなのでしょうか。

胡　ええ、そう言っていました。それにおそらくもうひとつ原因があると思います。というのは、『山中傳奇』と『空山霊雨』の二本の作品を、たぶんZDFで放映したことがあるんだと思います。ある日、香港のドイツ領事館が、突然わたしを食事に招待したんです。ドイツ銀行も加わっていましたね。ドイツ領事館は、文化事業をやっていて、ゲーテ・インスティトゥートというのがそれですね。それで彼らが言うには、カラヤンが、あの指揮者のカラヤンが、わたしに会いたがっているというんです。彼があなたと話をしたがっている、ということなので、いいでしょう、撮影が終わってから、と答えると、航空券を送ってきまして、それでザルツブルクに行ったんです。ザルツブルクはモーツァルトとカラヤンの生地です。ちょうど音楽祭が開かれていましてね。とても大きな音楽祭で、全世界の有名人、ニューヨーク・フィルハーモニーの音楽監督のバーンスタイン等々、みな集まっている大きな音楽祭です。カラヤンが故郷に創設した有名な復活祭フェスティバルですね。カラヤン財団を発足させて、映画やレコードの自主製作に乗り出していた。そこでカラヤンに会ったんですが、カラヤンがわたしの『空山霊雨』の実景を見て、プッチーニのオペラ「トゥーランドット」の映画化の監督をわたしに依頼したいということだったんです。そのオペラは、中国の話だということなので、とても美しい風景が必要だったのです。ザルツブルクで彼とずいぶん長く話し合いました。ですが、彼はその作品のプロデューサーとうまくいかなくて、結局は流れてしまった。プロデューサーはどうしても英語で歌わせようとする。ですが「トゥーランドット」はイタリア・オペラですから、イタリア語で歌わなくてはならない。そうなると、イタリア語では、興行面の収益をあげることができるかどうか把握できない、しかもカラヤンは金遣いが荒いということですから。ベルリン・フィルハーモニー管弦楽団の常任指揮者ですし、この楽団を率いているわけですからどれだけお金がかかるやらわからない（笑）。それで、ともかくわたしはそこで数週間滞在しました。結局撮影されなかったんですが、でもとてもよい経験でした。カラヤンと毎日一緒だったし、それから「トゥーランドット」の作者プッチーニの孫娘にも会いました。版権問題のことや何やでね、おそらくこのときZDFがわたしの映画のロケ地の特集を撮ったんだと思います。

――それはいつ頃ですか。『空山霊雨』『山中傳奇』のあとですから、少なくとも一九八〇年代に入ってからになりますね。

胡　ええ、でも正確には憶えていません。自分のこととなるとわたしはどうも年号を憶えられなくて（笑）。特にこの時期のことはほとんど忘れてしまって、それでまだ人に話したことがないんです。急にいま思い出して話したんですけれど。正確にはいつのことだったか……（笑）。

（1）観稼亭
『山中傳奇』の石雋が住む部屋にこの名の額が掲げられている。

（2）沈従文《しんじゅうぶん》
一九〇二〜八八。作家。「従文自伝」（一九三〇）、「辺城」（一九三四）などの作品がある。

第8章　1981～83

『終身大事』
Juvenizer——青春素
「健康写実主義」路線
映画題名は誰がつけるのか
『天下第一』
皇帝とてんかん
鄭佩佩が踊る
医者はなぜ歌うのか
彫面墨歯
シェークスピア劇のように
唐劇——古代の舞踏
『大輪廻』
同じアングルでは撮らない

――一九八一年の『終身大事』、英語題名が《Juvenizer》という作品は、キン・フー監督の唯一の現代ものので、しかもコメディーですね。

胡　はい。台湾での清涼飲料やドリンク剤の誇大広告と現代人がその手の薬にたよりすぎるのを諷刺したものです。日本にもいっぱいあるでしょ、これを飲むとぐんぐん生命力が湧いてくるといったような飲み物が（笑）。でもこの映画は興行的に失敗しましたね。こういう問題はあまり人の関心をひかないようです。台湾のバスの運転手なんて、一日中ドリンク剤を飲みまくっているし（笑）。

――最初は英語題名の《Juvenizer》に相当する『青春素』という題名の予定だったそうですが。

胡　ええ、そうです。もとは『青春素』です。それはわたしが考えたんですけれど、あとで公開にあたって、この名前では響きがよくない、あまり売れないだろう、ということで、『終身大事』という大げさなタイトルに変えられてしまった（笑）。

――どういうきっかけからこの諷刺喜劇を撮ることになったのですか。

胡　最初は現代劇を撮ってみたいということがあった。そこへ、キャメラマンの周業興という人がいて、彼は若い頃からわたしのところでキャメラマン助手を務めていたんですが、もう亡くなりました。まだ若かったんですけれどね。その彼がある日突然、映画製作に投資してくれる友人がいるという話を持ち込んできたんです。けれども、投資額が少ないから台湾で撮るしかない（笑）。当時のわたしの感覚としては、台湾というのは、嘘の広告と環境汚染のひどいところだという印象が強かった。特に食品と漢方薬の広告がひどい。なぜかというと、欧米のように添加物などを明記せよという規制がないからです。たとえば、養楽多《ヤクルト》という飲み物があって、その広告では、たくさんの栄養素とか、ビタミンとか、いろいろな成分が含まれていると宣伝している。化学者の友人がそれを分析してみたら、牛乳と糖分とコーンスターチ以外に何もないということがわかったんです（笑）。その広告は嘘八百を並べ立てていたわけですよ。それに、皮蛋《ピータン》ってあるでしょう。恐ろしいことに、あれは酸化鉛を使って、速成させるんですよ（笑）。本来は時間をかけてつくるものだけれど、酸化鉛を使うと一日でできてしまう。これは毒性がものすごく強いものです。それから「汚水油」事件というのがありました。当事者はもう捕まりましたけれどね。その油は、レストランの汚水を化学処理して不要な成分を取り除き、それでできた油なんですよ。それを売るわけ。その息子ですら、お父さん、そんなことやめてくださいよ、あんまりですよ、と諫めたんですけれど、この父親は聞く耳を持たなくて、その結果調べられて捕まったんですよ。

台北市の郊外の天母《ティエンムー》は、今は高級住宅街になっているけれども、ちょっと前までそことかいろんなところで売っていた「油条《ヨウティアオ》」という揚げ物とか、油で揚げたお菓子とかは、みんなこういった油で揚げてあるんですよ（笑）。本当だったら油は一度揚げ物に使ったらもう使えませんよね、炭素が入っているから棄てなきゃいけないんです。それからほかにもひとつ、ぎょっとするようなことがあるんですけれど、ある日、天母で一人の老人が油条を売っているのを見て、おやじさん、あなたの油条はかたちが悪いね、と言ったら、このおじいさんが「見栄えをよくするために良心を捨てるわけにはいかない」と言うんですよ。どういうことかと聞くと、かたちのいい油条には、中にアンモニアとミョウバンが山ほど入っていると言うんです。かたちがいいものほどそうなってるって（笑）。また、大陸に行ったとき、北京で油条を買おうとしたら、助監督が声をひそめて言うんですよ。「こういった街頭の油条は買うもんじゃありませんよ。洗濯石鹸が入っているんだから」とね。ほんとにひどい（笑）。どうして洗濯石鹸なんか使うんだと聞いたら、石鹸はアンモニアやミョウバンより安いし、どこでも買えるからだって言うんですよ（笑）。余計にひどくなっている。それから広告、漢方薬の広告です。漢方薬の広告には化学成分が記されていませんから特にひどいですね。日本にも入ってきていますね、強壮剤とか。これは絶対に偽物ですよ。かりに本物だとしても、それはそれで体によくありませんよ（笑）。例えば、「虎骨木耳酒」と呼ばれる強壮剤がありますけれど、これはまったくのでたらめです。虎の骨だと言っているけれど、分析するとその成分は犬のものとまったく同じなんですよ。たとえ本物の虎の骨だったとしても、それが精力増強とどんな関係があるのか。虎は性欲が弱いんですよ。虎の発情期は一年に一度だけでしょ、人間には及ばない（笑）。虎の性欲が強くないんだったなら、その骨を飲んで一体効果があがると思う？（笑）。むだでしょ。それから「虎鞭」（虎の陰茎）ってあるでしょ。

——虎のホルモンですよね。

胡　そう、台湾では人気があるんですけれど、あんなひからびたもの、まったく肉がなくて、役立たずですよ（笑）。ホルモンもなくなっていますよ、ひからびているのに（笑）。それから「牛脳」。牛の脳なんか食べたって人間の脳に効くわけがありませんよ（笑）。おまけにコレステロールが馬鹿高くて、へたすると血管が破れてしまうかもしれないのに、何が脳にいいもんですか（笑）。

——中国には日本人が信奉する薬草などがいっぱいありますね。安く売られているのですか。

胡　高いのは、本物の朝鮮人参とかでしょうね。安いのは偽物だからですね（笑）。それからもうひとつ、彼らは薬品を製造するときの、最も基本的な薬品に関しての常識もないんです。彼らは、子供の風邪薬を売ってるんですが、名前は忘れてしまったけれど、その中にはビタミンEとC、それから各種のアスピリンが入っているんです、これはとても危険ですよ、ビタミンEとCとアスピリンは一緒に混ぜてはいけないんですよ。一緒にしたら身体をおかしくしてしまう。これもあとで調査されてわかったんです。それから「海蜇皮」（クラゲの皮の塩漬け）。ある友人が、これは食べないほうがいいと言うんですよ、なぜかと聞くとね、たいていはプラスチックだからって（笑）。化学処理されてね（笑）。「クラゲの皮」なんか安いのになんでまた、と言うとね、プラスチックはもっと安いじゃないかって（笑）。ひどいでしょ（笑）。食べたからといって大きな影響があるわけではないが気持ちが悪い、という程度の食品ならもっとありますよ。たとえば、台湾の多くの腸詰めの中には袋鼠の肉が入っていたってことがわかったんですよ、百パーセントではありませんけれど、袋鼠の肉が入っているものは台湾でとても多いんです（笑）。

――「袋鼠」というのは？

胡　カンガルーですよ（笑）。オーストラリアからの輸入品です。動物園で、動物の餌にしている。それを安く買い取って、腸詰めをつくっている店がある（笑）。でも、これはたぶん食べても問題はないと思いますけれどね、ただ人を騙しているっていうだけで（笑）。

――『終身大事』は一九八一年の映画ですから、その当時の台湾の世相を生々しく反映した諷刺喜劇なわけですね。

胡　映画に描いているのは当時の話ですけれど、問題は今でもこういった薬が売られているってことですよ。いまでもチェックする人がいない。大陸のほうはもっとひどい。何を使っているかわからない（笑）。それで、わたしはこの脚本を書き上げたあと、台湾には「食品工業研究所」というところがあって、これは国の機関で、そこではいろいろ実験ができますから、わたしはこの研究所を借りて撮影したかったんですけれど、貸してくれなかった（笑）。そこはすべての大手の食品会社とつながっていたんですよ。それで、結局そのあとで台北栄民総医院[1]（総合病院）に行ってそこの実験室を借りました。栄民総医院はそういった裏のつながりとは関係ないから。

――製薬会社のほうから文句は出なかったのですか。

胡 出ました（笑）。でも製薬会社からではなく、ある立法委員の老婦人が、楊宝玲という方ですが、映画を見たあとに、彼女の娘が化学者で、この娘を通じて会いたいと言ってきて、それで会ったんです。そうしたらわたしのことを罵って、「対出口不利（輸出に悪影響あり）」、つまり食品の輸出に関して国家に不利益をもたらす、と言うんですよ。

――強烈な諷刺になっていますからね（笑）……それまでの台湾映画の現代劇というのは、李行《リー・シン》監督に代表される、「健康写実主義」の路線に沿った国策的な映画が多かったわけですね。

胡 そう、すべてが愛国主義を謳っている。わたしの映画は興行的に芳しくなかった。みな、あまり見たがらなかった、台湾のよくない面を見たがらなかったんです。

――かなりの低予算でつくられたとのことですが、どのくらいの期間でつくられたのですか。

胡 よく憶えていないけれど（笑）、短かったですね。

――キン・フー監督の映画の中でも一番早撮りのものですか。

胡 いいえ、『迎春閣之風波』のほうがもっと早撮りでした。セットひとつで、あとはロケーションがちょっとだったから。『天下第一』も早かったですね。ああ、『迎春閣之風波』よりももっと早かった、ロケーションもありませんでしたから。衣裳をつくるのに時間がかかっているけれど、撮影期間はとても短かった。

――『終身大事』には、当時の奥様、鍾玲夫人の名前がエグゼクティヴ・プロデューサー（監製）として記されていますが……

胡 ええ、そうですね、名前だけです。

——でも実際にお仕事をされたのでは？

胡 いえ、していませんよ（笑）。実際には彼女はたいした仕事はしていません。彼女はキン・フー・プロダクションの株主だったから、それでエグゼクティヴ・プロデューサーとして名前を出しただけです。

——『青春素』を『終身大事』に変えられたとのことでしたが、映画のタイトルはふつう誰がつけるのですか。

胡 あるものは、わたしが自分でつけています。作品によってほかの人がつけたものもあります。たとえば『大酔俠』ですが、もともとは『酔俠』とだけにしておきたかったんですけれど、その後わたしの友人で陶秦という監督が『酔俠』ではあまり響きがよくない、前に「大」をつけてみたら、というので、よし、そりゃあいいと思って、『大酔俠』にしました（笑）。

——《Come Drink with Me》という英語題名もキン・フー監督がつけられたのですか。

胡 英語の題名は、当時ショウ・ブラザースの撮影所長だったレイモンド・チョウがつけたんです。

——『龍門客桟』はご自身でつけられたとのことでしたね。

胡 ええ、わたしがつけました。《Dragon Gate Inn》という英語題名も。

——『俠女』は原作の短篇小説（「聊斎志異」の一篇）の題名のままですね。

胡 あれはもともと『俠女』です。英語題名の《A Touch of Zen》はわたしがつけました。

——『迎春閣之風波』は？

胡 『迎春閣之風波』もわたし。《The Fate of Lee Khan》という英語題名も。『忠烈図』もわたしです。英語題名（《The Valiant Ones》）はわたしがつけたのではない、よく憶えていないけれど、アン・ホイかもしれない。

――アン・ホイが『忠烈図』の製作に関わっていたのですか。

胡　いえいえ、何もやってない。作品が出来上がってから、彼女は映画祭関係のことで手伝ってくれていたんです。

――『天下第一』もご自分で?

胡　『天下第一』は、もともと中央電影の社長がつけたんです。そもそも題名の『天下第一』が先に決められていて、彼は別な作品を撮ろうと考えていたんですよ。それで英語の題名のほうは鍾玲、わたしの以前の妻がつけたんです。《All The King's Men》ですね。

――『オール・ザ・キングス・メン』という同じタイトルのアメリカ映画（ロバート・ロッセン監督、一九四九）がありますね。

胡　アメリカだけじゃなくてほかにもたくさんある（笑）。イギリスにもありますね。妻は学校の先生だったから、いろいろ知っていてこのタイトルをピックアップしただけの話です（笑）。

――『天下第一』は何か有名な話にもとづいているのでしょうか。最初にお坊さんみたいな人が出てきて、絵巻物の絵のようなものの前で、これからこういう話が始まりますよと語る導入部がありますね。

胡　もともとは中国語の脚本で「生涯地獄」というのがあって、これはほかの人が書いたもので、それがつまらなかったから自分で脚本を書き直したんですが。

――最初の脚本は、たしか小野《シャオ・イエー》と呉念真《ウー・ニエンチエン》。台湾映画のニュー・ウェイヴと目された脚本家たちですね。彼らがその最初の企画の脚本を書いていたのですか。

胡　中影つまり国民党経営の中央電影公司で企画した作品で、彼らはその頃中影の専属スタッフでしたからね。前の脚本を読みましたが、まったく違う話でした。歴史を理解していないというか、彼らは時代劇を書いた経験がなくて、基本的な考証ができていなかった。わたしは史実にもとづいて脚本を書き直しました。周世宗という五代十国時代（九〇七～九五九）の皇帝がいましたけれど、寿命が短かったんです。歴史の記録によると普段はたいへん優れた賢い人間だったのだけれど、ときに呆けたりしたらしい。そこで、もしかしたら彼は一種の病気にかかっていたんじゃないか、てんかんじゃなかったかと推測したわけです。

――皇帝を演じているのが田豊《テイエン・フォン》ですね。皇帝が何かというと、発作的に太鼓を叩くのも、てんかんの症状だったのですか。

胡　いいえ、それは皇帝がもともと太鼓を叩くのが好きというだけ（笑）。彼は唐と宋の間の五代十国時代の後周の皇帝だけれど、彼の警護長を道士が丸め込んで造反しようとするという話があったでしょう。この警護長がのちの宋太祖となる人物、趙匡胤。彼を演じたのは韓国の若い華僑です。

――これは暗殺劇ですか。

胡　いいえ、違います。宋太祖は反乱は起こさなかったんです。周という皇帝が亡くなって戦争になったときに、新しい皇帝があまりにも幼かったので、あの有名な言葉があるでしょ、「黄袍加身（政変を起こし、権力を掌握すること）」。つまり部下たちがその皇帝があまりに幼いからその皇帝の代わりに位についてくれと動いたんで、それで彼は皇帝になったのです。ですから暗殺したのではないんです。

――最後に女が宮廷で踊るシーンがあって、そこで、皇帝の命をねらう暗殺劇のように展開しますね。すばらしくドラマチックなシーンですね。

胡　踊るのは鄭佩佩《チエン・ペイペイ》ですね。

――あの『大酔侠』のヒロイン……十七年後の鄭佩佩ですね。まだとても美しい。

胡　ええ、とても美しい。彼女は踊りながら皇帝を殺そうとしたんじゃなくて、踊っているときにちょうどあるものを投げたら、皇帝に当たってしまったのです。ある女官が皇帝を刺殺しようとしているんじゃないかと鄭佩佩が疑って、それで、踊りながらその女官めがけて楽器を投げつけたんです。これはいまだにはっきりしていない事件なんですけれど、わざと投げつけたのか、それとも、その女官が彼女を疑って身体を調べようとしたからそれに抵抗してやったのか、はっきりしない。いずれにせよ、投げたら、ちょうど皇帝が前に出て、楽器に当たってしまったということで、これはまだ真相がわかっていない事件なんです。

この映画でわたしが一番自慢に思っている部分は漢方薬の診療のシーンですね。若い頃、香港で、年をとった漢方薬のお医者さんにみてもらったことがあったんですが、この医者が、脈をとりながら歌を歌っていた。不思議に思ったのですが、笑うわけにもいかず、なぜ歌を歌うのかなと思っていて、その後調べてみてわけがわかったんです。古代では、お医者さんがすわって診察すると、その周囲には生徒たちが立って見ていた。そこでお医者さんは患者の脈をとりながら、歌を歌っていたんです。これには意味があるんですよ。歌を大きな声で歌う。その歌詞というのが、「あなたの体の中に『火気』がある」等々、わたしには歌えないけれど（笑）、それで、医者が歌うと生徒が記録をする。医者は患者の舌を調べて、「舌が黄色っぽい」とか歌う。いまでは漢方医でもこれができる人はほとんどいなくなりましたね、かなり年配の漢方医だけしかできません。わたしが診察してもらった老先生はそうやって歌うことが習慣になっていたんですね、もう歌う必要がなくなっているのに。ですが、昔はこの歌はたいへん重要な効用があったんですね。この病気には何々の薬をいくら使い、それがどういう作用があるかなどと歌い続ける。それを学生たちは記録しながら憶え、同時に、薬剤師もそれを聴いて調剤し始める。見習いのものが薬を包み始め、経理の人間も金額をはじき出す。だから、診察が終わったときには、薬も勘定もできていて金を払えば済むようになっているんです。優雅でかつ非常に効率的ですね。その時代にはまだ算盤がなかったから、何を使ったかというと、映画の中にもあったけれど、竹の棒ですね。現在の「籌碼《チョウマ》（麻雀で使う点棒）」というのはここから来たんです。この表面には白とか青とかが色分けして塗ってあって、それが金額を表しています。これを歌を聴きながら、これこれがいくらいくらと計算する、それで歌を聴きながらすぐ金額の計算ができてしまう。まあいわば、古代中国における流れ作業ですね、数千年前の（笑）。それでわたしはこれを使ったんです。

――お医者さんは鍼の先生ですね。

胡 そうそう、鍼灸医です。

――その医者が皇帝にそっと寄っていって、鍼をすばやく刺すのですが、なぜこっそりとやるのですか。

胡 それは皇帝が鍼を嫌がったから（笑）。皇帝は自分が病気だなんてことを認めない。彼は毒を食べているでしょ。道士が与えていた丹薬には水銀が入っていたようです。謀叛が企てられているんですね。さっき言った警護長、趙匡胤はその陰謀に応じない。ずっと早くから道士の陰謀に気づいていた彼は、皇后に背後に隠れていてもらって、道士に陰謀を話させる。自分が謀叛に加わっていないことを証明するんです。道士が話し終わると、それで皇后が彼に命じて道士を殺させる。道士を殺すには皇后に口添えしてもらわなければならないですから。

――皇后がインドの女の人のように赤いしるしを顔につけているのは何ですか。

胡 「点《ティエン》」というんですが、皇后だけでなく宮廷のものはみんなつけていた。

――模様がいろいろですね。

胡　人によってそれぞれ違います。つけていない女の人もいます。おそらく、何か行事があるときにつけるんだと思います。中国古代に歯を染めたのと同じように。歯を染めるのは日本にも伝わっていますね。中国には美人で有名な西施がいますね。彼女は「彫面墨歯（顔に模様を描き歯を黒く染める）」だった。今だったら、お化けみたいですよね（笑）。

——日本ではお歯黒[2]は結婚した女性のしるしだったわけですが、やっぱり中国でもそうだったのですか。

胡　中国の古代でも、たぶん。ともかく裕福な家で、おそらく結婚してからでしょう。貧乏人の家ではそんなことをする余裕がない、面倒で（笑）。簡単にできることではない。ああいった染料は色が落ちないようにしているのもたいへんだしね。ですから「彫面墨歯」はだいたい裕福な家で行なわれたんでしょう。この風習が日本に伝わったのは、たぶん漢代。当時交流があったでしょ。日本列島の住民、いわゆる倭人がすでに漢人支配の朝鮮に渡っていた。「彫面墨歯」はあまり流行らなくて、唐代（六一八〜九〇七）にはすたれてしまったけれど。

——日本ではお歯黒は武家の女房のたしなみだったようです。

胡　ええ、地位のある武家の金持ちの家でだけやったことなのでしょうね。時間もなくて、お金もないのでは無理です（笑）。

——『天下第一』の中で、皇帝の愛人というか、何かいわくありげな女性が悲しんで首吊り自殺をしようとしますが、あの辺の事情はどういうことなのですか。

胡　皇帝と一緒になることができなかった女性なんです。彼女は小さい頃から皇帝を慕っていたのに、その後皇后が来てしまった。だから最後の宴会の席で、皇帝を中に左が皇后、右が愛人で、それでお互いに不機嫌な顔を見せていたでしょ（笑）。

――異民族らしい若い娘が皇帝に捧げられて、ベッド・シーンになるのですが、皇帝が狂ったように娘を殺そうとしますね。

胡　これがまた大問題のもとになるんですけれど、もともとは異国の王子と王女の一組が皇帝に貢ぎ物を持ってやってきたわけなんです。ところが、皇帝が王女のほうを呼び出し、彼女と寝ようとする。しょうがないですね（笑）、皇帝が見初めてしまったんですから。で、寝ようとしたときに皇帝の発作がまた起こり、薬をくれとか騒いで、それで彼女を絞め殺そうとするんです。この異国との国交をとり結ぶのはとても難しかったのに、すべてがふいになってしまう。それで皇后が怒って道士を殺させたんです。つまり、道士の陰謀で皇帝が毒を飲まされていたために頭がやられてしまって、それで王女と寝て、そのうえに彼女を殺しかけたわけで、だから、大変な問題を起こしてしまったわけです。

――陰謀劇として実に面白いですね。

胡　そう、舞台劇にしたら、シェークスピアの劇のようにとても面白いものになるはずです。

――女たちが首飾りを奪い合いするところは、アレクサンドル・デュマの小説「王妃の首飾り」なども思い出させる面白さですね。

胡　うーん、たまたまそういう史料に出くわしてつくったシーンです。出来上がった映画を見てから、これは舞台劇にしたほうがよかったと気づきました（笑）。これからでも舞台劇に書き直したら面白いかもしれない。

――そのまま舞台劇にできそうですね。

胡　ええ、そのままできる。日本の時代劇に置き換えてもいいですね。たくさんのショーグンがあの皇帝のような感じだったでしょ。ショーグンが丹薬を飲んでいたかどうかは知りませんが（笑）。

――ラストのクライマックスで、京劇みたいな踊りが出てきますね。顔が犬のようなすごいメーキャップで。あれはお面ですか。

胡　あれはもちろんお面です。あれはいろいろな動物の隈取りがあります。犬とか猿とか、狐の隈取りもある。作品の中のが何だったか忘れてしまった、おそらく犬かなんかじゃなかったかな。あれは京劇ではない。当時は京劇はまだありません。あれは古代劇です。京劇はまだ三百年ほどの歴史しかない。古代の舞踏でわかっているのは、「唐劇」だけ。「唐劇」でも犬の面をかぶりますね。「唐劇」はとてもエロチックなんですよ、『フラッシュダンス』(エイドリアン・ライン監督、一九八三) みたいに水をかけて滴らせるから、女性の体の線が見えてしまう。雨乞いに由来していて、「潑水劇 (水撒き劇)」という。わたしの映画でも少しだけ「潑水劇」が入っていたと思うけれど、忘れてしまった (笑)。踊りの振付は鄭佩佩と彼女が見つけてきた先生のふたりにやってもらいました。ロウソクを使った投光器で暗転したりする効果はわたしが考えました。

――『天下第一』と同じ一九八三年の『大輪廻』は三人の監督による連作のオムニバス映画ですが、キン・フー監督の第一話のみが活劇で、すばらしいテンポのアクションですね。第二話、第三話とだいぶ演出が違うような感じがします。ほかの二篇ははじめから短篇という筋の立て方ですが、キン・フー監督の作品は、長篇としてつくることのできる複雑な話をギュッと短縮しているような見応えがありました。

胡　そうなっていると思います。プロデューサーに三十分という時間を限定されたので、そう撮らざるをえなかったのです。

――アクション・シーンの激しいシーンがひとつありましたね。川辺の農家で石雋《シー・チュン》が多数の追手に囲ま

2

1

4

3

6

5

1 『終身大事』(1981)。シルヴィア・チャン(左)と陶威。 2 『終身大事』(1981)。陶威。 3 『天下第一』(1983)。鄭佩佩。 4 『天下第一』(1983)。田豊(左) 5 『大輪廻』(1983)。石雋(左)。 6 『大輪廻』(1983)。彭雪芬。

れて脱出するところ。あそこは非常に速いテンポの編集で迫力がありますね。

胡 ええ、編集はわたしが自分でやりました。

――これも明の時代の間諜合戦なので、『龍門客桟』のように、また東廠と錦衣衛というふたつのグループが出てきますね。

胡 そう、東廠と錦衣衛は一緒に仕事をした。錦衣衛のほうは制服を着ていたが、東廠にはなかった。彼らはゲシュタポやKGBよりもっと悪かった。規律というものがなかったのです。彼らは民間人であろうと官吏であろうと、誰彼かまわず恐喝した。彼らのリーダーが太監、つまり宦官だったことは話しましたね。

――『大輪廻』の石雋が演じているすごい悪役が太監、つまり錦衣衛のリーダーの役ですか。

胡 いや、リーダーではなくて。彼はそれほど高い地位ではないのです。士官クラスです。彼は宦官ではありません。『龍門客桟』で白鷹が演じたのが錦衣衛のリーダーですね。精神的に歪んだ、ノーマルでない人物です。石雋はただの士官ですが、彼も心理的に異常をきたしていることには違いなくて、女を欲しいと思っても何もすることもできない。精神的にアブノーマルになっている。性的不能者ですね。武術家やスポーツ選手には、体ががっしりしているけれど精神的な原因で不能者になる者が少なくないのです。

――彼の正体がいまひとつわからなかったのですが、それというのも反政府軍とも連絡しているような描写がありましたね。

胡 彼は以前は政府に忠誠をつくしていたけれども、それが反政府側についた。彼は異常者なのです。

――石雋の老師が反政府軍のリーダーですね。

胡　そうです。

——シルヴィア・パン（彭雪芬）が扮した女、雪梅の父親も反政府軍ですか。

胡　彼女の父はあの反政府軍リーダーの旧友で、非常に高い位の役人です。彼女の許婚《いいなずけ》は反政府軍の一つを率いていて、そのため彼の父は、朝廷の差し向けた刺客に殺されたのです。

——元倭寇の日本人が出てきて、ただ一言「チクショー！」という日本語を発しますね。

胡　ああ、あの言葉は日本人の照明技師から教わったんです（笑）。あの倭寇をやった役者は京劇の役者です。わりと日本人ふうに見えるけれど、日本人ではない（笑）。

——『大輪廻』や『俠女』では、同じアングルが二度使われることがないという感じがします。

胡　そのとおりです。わたしはアングルには非常に注意を払っています。スタッフにはいつも言うのですよ。「ひとつのものを撮るとき、アングルは二十も三十もあるけれど、一番いいアングルというものは、そんなにはないだろう」とね。

（1）　台北栄民総医院

奇しくもキン・フー監督はこの病院で心臓手術を受け、亡くなった。

（2）　御歯黒・鉄漿（女房詞）

歯を黒く染めること。鉄片を茶の汁または酢の中に浸して酸化させた褐色・悪臭の液（かね）に、付子（ふし）の粉をつけて歯につける。古く上流婦人の間に起り、白河院頃から公卿など男子も行ない、のち民間にも流行して、室町時代には女子九歳の頃これを成年の印とした。江戸時代には結婚した婦人はすべて行なった。かねつけ。はぐろめ。（『広辞苑』、岩波書店）

第９章　1984～89

無国籍難民になる
実現されなかった企画
『マテオ・リッチ伝』
『武松酔打賈文生』
『華工血涙史』
『ポイズン』
『咆哮山村』
『張羽煮海』
漫画「サトウさん」
最初の脚本──『単軌火車』
香港返還
文化大革命後の北京へ
姉の夫が大臣だった
謝晋の文革プロパガンダ映画

——一九八三年の『大輪廻』から一九九〇年の『スウォーズ・マン（笑傲江湖）』まで、七年間という長いブランクと言っては失礼ですが、キン・フー監督が映画を撮ることができなかったずいぶん長い時間があるんですね。その間、もちろん何もなされなかったというわけではなく、いろいろな企画の実現に手間取られていたわけですね。『マテオ・リッチ伝』とか、『華工血涙史』(1)とか……

胡　そうですね、アメリカに行って『マテオ・リッチ伝』を撮る予定でした。それでアメリカに移住することになって……もう十二年になりますから……そう、たしか、一九八四年だったと思います。移民を申請して、許可がおりて、向こうに渡って何月何日に着いたと報告し、それから、ふたたび香港に戻ったんです。香港では家を売ったりいろいろしなくてはなりませんでしたからね。申請のときは大して面倒ではなかったんです。書類に記入するだけでしょ、移民手続きというのは。特にこれといった審査なんかなくて、ちょっと身体検査をやってそれでおしまいだから。面接もたったの五分だったんですよ、向こうは。まだ待つのかってきくと、もういいだろうってサインをしてくれたわけ（笑）。一九五〇年代にわたしはアメリカ情報局の仕事をしていたでしょ、香港のボイス・オブ・アメリカで働いていたことがあるから。

——香港のキン・フー・プロダクションのオフィスはどうなされたのですか。アメリカに行かれたのはアメリカに仕事の場を移すということだったのですか。

胡　そうです。ですから、まず会社を閉じて、アメリカに渡ったのです。アメリカに行ったのは最初は『マテオ・リッチ伝』を撮るためだったんですが、滞在がかなり長引いたので、はじめはホテルに泊まっていたんですけれど、その後、鄭佩佩《チエン・ペイペイ》が、あの『大酔侠』のヒロインを演じた女優ですね、結婚してアメリカに行って、隣に空き部屋があるっていうんで、それでそこを買ったんです。ロサンゼルスのマンション、といっても、アパートみたいなとても小さな部屋でしたけれどね。それから香港にいったん戻ってからプロダクションを閉めたんです。当時の妻（鍾玲）が、彼女は結婚前からすでにグリーンカードを持っていましたから、先にアメリカ移住の手続きをして、それからわたしが手続きをしたんです。

——それで現在（一九九六年）カリフォルニアに住んでおられるわけですね。正式の国籍はどこになるのですか。

胡　今は無国籍難民ですよ（笑）。パスポートがない。いや、あるにはあるけれど、現在使っているのは台湾の海外パスポート。海外パスポートを使えば、ともかく香港ならビザがなくても戻れます。香港の身分証明書も持っていますから。この身分証明書には公印がなくて、これがあれば香港に戻れるし、仕事もしていい。でも香港の旅行許可証、これはパスポートみたいなものですが、これは発行してくれない。つまり、外国に行くときの許可証ですね。それで、アメリカでは公民権を申請できるんですけれど、でも、申請前の六カ月間はアメリカを離れてはいけないんです。で、わたしはあってもなくてもどうでもいいと思って、というのもどのみち申請は簡単ですから、もうずいぶん長く住んでいますからね。投票もしたいと思わないし、誰が大統領になっても政治に興味がなくてね（笑）。だからといって、本当のいわゆる難民ではないですよ（笑）。出国するときは、例えば日本に来るときは、台湾の海外パスポートを使います。日本に来るだけなら容易です。映画会社のほうで日本領事館に願い出れば二日で済む。ただ、日本の領事館は大陸のパスポート、タイやラオス等々のパスポートにはとてもうるさいんです。それから中東のも。今回（一九九六年）ビザの申請に行ったとき、わたしの前にレバノンの人がいたのですが、一時間も交渉していましたけれどね、それでもビザがおりなくて。

——一九八四年にアメリカに渡って撮られるはずだった『マテオ・リッチ伝』はどんな物語なのですか。マテオ・リッチというのは明の時代に中国に渡ってきたポルトガル人の宣教師ですね。

胡 そう。この作品は、そもそもの始まりはこういうことでした。台湾南部でたしか『大輪廻』のロケをしていたとき、あるカトリックの神父、ジェリー・マーティンソン神父といいますが、彼は台湾のカトリックのテレビ局、光啓社というのに属していて、当時ちょうどマテオ・リッチ来中四百年に当たっていまして、それで彼がロサンゼルスのイエズス会でマテオ・リッチ伝を撮りたいということで相談したところ、わたしが監督としてふさわしいということになったとわたしを訪ねてきまして、それで、わたしは『大輪廻』のロケが終わってから、ロサンゼルスに行ったんです。ロサンゼルスのロヨラ・メリーモント大学の中にジェズイット・コミュニティ、つまりイエズス会の修道院があって、そこで二人の神父と相談を始めたんです。ひとりはジェリー・スウィーニー神父、もうひとりはイッツォ神父（ファースト・ネームは忘れてしまいましたけれど）、この二人が映画の製作を受け持つことになっていました。スウィーニー神父は、撮影の経験が豊富で、彼自身、教会のために多くの映画、テレビ・ドラマの製作に関わっていました。一番有名なのがロバート・マリガン監督の『アラバマ物語』（一九六二）という映画です。わたしは修道院に泊まって、一緒に構想を練っていたんですが、修道院ではどうも具合が悪い。話し声がうるさかったりしましたから。それで学校の近くのホテルに部屋をひとつ借りて、そこを事務室にし、ずっと準備を進めました。そのうちに、だんだんにこの二人の神父の意見が合わなくなってしまったんです（笑）。さらに、教会全体の方針がヴァチカンの方針と衝突してしまって、それで、この計画はだめになってしまった。中止になってしまったんです。中止になってからも、この話にはまだ続きがあって（笑）、その後、神父のひとり、スウィーニー神父は還俗してある女性と結婚したんです。これがニュースになって、テレビでも放映されましたよ。それから何年もたってから、いつのことだったか憶えていないんですが（笑）、北京映画製作所で『マテオ・リッチ伝』のたくさんのスケッチを見かけたんです。製作所長の話によると、イタリアのある会社と契約を結ぶ予定で、もうスケッチを描いてから何年もたつのに、いまだに撮影されていないというんです。おそらく監督はイタリア共産党主席の娘になるだろう、彼女なら製作資金を集めることができるからだ、というんです。そういう話だったけれども、いまだに撮れたかどうかわからない（笑）。

――スケッチというのは何のスケッチですか。絵コンテですか。

胡　絵コンテではなくて、衣裳だとか装身具だとかを描いたデッサンです。マテオ・リッチが中国に来てから多くの歳月が流れていますが、彼の墓もまだ残っています。北京郊外に立派な墓があります。

――もしキン・フー監督が『マテオ・リッチ伝』を撮っていたとしたら、どんな映画になっていたのでしょうか。マテオ・リッチがポルトガルのリスボンを出帆して中国への伝道に旅立ったのが一五七八年。途中、インドに数年間滞在してから、ポルトガル領マカオに到着したのが一五八二年、明代の万暦十年ですね。これも明朝の話になるわけですね。

胡　そう、マテオ・リッチがマカオから広東に入ったのは翌一五八三年ですね。明代の万暦十一年です。彼は中国にやって来たとき、当初は宣教のためだけでした。それ以前は中国では布教が成功していなかった。中国は祖先崇拝を禁止されると言って、布教を拒否しましたからね。それで、マテオ・リッチは本国の教会にうかがいをたてたんです。つまりカトリック式に祖先崇拝を禁止するのはよくないし、それに法衣を着るのもまずい。法衣を着ると怪物だと思われてしまう。だから中国式の服を着る必要がある。伝統的な長い中国服ですね。名前も利《り》瑪《ま》竇《とう》という中国名に変えた。それから、なんといっても西洋の科学技術を伝えなければいけないとマテオ・リッチは考えて、まず文人たちと親交を結んだんです。彼は中国にはじめてヨーロッパの測量法、数学、ユークリッド幾何学、建築など多くのものを紹介しましたし、世界地図も持って行ったんです。それで当時にしてはじめて中国は世の中にはこんなに多くの国があるということを知ったわけです。中国で伝道を行なうためには、北京にいる皇帝の許可を得なければならないことを知ったマテオ・リッチは、一五九八年に北京に行ったけれども、日本の豊臣秀吉の朝鮮征伐のときにぶつかって謁見できなかったり、それからずっと皇帝に謁見したいと思っていたわけですが許されなかった。彼は多くの高官、徐光啓や李之藻《りしそう》といった高官たちとは親交があったものの、宦官の壁を乗り越えることができなかった。宦官を手なずけるには金が必要でしたからね。彼は神父ですから贈り物はしても賄賂を贈ることはできない。それで宦官たちは皇帝に取り次ごうとしなかったわけです。皇帝への謁見の許可を、彼はずっと北京で待ちつづけた。でもその間多くの人と知り合うようになって、官僚たちとの交際範囲もずいぶん広がったんです。宦官たちは莫大な金を要求してきました。金を払ってもらわなければこんな奇怪なものを皇帝に見せるわけにはいかないと言われてね、それは実は時計だったんですがね。そのほかのものもあった。これらは皇帝への献上品だったんですが、怪しいというので彼の家にスパイが送り込まれる。すると大きな十字架が見つかる、とても大きな、木製のイエスの像がある。これをスパイは家宅捜索をして見つけて、宦官に、マテオ・リッチは妖術を使って皇帝を陥れようとしていると報告したんです。というのはこのイエス像は少し神宗万暦帝に似ていたんですね（笑）。そうなるとこれはたいへんなことになってしまった、当時外国人に対しては礼儀などなくて、首を切ると言えば首を切ってしまった。それでマテオ・リッチはその夜にもう逃げたんです（笑）。多くの高級官僚たちに知り合いがいたから、逃亡がうまくいって、それでこの件はおしまいになるところだったのですが、うまい具合に神宗万暦帝が、例の時計が止まってしまって（宦官を通じてマテオ・リッチが献上したあの時計ですね）、それで宦官に修理せよと申しつけた。宦官がとても修理できないと答えると、では誰が直せるのか、あの西洋人和尚が直せるだろうというんで、これはもうひとりの宦官ですが、それに申しつけて捜させた。それで捜すと、逃げてしまっている。なぜ逃げてしまったのか調べてみると、先の宦官は馬堂というんですが、マテオ・リッチの友人が（彼にはたくさんの高級官僚の友人がいたでしょ）、おそらく馬堂に賄賂を要求されて、それに応じなかったので、濡れ衣を着せられたのではないかと言って、彼を殺さないように保証してくれるなら連れてこようということで、マテオ・リッチを連れてくる。マテオ・リッチはすぐに皇帝の時計を修理してしまいます。大して難しい故障ではなかったんですよ（笑）。それで皇帝が喜んで、「おお、この男は時計が直せるのか、では今後北京に住まわせてほかのところに行かないようにしろ」ということになり（笑）、それで北京に住み着くようになる。もともとマテオ・リッチは北京にいたかったわけですからね。そしてその後謁見の許可がおりて、太和殿の前に集まることになった。そこでずっと待っていると皇帝がやってきて通り過ぎていった。そしてもう行ってよいと声がかかるんで、マテオ・リッチがまだ皇帝の姿を見ていないと言うと、「もう、見たじゃないか」「いや、見ていない」「皇帝が、お前を見たらそれでいいんだ」というようなことで、結局皇帝に直接面会することなく終わるわけですが（笑）、こうして、その後も北京にいて、最後は北京で亡くなります。マテオ・リッチは北京に在住してから多くの交友関係ができて、その中には高級官僚がたくさんいて、特に徐光啓なんかは礼部尚書という大臣級の地位に就くことになりますから、そういった友人のおかげもあって、多くのことを成し遂げたんですが、教義を変えてしまったりしたんで、教会の側で彼に対して反対意見が持ち上がった。中国側でもマテオ・リッチの言うことをそのまま受け入れようとはしないのでたいへんだった。何よりもひとつ大きな面倒が持ち上がって、それはある神父が婦女暴行かなんかを働いて訴えられたんです。この神父は中国に行ったイエズス会の責任者だったので、それでマテオ・リッチはずいぶん長い時間をかけてこの事態を収拾したということがあった。このシナリオはストーリー性に富んでいるんですが、重点的に描こうとしたのは、彼が西洋の技術を中国にもたらしたという点です。そのことは映画づくりの当初から、あの神父のひとり、スウィーニー神父にわたしは言いました。わたしはカトリック信者ではないし、あなた方に代わって宣教はしませんよ、宣教しようったってできませんから、とね。彼は、ああ、そんなことはどうでもいいから、ここでは我々のやり方でいきましょうと言ってくれてはいたんですが。

台湾に方豪という教授（歴史学者です）がいまして、彼も神父で、輔仁大学の教授ですが、たくさんの著作を出していて、すべてマテオ・リッチ関係です。わたしはこの映画を撮るつもりで、数十冊、いや、おそらくは百数十冊に上る本を買ったんです。マテオ・リッチの著書の翻訳書だけでも読み終わっていませんよ（笑）。読んだってわからない、数学の本とかばかりですから（笑）。それから映画は結局撮れませんでしたけれど、マテオ・リッチに関する資料をひと揃え、だいたい三百余りの項目だてになっていますが、これを編集して彼らに残しました。今買えるかどうかわかりませんが、かつて出版されていました。大陸でも、香港でも台湾でも。それから、わたしはマテオ・リッチ研究の専門家を訪ねました。エール大学の歴史科主任、史景遷といいますが、彼は白人です、本名はジョナサン・スペンスといって、中国名が史景遷で中国史を研究しています。イギリス人です。彼は一冊とてもよくできたマテオ・リッチ伝を書いています。この伝記によると、マテオ・リッチは日記をつけていて、毎日の出来事を書きつけていた。それはラテン語で書かれていますが、この毎日の記録を、史景遷は、当時のその日毎の気象と照らし合わせています。マテオ・リッチには特殊な才能があって、スピード・リーディング、つまり速読ができた。記憶術も抜群だった。それで、わたしは例の二人の神父と一緒に史景遷のところに出向いて教えを請うたんです。当時はまだマテオ・リッチ伝は出版されてなくて、我々は草稿を見せてもらったんです。現在ではもう出版されています。

――マテオ・リッチは結局は布教には成功しなかったのですか。

胡　ええ。宣教の仕事は、現在の目から見ると、成功したとは言えません。ですが、彼の目的は達成されています。まず、なぜ彼は布教に成功したとは言えないのかといえば、彼は上流階級の間で活動して回っていたわけで、のちのカトリックの宣教師のように民間の貧しい人々のところに入っていくことはしなかったんです。彼は上層部の官僚とか知識人のところでしか活動しなかった、ですが、彼は、万暦帝の皇后だったと思いますが、彼女をカトリックに入信させています。これはたいへん興味深い経過をたどったのです。彼は神父で男ですから後宮に入って皇后に洗礼を授けることができない。ではどうしたかというと、彼にはひとりの宦官の信者がいて、この宦官に教えて、彼を神父にしてしまった。宦官は後宮に入ることができますから、それでこの宦官が皇后を入信させた。つまり洗礼を授けカトリック教徒にしてしまったんです。これは当時としてはたいへんな騒ぎになった。皇后が異国人の教徒になってしまうというんで、当然反対するものが大勢いたわけです。それでこの皇后の入信の件はのちの清朝に大きな影響を残すことになります。清の聖祖・康煕帝《こうき》は、科学をよくわかっていまして、アダム・シャール、中国名は湯若望という神父を重用し、欽天鑑（天文暦法に関することを司る官吏）にとりたてます。なぜならば、彼は日食を正確に計算できましたから。康煕帝の母親の考荘皇太后もカトリックの信者でした。考荘皇太后は、康煕帝が皇帝になる前に（八歳で即位することになるのですが）、湯若望に幾人かの皇太子のうち誰が一番頭がいいと思うかとたずねたことがあり、彼は頭がいいのはたいへん重要なことですが、康熙帝だけが疱瘡が出たことがあるから将来もう天然痘にかかることはないでしょう、だから統治者は彼にするのがよろしいでしょう、と答えた。それで康熙帝が皇帝になったというわけです。ご存じのように天然痘にかかると子供ができなくなったからです。そうでもなければ痘痕《あばた》の皇帝ではみっともないでしょう（笑）。天然痘は当時危険な病だったし、皇太子の中で康熙帝だけが疱瘡が出ていたんです。だから天然痘にかからない、免疫ができていますから。湯若望というカトリックの神父の影響は大きかったんです。

――マテオ・リッチは明代末の中国におけるキリスト教布教の先駆者になり、その後の宣教活動の基礎をつくるわけですが、キン・フー監督はどのあたりまで映画化しようと考えられていたのでしょうか。

胡　マテオ・リッチが死ぬところまで撮るつもりでした。前半部はくどくどあまりたくさんは撮るつもりはありませんでした。前半部では、彼はイタリアのある小さな町で生まれて、それからローマに行って、そしてこれは奇妙ですけれど中国と日本はポルトガル教区に属していて、彼はポルトガルに行きます。ポルトガルで女王に謁見して、それから、インド。インドのゴアですね。そこから日本に行きます。日本からマカオに行って、マカオから中国に入る。当時の撮影予定は、マテオ・リッチの幼い頃の話は少しにして、マカオに行ってからのことを重点的に撮ろうと思っていました。マカオに行ってからのち、中国に入るわけですが、最初は彼は広東に行く。広東は肇慶《ちょうけい》というところで、肇慶ではそこの役人とうまくやっていたんです。彼らは寺を修理してあてがってくれて、どのみち彼も外国の和尚でしょ、女人禁制だし、菜食ではないという点を除けば同じですから。それでとても丁重に応対してくれる。それでここから宣教を開始します。それからのちに役人が替わって、こっちの役人は彼の宣教に反対して、民衆を煽動して教会を壊してしまう。教会が壊されて彼は逃げるんです。どうしようもありませんから。といった具合に、マテオ・リッチが中国に来たところから本当の物語が始まります。

――マテオ・リッチの最期はどんなふうだったのですか。

胡　最後は彼は病気で死んだんです。現在、彼の墓は北京の人民大学の敷地の裏手にあります。壊れていません。文革のときは泥で埋められていましたけれど、碑もまだ残っています。その碑は、神宗つまり万暦帝の命でマテオ・リッチの生年やら経歴などかなり長い記念碑の文句を刻ませたものなんです。皇帝はマテオ・リッチの功績を買っていましたから。時計とかその他多くのものをもたらしましたからね。

――マテオ・リッチの病気は何だったのですか。

胡　現在から推測すると、おそらく癌ではないかと思いますが、でも当時はそのようには言われていません。

――一五五二年生まれで、一六一〇年に亡くなったわけですから、五七、八歳ですね。

胡　ええ、六十歳に満たないうちに。明の時代がもう終わるという頃です。明朝の終わりがいつかというのは言うのが難しいんですが、崇禎皇帝が一六四四年に首をくくって自殺しますね、でも自殺してからも南方で明朝が何年も続きますから。現在でも北京には二つの礼拝堂があって、ひとつは南堂、もうひとつが北堂といいます。これはマテオ・リッチの時代にできたものです。マテオ・リッチが建てた教会です。これは何度も建て替えられています。八カ国連合軍に、つまり、義和団事変のときに焼かれていますし、のちに修復されましたが、また文革のときに破壊されました。今は、少なくともわたしが北京に行ったときには、ありましたよ、修復されて。文革後に四回目の北京訪問の際に、わざわざ見に行ったらやはりそこにありました。ですが、そのときはまだ開放されていなくて、神父もいませんでした。

今は開放されています。

――日本ではキリスト教の布教にはものすごい弾圧の歴史があるのですが、中国でもやはり弾圧はあったのですか。

胡 ありました。中国ではカトリック抑圧に最も積極的だったのが沈漼という人物で、明朝の、マテオ・リッチがいた時代の大学者です。唐代に入ってきたのは景教（ネストリウス派の伝来したもの）といいますが、これはのちに入ってきたカトリックとは直接関係はありません。もちろんイエスを信奉しますが、それで、日本が鎖国を解いて明治維新を行なうときには、すでに中国は阿片戦争に敗れて、帝国主義の影響をこうむっていたわけです。

カトリック教は清の康熙帝時代に最も栄えました。なぜかというと、康熙帝は数学やラテン語、それから西欧の科学技術を理解しましたから、それで、すでに言いましたが、湯若望を中国の官僚にとりたて欽天鑑（天文台長）にしたりしていましたから。しかも康熙帝は迷信を信じなかった。大臣によっては、どこそこで巨大な亀が出現したとか、つまり、中国人は「祥類（縁起のよいもの）」というんですが、巨大な花、海棠が咲いたとかなんとかを皇帝に伝えにくるんです。それに対し、康熙帝は命令を出して、今後そういったことを持ち込むな、そんな迷い言は信じないから、吉祥かどうかは自分で判断できると言い渡してますね。それで、康熙帝時代にはそのような迷信は下火になった、ところが惜しいことに、雍正帝は科学を信じなかった。彼はラマ教を信奉したんです。それで科学を信じなかった。乾隆帝になるともっとひどくなって、この人物は儒教思想が強くて、それで中国では科学がここでストップしてしまった。

中国では、キリスト教、カトリックへの反対が最も激しかったのは、時代が下がって清朝末期の義和団の時代です。義和団の時代には神父とか新教徒と見れば殺していた。義和団はもともと民間の組織ですが、それを西太后が擁護したんです。この義和団はもともと地方の、山東省の組織だったのですが、のちに彼らが満洲王朝をたすけ外人を打ちほろぼすという「扶清滅洋」のスローガンを掲げたんで、西太后がそれを利用した。それでたくさんの教徒を殺害したのです。それで八カ国連合軍がやってきて、西太后は逃げるわけですね。おそらくこれが、キリスト教やカトリックへの反対運動で最も大きな出来事だと思います。

――お話をうかがっていますと、マテオ・リッチについての映画はかなり大がかりなものになったような印象を受けます。

胡 ええ、かなりの規模のものに。当時は我々はまだ予算をたてていなかったんです。予算はあの神父たちの管轄でした。ひとりは自分でも脚本を書いていましたし、どうも費用のことはあまり気にかけていなかったようです（笑）。

――『マテオ・リッチ伝』のほかに、キン・フー監督の実現されていない企画にはどんなものがありますか。

胡 台湾で『武松酔打賈文生』を撮ることになるかもしれません。まだわかりませんが。

――武松というのは「水滸伝」に出てくる虎退治で有名な英雄ですね。一九八二年に李翰祥《リー・ハンシャン》監督も映画化していますね。

胡 そのほかにも何度も映画になっています。本当に面白い話です。

――関徳興《クワン・タクヒン》という俳優がかつて「武松の生まれ変わり」と言われたそうですね。有名な『黄飛鴻《ウォン・フェイホン》』シリーズの俳優ですが、シリーズ第一作が一九四九年です。ご覧になっておられますか。

胡　ずいぶん昔のものですね。知っていますが、見たことはありません。黄飛鴻という実在の人物がいたことは知っています。中華民国初頭の人物です。芝居がもとだとすれば京劇でなく、粤劇（広東オペラ）でしょうが、映画のもとが何なのかまったくわかりません。あのシリーズがさかんにつくられていたのはなにぶんむかしのことで、わたしが映画に関わり始めたばかりの頃ですから。

――キン・フー監督の活劇の武術はどれも斬新で、たしかに『黄飛鴻』シリーズもふくめて以前にあった映画からヒントを得たというようには感じられないのですが、どういうところから考えつかれるのでしょうか。

胡　韓英傑《ハン・インチエー》という人の武術指導のせいもあるかと思います。「武術指導」という言葉が定着したのも、わたしが韓英傑を起用してからです。だから、彼のアイデアも影響があったかもしれません。『大酔俠』を撮らされることになったときに、武俠小説はかなり読んでいたので物語のほうは問題なかったのですが、というのもあの手のストーリーは好きでしたから。ただ難しかったのはアクションです。わたし本人は武術の修業をしているわけではないし、本当の武闘もできません。京劇の立ち回り専門の役者、韓英傑を招いて、武闘の動作を参考にして使えると思うアクションを選び出しました。わたしは武俠もののストーリーはたくさん知っていましたから、いいところをとってつなぎ合わせアレンジしました。「武術指導」という呼び名はこれ以前になかったのですが、京劇俳優の韓英傑が非常によく協力してくれたので、のちになってその労に報いることができるギャラを払うのに名称が必要になり（笑）、それで「武術指導」と名づけたのです。

――ということは、キン・フー監督の映画以前には真の武術指導、つまり振付によるアクションものはなかったということですか。

胡　あることはありました。でも、まったく違うものですが。例えば舞台劇の立ち回りに近いものとか。

――もうひとつ、キン・フー監督のかなり大きな企画で、これもアメリカで撮られる予定の《I go, O no! (Battle of Ono)》という映画のこともずいぶん前から聞いています。これには中国語題名もあるのでしょうか。

胡　『華工血涙史』です。アメリカに渡った苦力《クーリー》の物語で、アメリカで撮ります。一時はプロデューサーが資金集めをしていたのですが（笑）。

――『マドンナのスーザンを探して』（一九八五）のプロデューサー、サラ・ピルズベリーの製作でやると以前うかがいましたが、そのプロデューサーですか。

胡　そうです。彼女はアメリカで有名なケーキやクッキーをつくっている会社の創設者の孫娘なんです。UCLAの映画科を卒業してプロデューサーになった。彼女の実家はミネソタ州で製粉工場もやっていて、バーガーキングに小麦粉を供給している。ただし、彼女はその仕事とは関係ないけれど（笑）。だいぶ前に短篇ドキュメンタリーでアカデミー賞をとったことがある女性です。プロデューサーになって最初の長篇劇映画が『マドンナのスーザンを探して』です。若者たちを扱った奇妙なストーリーの映画でしたね。

しかし、わたしの映画にはかなりお金がかかるものですから、無理だったようです。一千万ドルというのは（一九九二年の時点では）アメリカ映画界でいえば、それほどの金額ではないのですが、中国映画にとっては一千万ドルというのはちょっとした額です。

――どんな作品になるのでしょうか。もし実現すればキン・フー監督のはじめてのアメリカ映画になるわけですね。

胡　そうです。一八七〇年代にカリフォルニア州のユニオン・パシフィック鉄道建設工事の工夫として雇われた中国人移民の話で、五人の中国人が主要な登場人物となるのですが、彼らは工事が終わったあと、雇い主に欺されて給料を全然もらえない。で、彼らはサンフランシスコまで行けば、そこで中国に帰る船賃ぐらいは稼げるだろうと思い、歩いて旅をする羽目になった。五人は英語を読めもしないし話せもしない、それどころか中国語もよくできない文盲の農夫上がり。カリフォルニア北部からサンフランシスコまで、てくてくと歩いていく途中で、彼らは白人たちが川で金を採掘している光景を見る。五人もその真似をして、そして金を掘り当てる。掘り当てられたのには理由があって、五人のうちひとりは「中医（漢方医）」、薬草の専門家だった。彼がある薬草を捜したのです。「木賊《とくさ》」です。これが生えている十フィートほど下の地中にもし鉱物の層があって、そこをさらに掘り下げていけば金の鉱脈に当たる可能性があるという中国の古い言い伝えに従った結果、みごとに掘り当てたというわけです。言い伝えではあるけれども、この方法は、ジョゼフ・ニーダムがその著書「中国の科学と文明」の中で科学的に証明しているものです。唐代にはこの方法でずいぶん金が発見されたらしい。ともあれ、彼らはカリフォルニア一《いち》の金脈を掘り当て、それを売ろうとするのですが、アメリカ人の悪党どもに追い払われてしまう。悪党どもは郡の役所に行ってその土地は自分たちのだと主張して登録してしまう。むかしのアメリカはだれでも先に権利を主張した者に土地を与えていましたから。中国人たちは、やっとアメリカ人たちの言っていることを理解して、そして、「I go《アイ・ゴー》（出ていくよ）」と言って土地を明け渡したのです。いまでもそこは「Igo《アイゴー》」という地名になって残っています。ストックトンというサンフランシスコから東北東に六十マイルほどの、ゴールド・ラッシュで有名なサクラメントに近い場所の近くに今でもあるんです。

さて、ふたたび歩き始めた中国人たちは、また金脈に出くわす。スウェーデン人の鉱山で、人手がいるというのでそこで働く。そうすると、また金を掘り当ててしまう。また悪党どもがやって来て、またその土地は自分のだと主張しようとするが、スウェーデン人がすでに登録していた。で、悪党どもはプロのガンマンを大勢雇って追い出しにかかる。こちらにはスウェーデン人のライフル一挺しか武器がない。というのも、その頃、東洋人は火器を買うことを許されていなかったからです。そこで、中国人たちは古来の方法で戦うことになる。おとし穴、罠、投石機といったものを駆使して約三十人のガンマンと戦争をし、勝ってしまうのです。「O no」の由来は、悪党どもが立ち退きを迫ってきたときに、こんどは中国人たちが「O no《オー・ノー》（やなこった）」と拒否するからで、これも「Ono《オーノー》」という名の地名になって残っています。「Igo」と「Ono」は車で十分くらい離れた場所です。

——実に面白い話ですね。ぜひ映画で見たいものですね。それから、『咆哮山村』という企画もありましたね。

胡　それも機会があれば撮りたいと思います。脚本はできていますから。

——シノプシスを読ませていただいたことがありますが、山中の小村を舞台に、かつては女盗賊だったという客桟（旅館）の女主人、薬売りに身をやつした武侠（剣士）、占師に化けた怪盗、針使いの名人であるその女房、少林寺拳法を身につけた日本人の高僧などが入り乱れ、ラストは村を襲う野盗の群れと激闘になる……。キン・フー監督ならではのタッチで血沸き肉躍る武侠映画になりそうですね。

胡　本当はわたしは武侠（活劇、アクション）そのものもよく知らないので、わたしがこれまで撮ったものも真の武侠映画と言えるものかどうかわかりませんから（笑）。真の武侠映画というのは、黒澤明の『七人の侍』のような作品です。わたしの映画の立回りは、京劇の立回りを映画の殺陣に転化したもので、その意味ではいんちきで、ごまかしですから（笑）。『七人の侍』を見たのはずいぶんあとになってからのことでした。もう少し前にこの映画を見ていたら、模範にして、『忠烈図』なんかもっと上手につくることができたかもしれない（笑）。

――キン・フー監督の謙虚さにはおどろくほかないのですが、『咆哮山村』で黒澤明をしのぐ武俠映画をつくられることを期待します（笑）。ぜひ撮ってほしいものです。

胡 プロデューサーがつくといいんですが（笑）。

――企画といえば、キン・フー監督には『華工血涙史』のほかにもアメリカで撮るための企画がおありと聞きましたが。

胡 わりと最近に考えついたものです。もう脚本になっていて、いつでも撮り始められます。出資者さえあれば今年（一九九六年）の東京国際映画祭の出品に間に合うように完成させますよ（笑）。『華工血涙史』は一五〇〇万ドルぐらい必要ですが、こちらは四、五〇〇万ドルの低予算でできる。現代劇ですから。俳優に有名なスターを使わなければ、安く上げられます。

――キン・フー監督がアメリカで撮る現代劇。なんだか、それを聞いただけで期待がふくらみます。どんな内容なのでしょうか。

胡 『ポイズン』というのが、そのタイトル。毒ですね。深海に猛毒をもった大きな巻き貝がいるのです。コブラの千倍もの毒です。人間の体に少量入っただけでも即死してしまう。しかも、その毒は体内できれいに分解してしまって、何の痕跡も残さない。検死しても死因がわからない。この貝は実際にいるのですよ。この毒を悪用する者が出る。東アジアから始まってカリフォルニアに根を下ろし始めたカルト教団のリーダーです。この教団は、表向きは世界平和をめざすと言っているけれども、まあこれはどのカルト教団でも言いますよね（笑）、でも内実はプロの殺し屋を使ってテロリズムをやっている。オープニング・シーンは、中国系の化学者がノーベル賞にノミネートされ、その記者会見の席。彼は二十年前にすでにノーベル化学賞をとっていて、こんどは平和賞にノミネートされた。こんども受賞すれば大変な名誉だから、報道陣もたくさん集まっている。この博士は、動物が分泌する毒を研究してきたのです。毒を研究すればそれを解毒する薬がつくれる。細菌兵器や毒ガスの効力をなくすこともできる。だから平和賞の対象になっているんです。「世界平和」を唱えるカルト教団はそういうことを嫌うので（笑）、例の毒で博士を殺そうとする。しかし殺し屋は失敗して、たまたま博士の前を遮ったほかの人を殺してしまう。記者会見場は大騒ぎになる、という始まりです。

自分の父を取材するのが初仕事だった新米ジャーナリストの博士の娘とFBIの捜査官が、事件の真相をさぐる役どころです。この娘は武術もやっていて、カルト教団のリーダーと武術で闘うシーンもある（笑）。そんなようなアクション・スリラーです。わたしとしては、この深海の生物の存在に興味をもって、こういうストーリーを考えました。脚本はアメリカ人の脚本家と一緒に書きました。

——アニメーションの企画もありましたね。

胡　ええ。わたしが映画界に入っての最初の仕事は「美工部」で「陳設」をしていたことはすでに申し上げたでしょう。セット・デコレーションですね。その美工部のチーフをしていたのが、非常に有名な中国人アニメーター、萬古蟾だった。わたしは自分で実際にアニメーションをつくったわけではないけれど、先生からずいぶんアニメーションの話を聞きました。すでに言いましたように、彼は中国で最初の長篇アニメーション映画をつくった人です。『鉄扇公主』（一九四一）という猿の王様（孫悟空）の話ですね。

もう十年ぐらい前からの企画ですが、わたしはアニメーションの仕事をしています。といってもデザインだけです。アニメートの技術は知りませんから。それは海底が舞台の民話を題材にしたもので、竜やお姫様や蛸やらが出てくるのですが、そのキャラクター設定とストーリーボード（絵コンテ）を描く仕事をしています。その仕事を始めたのがもう十年以上前からです。というのも、キャラクターの絵を描いたあとで、本物の蛸や深海魚を観察するのにかなりの時間を費やしていたから。サンディエゴの海洋研究所にある大きな水族館に通って、魚を見てはスケッチし、それを擬人化するための資料をまとめ、文章にもしてプロデューサーに渡しました。技術部門にそれが渡るわけです。それに一年くらいかけたかな。これはわたしの最初のアニメーションの仕事です。

——キャラクター設定ということは、キン・フー監督ご自身で絵を描かれるわけですね。

胡　そうです。色も塗って、きちんとした絵に仕上げる。それから動きなどのディテールに関する指示も与えるわけです。

——何という題名ですか。

胡　最初は『張羽煮海』という題を使おうと思ってました。これはもともと古代の伝説だったんですが、このタイトルじゃどうもわかりにくいだろうということで、『深海の戦争と平和』という題名に変えたんです。話の内容も変わっています。人によっては、といっても製作者側の人ですが、登場人物を中国の服装ではなく、洋服にしたらどうかと言うんですが、そうするんならきちんとそう決めてくれと、わたしは言いましてね。そうでなければたいへんですから。でもだんだん、服装が中国式であろうが洋服であろうがともかく出来上がってほしいと思うようになって（笑）。どのみち海の中のものでしょ。簡単な物語に仕立てようと思ってね。というのは、アニメーションは普通の映画作品と違って、面倒ですから。いろいろ分担してたくさんのスタッフが必要だし、色を塗ったり、現在では、普通のシーン、といってもアニメーションですから、いわゆる一コマ撮りは中国の方に任せたりしていますが（安く済みますからね）、しかし特殊撮影を要するものはアメリカでなければならない。アメリカは特殊撮影の技術がすばらしい。日本よりいいですから。現在、物語はすでに書き上げています。アニメーションは普通の映画作品と違って、ストーリーボード（絵コンテ）があればいいんです。ですが、人に見せるときとてもわかりにくい、技術的な指示が多いものですから。それで、物語を書きつけたわけです。

――古い伝説にもとづく物語だとおっしゃいましたが、有名な伝説なのですか。

胡　ええ。これは地方劇にもあります。張羽というのが主人公の名前です。ですが、わたしはこの話を大きく変えています。もとはとても単純なものでしたので、エピソードをたくさん付け加えたのです。もとはといえば、台湾のプロデューサーがやりたがって、その打ち合わせで台湾にも行きました。それで、絵を描くだけでほぼ半年ほどかかりました。

――台湾のプロデューサーがそのアニメーションの企画を持ち出したのはいつ頃のことですか。

胡　ああ、ずいぶん前からです。何年のことか憶えていませんが。これはわたしから持ち出したんではなくて、彼がやりたがったのです。というのは、彼は台湾に大きなアニメーション専門の会社を持っていましたから。ですが、彼の会社の業務というのはアメリカの下請けです。自分のところでも作品を製作したいと考えていたわけですが、やっかいなことに、彼のスタッフはいつも下請けの仕事で忙しくなる時期には、こちらの仕事を中断しなければならなかった。それでこちらの仕事を彼はずっと先送りして延ばすもんだから、わたしも続けるのをやめてしまった。

――キン・フー監督は子供の頃は、よく漫画を、つまり「連環画」を、描いておられたとおっしゃいまし

張羽煮海造型
胡金銓

張羽煮海造型
胡金銓

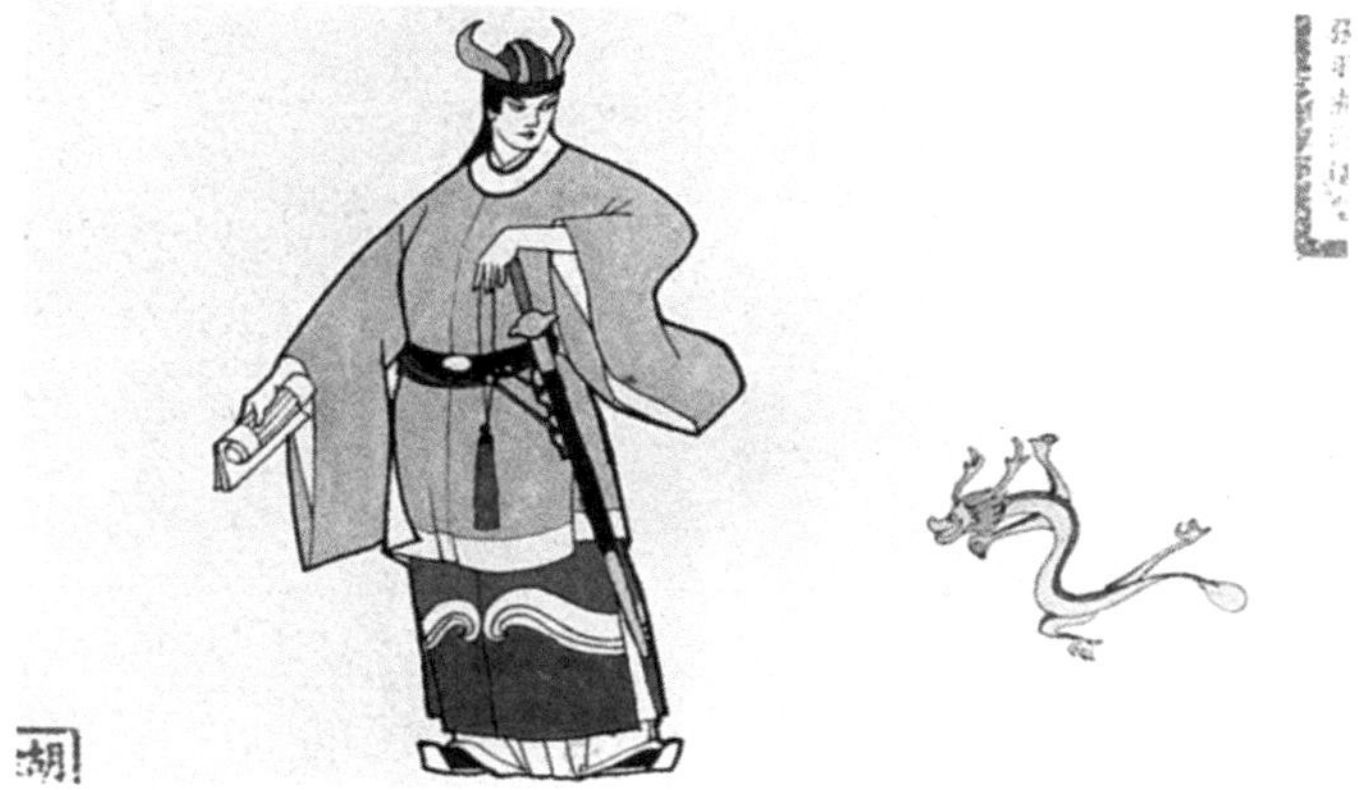

『張羽煮海』(アニメーション)のための設定画より。

たね。「連環画」というのは、一ページに一枚絵が描かれていて、その横に話も書いてあって、横長のかたちになっているものですね。ご自身でオリジナルの話をつくったりしたのですか。

胡 つくりましたよ。小さい頃でしょ。同級生と一緒に連環画をつくろうとしてたんですけど、誰も出版してくれなくて（笑）。でも、その頃から絵を描いていたので、だからストーリーボード（絵コンテ）を描くのが速いんです。

実はいままで話してなかったことを話しましょう（笑）。わたしはプロの漫画家でもあるのです。アニメーションのキャラクター・デザインをしていたのと同じ頃、一九八五年頃に、ニューヨークのエージェントを通じて、「サトウさん」というタイトルの、アメリカに住む日本人を主人公にした漫画を描いたことがあります。一回目は、サトウさんが奥さんをサンフランシスコに連れて来て、たずねる。「故郷を離れて寂しくないかい？」。すると、「いいえ、まるで故郷にいるみたいだわ。どこをみてもトヨタやニッサンばかりで」と奥さんが答える（笑）、といったような内容だった。

——それは四コマ漫画ですか。

胡 そうです。絵を描くのは簡単だけれど、アイデアを考えるのがたいへんです。アメリカには金などを捜す金属探知機があって、それはすごく大きくて重いが、サトウさんはカメラくらいの小さなものを持っている。アメリカ人が大きな探知機で何かを見つけ、よろこぶが、地中に埋まっているそれは、じつはAMMミサイルなんだ（笑）。サトウさんにはそれがわかって、「掘ってはいけない、爆弾だよ」と忠告してやる。アメリカ人は「どうしてわかったんだ」と訊く。するとサトウさんは「それを知りたかったら、この機械を買いなさい」と言うんです（笑）。この四コマ漫画を試みたのは十年も前のことですが、最近では香港の新聞「明報」に政治諷刺の一コマ漫画を描いています。

――監督になられる以前に、書かれた最初の脚本は何でしょうか。

胡　『単軌火車』。モノレールのことですね。わたしが長城撮影所で美術をやっていたときに書いたものです。盧熔軒というモノレールの原理を考えた人の話です。河南省・南陽県の人で、自分の全財産を研究に注ぎ込んだのです。

――いつ頃の人ですか。

胡　だいたい民国十五年（一九二六）か十六年（一九二七）頃に三十歳前後だったようです。彼はモノレールを発明しただけでなく、それを県の役所に持っていき、そこで県長が手助けをしてくれて、省政府に持っていかせた。省政府はそれを京漢鉄道局に紹介した。それで武漢には劉家廟という機関車工場があって、つまり機関車の製作所なんですが、ここで彼の言う通りの一風変わった機関車をつくろうとしたんですが、彼は自分で図面を引くことができない。それで上海まで行って大金を払って、設計図を製図させる。設計図ができると、それをもとにして製造が始まったんですが、そのときに戦争になってしまった。中日戦争です。当時彼を手助けした南陽県の県長の朱玖瀅をわたしは訪問したことがあります。現在百歳近くになります。のちに台湾に渡って、別の職に就きましたが、もう引退してかなりになります。書家です。さて、戦争がいよいよ始まるというとき、黄河の堤防が決壊したんです。それで盧熔軒は自分の家に戻ります。彼の家は黄河のわきにあったので、家まで黄河の水が押し寄せやしないかと心配したわけ。それで、彼は「黄河連環池」というのを発明したんです。つまり河の流れていく道の途中にいくつも枝のように放水路をつくり、そして水位が上がってきたときそれぞれの放水路から水を遊水池に導いて分散させる。彼は多くの人夫を引き連れてこの放水路建築の工事に携わり、のちにこの地で亡くなりました。モノレールを発明した彼は、まず試験をしたかったんです。試験は武漢の機関車工場の近くでないとできません。最も難しい問題が解決した、つまりどうやってモノレールを停止させるかということ。止めたとき傾いて倒れてしまうでしょ、それをのちに独自の方法で解決したんです。もちろん今ではその方法は実用性がありませんけれどね（笑）。

──その後モノレールはできたのですか。

胡　いいえ（笑）。しかし、当時の「東方雑誌」や「人物雑誌」にはこれに関して紹介されています。こういった映画の撮影には、今になって思うんですけれど、中国政府が関わらなくては駄目です。これは普通の民間の映画会社の力では撮れない。

──なぜその人物に興味を持たれたのですか。

胡　南京で「人物雑誌」を読んで、小さい頃ですけれど、この人物はすごいと思ったんです。中学しか行っていないのに、しかも全財産を注ぎ込んで、持っていた紡績工場も売ってしまう。このために奥さんと仲違いして、奥さんのほうが飛び出してしまった（笑）。その後、戻ってきたらしいけれど、彼はそんなことにもまったくかまわず研究に打ち込んでいた。この精神は本当にすごいと思って（笑）。

──その脚本はその後どうなったのですか。

胡　どこかへいって見つからなくなってしまいました。何度も引っ越ししているうちに紛失してしまった（笑）。もしかしたら、台湾の映画資料館にあるかもしれない。わたし関係の資料をかなり預けてありますから。

──かつて長城という香港の映画会社の美術部に入られたばかりの頃に描かれたデッサンのようなものは残っていないのですか。

胡　残っていませんね。長城公司のほうにみな渡してしまったから。

――長城公司というのは張善琨という上海時代からの大物プロデューサーがつくった会社ですね。

胡　創設者の一人が張善琨です。ですが、張善琨は、第二次大戦直後に香港に来て、李祖永に協力して永華影業公司を創設したときと同様に、長城影業公司を創設したときも表立った役職にはついていませんでした。その後、一九五〇年だったと思いますが、長城影業公司が長城電影製片有限公司に組織変えしたときには、もう辞めていたので、わたしが入ったときは、張善琨はいませんでした。そのときは袁仰安という人が社長でした。彼の娘はとても有名で、毛妹といって、バレリーナで、のちに女優として映画にも出ています。長城公司はその後合併されました。親大陸派が買い取って、長城、鳳凰、それに新聯影業公司、この三つの会社が合併して、やがて一九八二年に銀都機構《シルメトロポール》有限公司という会社になったのです。袁仰安はもともと親大陸派で、彼のスポンサー（たしか、長城の会長だった呂建康）は船会社をやっていて、これまた親大陸派だった。でも、文化大革命のとき、このスポンサーも殺されてしまって、それで袁仰安は台湾に逃げようとした。台湾側では彼を迎え入れようとしていたんですが、張善琨の奥さんの童月娟が親台湾派で、泣きわめいて反対して、それで袁仰安はまた香港に戻ったんです。香港映画や香港映画人の台湾への窓口的役割を担っていた「自由総会」というのがあるんですが、童月娟は一九六六年からそこの副主席をやっていて、それから主席になった。

　それからまた、この長城、鳳凰、新聯を銀都に合併するときに「多数派工作」を行なったのが羅孚《ルオ・フ》。中国共産党の代表として我々に対して取り込み工作を行なったのです。のちにこの羅孚は政敵にやられて、大陸で十一年間牢獄に入れられていた。彼の表向きの仕事は「新晩報」の編集長と「大公報」の副編集長でした。どちらも左派系の新聞ですけれど、当時はこだわりなどなくて、わたしたちのこともよく食事に招いてくれたんですけれどね。それから、「文匯報」の編集長、金尭如も当時やはり多数派工作をやって、左派のほうにこないかと誘いをかけてきたんですよ。金尭如は一九八九年の天安門事件以降反共の立場に立って、今はアメリカにいる。わたしたちはよく会うんですよ（笑）。羅孚は香港にいます。アメリカへの移民手続きも、共産党は外部の人間に対してはどうってことはないけれど、彼は内部の人間ですからね、難しかったんでしょ。羅孚、金尭如、彼らはふたりとも高官でしょ。ですから言い方はとても婉曲で、ストレートに言ったわけではない（笑）。親大陸派なんてものではなくて、筋金入りの高級官僚そのものですからね。[2] 高級官僚といえば、許家屯は知っていますね。彼は最高幹部、新華社の社長でした。以前は江蘇省の党書記で、省長でもあったんです。のち、党の第一書記になって、それから香港で新華社社長になった。今は亡命してアメリカに、ロサンゼルスにいます。彼は一時間遅れたら捕まっていた。天安門事件のあと、民主化運動に理解を示すような何か批判文章を発表して党中央と対立したから。当時許家屯は公務で北京に戻っていたけれど、深圳から香港に逃げて、彼は高官だったから一時間でビザがおりてそれでアメリカに飛んだんです。素早かった。彼はアメリカに来てからも、帰国することを望んでいて、趙紫陽が台頭してきたら、戻ろうと考えていたんですが、現在はもう帰国の望みは捨てている、新聞に彼の帰国を許さないと発表されてね。というのは、彼は自分の回顧録（『許家屯香港回顧録』[3]）を台湾の新聞「聯合報」に売っていたからね、当然もうだめ（笑）。

――おうかがいしていますと、返還後のおそらく「中国化」が強まるであろう香港映画界にもいろいろな動きがありそうですね。

胡　このことについては、すでに多くの人が取り上げ、いろいろ推測していますけれど、実際には、大陸の圧力のようなものはあっても、わたしの予想では、経済、商業には変化は少ないと思います。ですが、イデオロギー、思想的、政治的な意識の体系、政治意識といったものは強められると思います。大陸の政府は非常にこれを重んじますからね。この中に、新聞、テレビ、映画などへの管理強化といったものが含まれています。重要なことは誰が権力を握るかです。これは誰にも予測できない。

――キン・フー監督は共産党政権成立の前に北京を去られ、文革後にふたたび、すぐ上のお姉さんと再会されたとのことでしたが、ほかのお姉さんたちや北京の実家とも文革終息後は連絡がとれたのですか。

胡　ええ。一九四九年に香港に行って、共産党が政権をとり、はじめのうちはまだ連絡がついていたんですが、その後は返事が来なくなったんです。海外と関係があるということがわかると面倒だったんですから。文革が終わってからようやく連絡がついたんです。

――文革後のいつ頃のことですか。

胡　ええと……一九七七、八年頃です。

――キン・フー・プロダクションを設立されて、香港と台湾を行ったり来たりしている頃ですね。海外でもキン・フー監督の名前が知られて、さかんに国際映画祭で作品も上映され、評判になり始めた頃。

胡　そうなんです。文革後はまだ思い切って戻る勇気がなくて、それでどうして帰ったかというと、ある偶然のチャンスにめぐりあったからです。廖承志《りょうしょうし》は知っていますよね。

――日中友好協会の会長だった政治家ですね。文革のときに失脚したけれども、また復活しましたね。

胡　そう、その廖承志が香港の文化人に手紙を託して、中国の映画をどうやって世界市場に向けて宣伝したらいいかといったことについてお聞きしたいから、ちょっと戻ってきてくれませんかと持ちかけてきたんです。一九八一年でしたね。当時、国際映画祭の審査員をやったりしていたのは、中国人ではわたししかいませんでしたから。それで、もちろんよろこんで帰りたいと思いましたが、ひとつ条件をつけました。つまり、マスコミに載せないということ。というのは、もしマスコミに流されると、台湾の居住権が取り消されてしまう(笑)。台湾に入れなくなってしまう。映画も公開できなくなってしまう。それで、向こうはとてもうまくやってくれて、わたしのほうもこっそりと飛行機に乗って北京に着いたんですが、当時大勢の人が迎えに来てくれていて、華僑、外国人、香港・マカオの華僑、それぞれの「弁公室(取扱事務所)」の人間がみな、やってきていました。廖承志は当時アメリカから帰国して華僑弁公室主任だっただけでなく、かなりの高官で、発言権が大きかった。副主席かなにかに相当する役職に就いていましたね。それで人民大会堂に食事に招待してくれたんですが、あれはまったくすごかった。当時はまだ合弁のホテルがなくて、北京飯店に泊まったんですが、北京飯店が最高級だったんです。古いほうの建物です。まだ新しいほうはできていなかった。本来ならば、記者には漏れなかったんですが、香港のある雑誌が裏切って、編集部の若いのがわたしとあと何人かの名前を載せてしまったんですよ。台湾のほうはたぶんそれを見て知っていたんだと思いますが、香港の例の政治的な色眼鏡がかかっているし、悶着が起こってもまずいと思ったんだと思いますが、わたしも認めなかったし、何事もなく過ぎました。まあこういうことがあったんですけれど、その帰国のときに、すぐ上の、つまり三番目の姉(胡京芝ですが、十代でゲリラ活動に参加したときに谷平という名に変えていたことは言いましたね)に会い、二番目の姉、それから三番目の姉の夫(何光)、みんなに会えたんです。

そのとき、わたしが台湾で撮った最初の作品で大ヒットした『龍門客桟』のビデオを持ってきてくれないかと人を通じて言伝てされたので、持っていきました。今思うと滑稽なんですけれど、当時はびくついていたんですよ、文革でのあれこれを聞いていましたから(笑)。でもビデオを持っていった。持っていったんですが、税関を出たところで呼び止められて、これは何のビデオだときかれたんで、『龍門客桟』だと答えると、これは検査しないと持ち込めないと言うんで、ならばどうぞと渡しました。税関を出ると大勢の人が待っていました。わたしの姉（胡京芝）の夫も来ていました。姉の夫の何光は大臣だったものですから、華僑弁公室の人間たちは、大臣を見て驚いてしまって、なんであの人がやってくるのかと（笑）。わたしの親戚だということなんか知らないでしょ（笑）。それからわたしの以前のアメリカ情報局の上司も北京駐在大使として迎えに来ていたんです。彼はわたしが香港のボイス・オブ・アメリカに入ったときの所長だった人です。それでとてもにぎやかになった。廖承志が晩餐会を開いてくれたとき、ビデオを持ってきてくれと言ったのは聞いてるかい、と言うんで、持ってきましたけれど税関で没収されてしまったと言うと、「ええっ、なんだって、税関で没収されただと！」と大声をあげて、それで秘書を叱りつけてね（笑）。秘書が小声でわたしに、なんで税関なんかに渡しちゃったんですかと聞いてきてね（笑）。渡せと言われたから、渡したんですよと言ったんです。こうなると、税関のほうが悲惨で、たぶん電話で命じられて、税関の役人がビデオを届けにすっとんできました（笑）。当時はパーティーに招待するのでも、事前にそれを知らせない。それで弁公室の人間が付き人としてついてくるんですけれど、彼が六時から九時まで外出しないようにと言ってきた。何があるのかと聞いても、今にわかると答えるだけ。それで迎えにきたんですが、部屋から出て車に乗り込むと、どこに向かうのかわからない。ぐるぐる回って、人民会堂の裏口から入ったんですよ。廖承志が人民会堂に大勢人を招いてね。司徒慧敏らがいたのを覚えています。廖承志はアメリカから戻ったばかりだとのことでした。手術してきたんです。司徒慧敏は早くに帰国した華僑で、一九三〇年代上海で映画を製作し、その頃は中国の映画部門を管理する地位にあった。

北京では母校とかむかし住んでいた家を見たりするほかはどこにも出かけなかったんですが、ある日、北京飯店で食事をしていたら、うしろから「胡《フー》先生！」と声をかけられて、何だと思って振り返ってみたら、当時はまだ監督になっていなかったけれど、王正芳だったんです。こりゃ、奇遇ですな、というわけで。どんな秘密があるんですかいとささやくから（笑）、何も秘密などないけれど、ここに来てるってことは漏らさないほうがいいんだと答えてね（笑）。それできみは何しに来てるんだと聞くと、名目は国連経済発展なんとか委員会に派遣されて来たことになっているんだけれど、実際には特に仕事はなくて暇なんだということでね（笑）。もともとアメリカのメリーランドの大学の電気機械工学の教授でした。のちに映画監督になった。『グレート・ウォール』（一九八六）を撮っている。それ以前にも俳優として出ています。

――王正芳、つまりピーター・ワンですね。

胡　そう、ピーター・ワン。当時はまだ彼は映画と関係なかった。わたしが彼と知り合ったときは彼は大学で電気工学を勉強していたんです。かなり前からアメリカ国籍をとっています。たぶん彼が中国語を話せるからでしょう、国連の何とかという経済発展委員会が彼を北京に派遣したんです。つまり、その当時は彼はまだ映画と無関係で、国連のいわば駐在員だった。

――文化大革命の最中の中国では、まったく映画を、少なくとも劇映画はつくっていなかったわけですね。

胡　『紅雨』とか『赤脚医生（はだしの医者）』とかなんとか、あったでしょ。謝晋《シエ・チン》が撮った（笑）。彼に会って、おまえが撮ったんだろうって言ったら、ちょっと困った顔をしていた（笑）。『赤脚医生』では、共産党員の医者がバッタリと倒れて、そのシーンを見ただけで笑ってしまったんですけれど、倒れてから、わきの同志に党員費を渡すんですよ。それから、その医者が目を見ひらいて太陽を見ると、太陽に毛沢東の姿が映るんです。これを見たとたん、彼はまたすっくと立ち上がる（笑）。わたしはこれをカナダで見たんですが、見終わって出てくると、たくさんの外国人たちにきかれたんですよ。どうして太陽が出てきて毛沢東が出てくるのか（笑）。あなた方中国人はこれをどう見ているのか云々。向こうに大使館の文化参事官がいるから、そっちにきいてくれ、わたしは外国にいる中国人だからわからないってわたしは逃げ出したんですけれど（笑）、みんなおもしろがっていて、なんだかお化けの映画か何かと思っていたみたいで（笑）。

——その毛沢東を見て生き返ったというのが、謝晋監督の作品だったのですか（笑）。

胡　そう、謝晋の作品（笑）。彼に会ってまた言ってやったんですよ（笑）。この党員費を渡すというパターンは、少なくとも三回は見ています。もうすぐ死ぬというときに渡して、釣りはいらないと言ってね。これは謝晋が最初に始めたんじゃなくて、すでに誰かが使っている。本当に、何度もね（笑）。

——文化大革命のそういう一種のプロパガンダ映画をつくっていた時代が終わって、普通の映画をつくろうとして、キン・フー監督を招いたわけですね。

胡　たぶんそういうことでしょう。廖承志は香港の華僑弁公室の人たちとも交流があって、わたしのことをよく理解してくれていましたから。

——キン・フー監督は何かアドバイスをしたのですか。

胡　しました。廖承志に意見を言っただけでなく、映画関係の管理部門とか、文化関係の官僚たちにも言いましたけれど、つまり、国際映画祭に出して賞をとりたいのか、それとも、国際市場を開発したいのか、この両者はまったく違うことですよ、と。もし賞をとるつもりならば、映画を製作するのにそれなりの道はあるでしょう。映画祭で賞をとるのはそれほど難しくない。でも国際市場に乗り出すというのであれば、話はまったく別です。これはたいへんです。というのも世界最大の市場はアメリカとカナダですが、向こうでは作品のレベルなど見ない。しかし、それを咎めることはできないでしょ。どんなにいい作品だったとしても、なじみのない国の作品を見るとは限らない。ですから、中国映画にとっては市場がないんです。作品の善し悪しはあまり関係ない。映画祭で賞をとるほうは難しくない。撮っていればいずれそのうち賞がめぐってくる（笑）。ですが、市場のほうはだめです、運がよくてもだめです。これは中国映画だけでなく、日本映画もうまくいっていない。フランス映画でさえもアメリカでは歓迎されないでしょ。文化的なレベルの問題ではないんです。

（1）『華工血涙史』

　英語題名は『I go, O no!』とともに『Chinaman's Chance（中国人《チャイナマン》のチャンス）』と両方あったが、最終的には『Battle of Ono（オーノーの戦い）』に決定し、アメリカ資本でジョン・ウーがプロデューサーになって撮影に入る直前、キン・フー監督が急死したことは周知のとおりだ。主演にはチョウ・ユンファが決まっていたという。

（2）羅孚と金堯如

　羅孚／本名羅承勛、広西桂林人、一九二一年生まれ。一九四一年、桂林で「大公報」の仕事に就く。以来見習いから編集長になるまで、桂林、重慶、香港で「大公報」の仕事に四十一年間従事する。最後には香港で「新晩報」（即ち大公報の夕刊版）の編集長と「大公報」の副編集長を兼ねた。

　一九八三年より、北京で軟禁され十一年間の幽閉生活ののち、香港に戻る。

　新聞の仕事以外に、もともと文章を書くのが好きなこともあり、退職後は文筆活動を仕事にしている。ペンネームは絲韋、辛文芷、呉令湄、史復、文絲、石髪、封建餘等。著書に『絲韋巻』、『絲韋随筆』、『南斗文星高』、『香港、香港』、『香港文化漫遊』、『燕山詩話』等があり、共著に『聶紺弩詩全編』（注釈を担当）がある。（以上の資料は、羅孚氏ご自身の提供による）

　折りしも、「中国人元左派　香港よ再見」の見出しで、羅孚氏のアメリカ移住のニュースが伝えられた（朝日新聞一九九七年六月十日朝刊より）。

　左派系新聞創刊、香港暴動で挫折

　スパイ容疑で逮捕、編集長も解任

【香港九日＝市川速水】香港返還まで三週間を残し、九日、香港を代表する評論家、羅孚（ルオ・フ）さん（七六）と呉秀聖さん（七二）夫妻が移住のため米サンフランシスコに旅立った。羅さんと息子夫婦、孫を含めた一家六人の生活は、大陸と香港のはざまでほんろうされ、離散と再会を繰り返した。中国は「今後五十年間は体制不変」と世界に訴えるが、過去五十年間の苦い経験を振り返った羅さんは、ついに返還後の香港を信じることができなかった。

金堯如／浙江紹興人、一九二三年生まれ。一九四六年上海の曁南大学において、学生運動を指揮し、当局に睨まれて台湾へ渡る。台湾では中共台湾省委で宣伝工作を中心となって行なう。のちに組織が破壊されたため、四八年に香港に移り、喬冠華を助けて学生運動と民主党派の工作に従事する。その後、新華社香港分社に入社、新聞工作のリードにあたる。五〇年代には「文匯報」の副編集長、のちには編集長を兼ねた。「文革」中は、六八年に広東に左遷され批判を受け、粤北連山に下放された。「文革」が終わったのち七七年に北京に戻され中華書局の編集長となる。七八年に香港に戻って「文匯報」の編集長に復帰、新聞戦線における指導工作にあたる。八二年に退職。九〇年代初めにアメリカに移民。ロサンゼルスに居住。——以上は管見子というペンネームおよび金堯如の本名で新聞雑誌に発表した時事政治評論および回顧録の文章による。彼の著作は香港、台湾および海外でも重視されている。（以上の資料は羅孚氏の提供による）

（3）　邦訳は「香港回収工作」（青木まさこ／小須田秀幸／趙宏偉訳、筑摩書房、一九九六）

美國總統克林頓

中國國家主席
江澤民

教宗若望保祿二世

沙特阿拉伯國王法赫德

日本前首相細川護熙

「明報」に描いていたキン・フーの諷刺漫画、クリントン米大統領、細川前首相らの似顔絵より。

第10章　1990〜96

『スウォーズ・マン（笑傲江湖）』
ツイ・ハークは14回も脚本を変えた
サリー・イップはすばらしい女優だ
『龍門客棧』のリメーク
韓英傑の死
『ペインテッド・スキン（画皮之陰陽法王）』
「中間」の人間
鍾阿城という作家
呉明才と徐楓
北京映画製作所
陰陽界の法則
ジョイ・ウォンとサモ・ハン
トランポリンとワイヤーワーク
物語を面白く語ること

——一九九〇年には『スウォーズ・マン（笑傲江湖）』を撮られるのですが、これはツイ・ハーク（徐克）製作ですね。どんないきさつでツイ・ハークの製作で仕事をされることになったのですか。

胡　ツイ・ハークがテキサスの大学で勉強したときの研究テーマが、わたしの映画についてだった。そんな縁がある。それから、わたしがフランスに滞在していたときにツイ・ハークの奥さん（施南生《シー・ナンサン》）と友だちになりました。当時、彼女はパリにボーイフレンドがいてね（笑）、毎週土曜日になるとパリに来て、日曜日になると帰っていった。そんなこともあって、一九八七年の秋にツイ・ハークとわたしが会ったときにこの企画の話になったんです。ツイ・ハークの奥さんはすごくきれる人です。英語もできるし、フランス語もうまい。すばらしいフランス語だって、わたしのフランスの友人が言っていました。そして、中国語の標準語も上手。上海人ですからね。

——マネージャーのような仕事をしているのですか。

胡　ツイ・ハークの仕事上のパートナーでしょう。自分でもいっぱい会社を持ってるね。

——キン・フー監督はパリにどのくらい滞在されていたのですか。

胡　一年くらいいましたね。もちろん行ったり来たりですが。

——ツイ・ハークがアメリカの大学で研究していたときにインタビューか何かされて知り合ったのですか。

胡　いいえ。テキサスに彼がいた頃に知り合ったわけではありません。卒業論文のことも、あとで彼から聞いた話です。それから台湾の女性の映画評論家、ペギー・チャオ（焦雄屏）がいますね。この人もテキサス大出身です。そういう関係で、やはり親しいんです。ツイ・ハークが香港に戻ってきたときに知り合ったんです。戻ってきたというか、彼はベトナム華僑なんですが。

——ツイ・ハークはキン・フー監督の作品を非常に尊敬していると言っていましたが。

胡　わたしのことについては、わたしよりも詳しいですよ（笑）。

——ツイ・ハークが一九八七年にプロデュースした時代劇『チャイニーズ・ゴースト・ストーリー』はご覧になりましたか。

胡　見ました。とても面白い。『大酔侠』を撮ったときに『チャイニーズ・ゴースト・ストーリー』の監督、程小東《チン・シウトン》がまだ子役として出演していたことはすでに言いましたね。

——『スウォーズ・マン』はもし最後まで撮られていたら、それ以前のキン・フー監督の映画とはかなり違うものになるはずだったということですが。

胡　むかしのわたしの映画は権力闘争の部分が多かったけれど、これはロマンチックで感情の部分がすごく多いものになるはずでした（笑）。原作の「笑傲江湖」という小説は明の時代の話ですが、宦官のために一巻の宝典があるという物語なのです。つまりクンフーの秘術を会得する奥義書があるんですが、しかし、もし宦官がその書を使って訓練したらもう誰もかなわないですから、クンフーの世界の人間は宦官がそれを手に入れないように奪い合うわけです。そしてある人がその巻物を盗んだが、その人は死んでしまったので、もう誰にもそのありかがわからなくなってしまう。そこで主人公がその巻物を盗んだと誤解され、師匠や婚約者にまで誤解されながらみんなに追われることになる。原作は長すぎるので、だいぶ変更しましたが。

——ツイ・ハークと意見が合わずに途中で監督を降りられたということなのですが、実際には映画のどのくらい撮られたのですか。

胡　ほとんど何もやっていません。でも監督にはわたしの名前を使っていますね（笑）。

——ええ、そうです。しかし、映画の最初のほうの館のセットなど『大酔侠』以来の、まさにキン・フー的スタイルで、あのあたりのセッティングはキン・フー監督ご自身がなさったのではないかと思いますが。

胡 そうです。でも途中で降りました。

――にもかかわらず、何カットか、これはキン・フー監督が撮ったとわかるカットが残っていますね。

胡 ほんの一部だけですよ。

――撮影にはどれくらい付き合われたのですか。

胡 準備から合わせれば六カ月ぐらい。途中何度も予定が変わってね。最初は、俳優の訓練コースを設けようとか、いろいろやっていましたが、計画がコロコロ変わって……実際の撮影のほうは二カ月くらいでした。わたしのやり方は脚本等すべて準備を完了させてから撮影に入るのですが、ツイ・ハークは行き当たりばったり、まったく嚙み合わなかった。

――原作の「笑傲江湖」は金庸(1)の小説ですね。映画の冒頭に「天下の英雄、たれぞ思わざる笑傲江湖」と出てくるのですが、原作からの引用でしょうか。

胡 金庸の小説からの引用かどうか、それは知らない、わたしがやったんじゃありません(笑)。わたしが撮った部分で使われているのはごくわずかなんですよ。みんな切られてしまっている。

――染物工場での決戦のシーンなどキン・フー監督ならではの面白さが感じられて、セットも実にすばらしい。中央の吹抜け部分に水車があって……

胡 たしかにそこはわたしがアイデアを出したんです。最初の設計を全部わたしがやったんです。なぜ染物工場を設定したかというと、染物工場だと色を自由に処理できるから。しかも、室内に水車を置けるんで、動きのあるいきいきとした感じが出ますしね。でも、わたしがセットをつくったんじゃなくて、わたしはただ設計をしただけです。

――あのシーンの撮影はなさっていないのですか。

胡　ほんの少しだけ。それも、わたしの撮ったものを連続して使っているのではなくて、あちこちを少しずつ使っています。美術のスタッフとわたしはうまくいっていましたが、その彼がわたしにこんなことを話したんです。つまり、ツイ・ハークがわたしを呼んだのは、実はいくつかのことをやってもらうためだった。ひとつは衣裳、もうひとつは台詞書き。彼は古典の素養がないから、昔の言葉遣いが書けない。それでこういったことをすべてわたしにやらせてから追い出したんだとね（笑）。それは彼の見解ですけれど、だいたいそんなところではないかと思います（笑）。いろいろなことがとてもたいへんでした。ツイ・ハークは十四回も脚本を変えた。撮影を始めて二日たったとき、まず変えてしまった。それで台北から香港に飛んで帰ってくると、彼はまた脚本を変えるんでみんなを集めて会議を開いているところでした（笑）。当初は台湾で俳優学校をつくる準備をしてくれ、と言うんで、建物も捜し、準備万端整ったというときになって、取りやめになった。とてもたいへんだったんですよ、契約を解約したり、いろいろと。程小東が仕事が始まる前にわたしに言っていました。「ツイ・ハークの言うことをあんまりまともに受けとめちゃいけませんよ」って。「彼はしょっちゅう意見を変えるから、ちょっと撮ったらまた変えるって感じですよ」ってね。

――最初はサリー・イップ（葉蒨文）を使って撮っていましたね。スチール写真も残っています。完成版では、その役をチョン・マン（張敏）が演じています。「日月教」の女性リーダーの役ですが、サリー・イップではどの程度撮られたのですか。

胡　かなり撮りましたよ。サリー・イップはとてもいい。すばらしい演技でしたよ。でも全部カットされた（笑）。

——どういうシーンを撮られたのですか。

胡　彼女が住んでいる竹林の中のセットのシーンです。セットのデザインもわたしです。でもそのシーンは使われていません。

——ロケーションもされたのですか。

胡　ええ、すべて実景です。たくさん撮りましたよ。

——例えば小鳥の群れが急に飛び立つと、東廠のスパイたちが現れて攻めてくるシーンがありますね。

胡　あのシーン全部ではありません。わたしが撮ったものをツイ・ハークはちょっとずつ使っている。はじめの部分で、黒い衣裳を着た追手たちが山腹の溝を掘ったところにやってきますね。そこからわたしは撮ったんです。しかし、あの物語はめちゃくちゃです。まったく筋がとおってない。決闘の場面だけは派手ですけれど、一体どういう物語なのか、誰も理解できない（笑）。原作は膨大な量の小説なんですよ。金庸とは若い頃からよく知っていた気のおけない仲なんですけれど、彼がわたしに「笑傲江湖」を撮ってほしいと言ったとき、「あなたの小説は映画にはできない。あんなにたくさんの事件が盛り込まれていては筋が混乱するばかり、どうやって一本の映画にすればいいんだ。できないよ」とわたしは言っていたんです。短篇小説を長く引き延ばすのは簡単ですけれど、長篇小説を短くするのはそう簡単にできない。ツイ・ハークは金庸の名前が欲しかっただけ。それで、金庸がわたしに撮ってほしかったんで、わたしにやらせたというだけなんです。それでもベルリンの国際映画祭ではやはりわたしの名前を映画のクレジット・タイトルに出していたんですよ。当時彼の名前はまだ国際映画祭では知られていなかったから、わたしの名前が必要だったんでしょう。挨拶もなく使っていた（笑）。

1

2

1 『スウォーズ・マン』(1990)演出中のキン・フーとサリー・イップ。 2 『スウォーズ・マン』(1990)。

ツイ・ハークの人柄は、ジョン・ウー（呉宇森）とそのプロデューサーのテレンス・チャン（張家振）に対する態度を見ればわかりますよ。ツイ・ハークがジョン・ウーをいじめるやりくちときたら、ほんとにひどい。ジョン・ウーはほんとにいい人ですよ。彼はチャンスがあってハリウッドから監督に招かれたのですが、そのとき、ツイ・ハークの会社との間にもう一本の契約が残っていて、まだ撮っていなかった。それで結局、ツイ・ハークは莫大な金額の違約金を要求したんですよ。ジョン・ウーがそんなお金はないと言ってもだめで、結局払わされたんですよ。向こうに行くんなら、名が売れたんだろ、だから金をよこせ、ということなのでしょう。それでテレンス・チャンは非常に怒っていました。

――その後ツイ・ハークと会いましたか。

胡　会いましたよ（笑）。彼は多少は自分のやったことが気になっていたのか、のちにわたしを香港映画監督協会賞に推薦したんですよ。推薦で名前が出れば会員がみな賛成するから、賞をとるのはとても簡単。その賞は受けとりましたよ。李翰祥《リー・ハンシャン》は少し不機嫌だったんですよ。わたしがとって、彼はとらなかったから（笑）。わたしのほうが後輩なのに。彼はわたしの三年後にようやくもらったんですよ。ほんとだったら、彼のほうが先にもらうのが筋なのに。もしかしてツイ・ハークはちょっとばかり申しわけないと思ってわたしを推薦したのかもしれない（笑）。

――一九九二年にツイ・ハークは『ドラゴン・イン』という『龍門客桟』を焼き直した作品も製作していますね。

胡　でもわたしには何も言ってきていませんね（笑）。

――原題が『新龍門客桟』ですね。ということは、キン・フー監督のオリジナルの『龍門客桟』を無断でリメークしてしまったのですか。

胡　そうらしい（笑）。

——ストーリーもほとんど同じですね。

胡　ええ、でも何も言ってきてない（笑）。実は『龍門客桟』には三つのリメークの企画があったんです。ひとつはわたし自身にやってくれという話。この企画は、この話をもちかけてきたプロデューサーのジミー・チョイ（蔡子明）が亡くなったために消えました。ご存じでしょう、一九九二年四月に彼は香港で銃撃されて死んだ。彼とはシュウ・ケイ（舒琪）の紹介で会いました。もうひとつはツイ・ハーク製作のもの。あとひとつは、かつてわたしの助監督をつとめていた台湾の監督、孫樹培によるテレビ・シリーズ化。孫樹培は京劇学校の教師だったこともあります。

——『スウォーズ・マン』では、キン・フー監督と長年組んできた武術指導の韓英傑が、乞食のような恰好をした武術の達人役で出演しています。この映画が彼の遺作になったと思うのですが……

胡　そう、韓英傑は亡くなりました。癌でしたね。しかし、『スウォーズ・マン』が遺作かどうか知りません。彼とは香港に行くたびに電話をしたり、一緒にお茶を飲んだりしていましたよ。最後の作品が何かは知らない。『スウォーズ・マン』ではわたしたちは一緒に仕事をしてはいません。彼はその頃すでに体の調子がよくなかったと思います。

——たしかに、『スウォーズ・マン』の武術指導は韓英傑でなく、程小東と劉志豪でしたね。

胡　そうです。

——一九九二年の『ペインテッド・スキン』の原題は『画皮之陰陽法王』です。『俠女』のように、これも「聊斎志異」の中の一話にもとづく映画化ですね。

胡　そうです。プロデューサーの呉明才《ウー・ミンツァイ》が妖怪ものを撮りたがっていまして、それも売れ行きのことを考えてのことなんですが（笑）、それでわたしが「画皮」はどうかと筋を話したところ、それでいこうということになったのです。「画皮」というのが「聊斎志異」の中の一話の原題です。しかし、製作会社のほうでこの題名ではウケないだろうということで、映画のほうは『画皮之陰陽法王』と題を変えたのです。ちょっとこの物語について説明しましょう。

人間は、この世とあの世の中間を通って冥界（陰界）に行き、亡霊になるのですが、その中間には「陰陽法王」がいて、これにつかまると、人間でも亡霊でもなくなってしまうのです。しかし、出来上がった映画はもともとわたしが考えていたものとはちょっと違います。というのはこんどの映画ではあまりうまく撮れていません、製作費が足りなかったし、はじめて大陸で撮ったことでいろいろと問題が起こったりしたためですが。それに、完成したあとでプロデューサー側に編集を変えられてしまったということもある。現在あるヴァージョンだと、現世と陰陽界をカットバックしているのですが、わたしの編集ではそうなっていなかった。二時間ぐらいのものにしたのですが、結局、一時間半ちょっとにされました。ともあれ、はじめにわたしが考えていたのは、わたしたちのような人間、つまり中国大陸で生まれ育ちながら、まだ若いときに国を離れ、香港、アメリカ、それから世界のさまざまな国をまわっているような人間にとっては、自分が一体どこの国の人間なのかがわからない。わたしはいまアメリカに住んでいますが、中国に帰ってみても、もうなじめないし、かといってアメリカのような外国では、やはりその土地の人間と違う。そこに住み着いて法律上はアメリカ人であっても、です。わたしたち一世は、アメリカで生まれた次の世代、日本でいう「二世」、中国では「ＡＢＣ」（American Born Chinese）とはまったく考え方が違う。ですから、わたしたちの世代は、ちょうどこの映画の陰陽法王につかまった存在のような、「中間」の人間になるということなんです。

——映画のプレスシートの中でも、この世とあの世の間をさまよっている幽霊が故郷を離れて外国に住んでいる中国人の心境と重なるということをおっしゃられているのですが、そういう言葉をキン・フー監督の口からお聞きするのははじめてで、とても興味深く思います。これまでキン・フー監督の映画は旅人が主人公であることが多かったと思います。香港の監督であり批評家でもある舒琪も、ある文章の中で、キン・フー監督の映画には歩くシーンが非常に多い、それがまた旅という概念と関係があるというふうに分析しています。

胡 はじめは『龍門客桟』からと言えるでしょう。やはり道中、旅路で展開する物語はいきいきとしていると思います。

——そこにも故郷を離れた中国人の心境を映画の中に投影しているということでしょうか。

胡 わたしと同じように十代で大陸を離れて、台湾とかヨーロッパとかアメリカとか香港とか、いろいろな所にたどり着き、やっと今はアメリカに定住したり、あるいはヨーロッパに定住したかもしれない、そういう人はたくさんいます。しかし、この人たちの中にはいろんなパターンがあります。例えばアメリカに最初に行ったのは労働力として行った人たちで、彼らは保守的というか、ずっと故郷を思って、なかなか行った先になじめない人もいる。今、若い人、いわゆる二世、三世の人だったら、生まれつきのわけだから、故郷意識はそれほど強くない一面があります。わたしたちはまた違います。わたしのような人間は、「中間」の人間という感じ。というのは、たとえば北京とか大陸の故郷に戻ったとしてもなじめない。しかし、これまでアメリカに長いこと住みながらも、自分が納得できない部分があります。例えば、ひとつの例として、香港でイギリスの国籍を取ることは簡単ですけれども、特別な理由がない限りわたしは取らない。というのは場合によってすごく滑稽な情景が出てくる。イギリスの国籍を取るためには女王に最後まで忠誠を尽くすといった誓いが必要ですね。もちろん、それはあくまでも形式的なことにすぎない。それはわかっているけれども、自分で納得できないから受け入れられない。そういう滑稽な部分があるので、イギリス国籍は取らない。それに、わたしのような「中間」の人間とは言ったけれども、要するに、どんな状況であれ、たまには唐人街《チャイナタウン》に行って麺でも食べて、心を慰めているような、そういったことがやはり忘れられない。そういうような意味での「中間」ということです。

すでに話しましたように、わたしがはじめて香港に出たのは十代です。一九四九年の十一月に香港に着きました。その年の十月一日に中華人民共和国政権が成立したばかりでした。香港には知り合いもいないし、わたしは広東語も話せなかった。船を下りたら右も左もわからなかったというわけです。六個のカバンのうち四個は本でした。でも、着いてみたら、それらの本は香港でも手に入ることがわかりました（笑）。香港ではいろんなことをやってから外資系の会社に勤め始めました。ボイス・オブ・アメリカです。当時、仕事の環境のせいか、中国的なものに対して寄せる思いが強くなりました。わたしの中にある中国への思いというのは、きわめて保守的なもので、それは、言ってしまえばチャイナタウン的なのです。わたしは自分の場所というものがある人が羨ましい。わたしはどこにいても「ここが自分の場所だ」という感覚がほとんどありません。そう、たしかに、いつも旅人にすぎないのです。その後、香港から台湾に行って、一九六二年までは台湾に住んでいたけれども定住はしなかった。

――一九六二年まで台湾に住んでおられたのですか。

胡　そうです。一九六二年まで。台湾に住んでいたけれども定住はしなかった。つまり、香港の住民として生活していた。でもよく台湾に戻ったんです。台湾は六カ月以内住むんだったらややこしい手続きは要らずに自由に出入りできます。六カ月以上住むには手続きが必要で、出入りも場合によっては許可されなくなることもある。だから、六カ月住んでは香港に行くというふうにして、通《かよ》っていたのです。六カ月以内だったら海外華僑として扱われましたが、六カ月以上だと戸籍を設けて定住者にならないといけない。

――その頃、台湾によく行かれていたのはどうしてですか。

胡 はじめは香港の映画工作者協会みたいな組合のようなものがあって、よくその代表団を組織して台湾を訪問した。わたしはいつもそれに参加して台湾に行っていた。ショウ・ブラザースの社長のランラン・ショウによく連れられて行きました。

――台湾で聯邦という映画会社の製作部門をつくられるのが一九六五年頃ですから、もちろんそれよりもずっと前のことですね。

胡 その前の話です。代表団としてよく行ったのです。聯邦という会社は民国四三年（一九五四年）に設立されて、香港でも台湾でも登録してある会社だった。前にもこのことは話したかもしれませんが、この会社は実際は台北にあります。しかし、香港に支社を持っています。というのは、香港で登録した会社だったらフィルムを台湾に出し入れすることは簡単です。でも完全な台湾の会社だと思われるとフィルムの持ち込みが不便になります。ですからわざわざ香港にも登録するのです。機材もそうです。香港の会社としてロケのために機材を持って入るとすれば税はかからない。しかし、台湾の会社としてそれをやると輸入になって税金を払わねばならない。香港の会社が持ち込んだ機材というのは原則的にはまた持ち返らなければいけないわけですが、実際にはそのまま残しておくことも可能だった。それによって費用の節約ができました。その機材を売ることはできません。でも台北に残しておいてつづけて使うことは可能なのです。

——その頃しょっちゅう台湾に行かれたのは、かならずしも映画を撮りに行ったわけではないのですか。

胡　いえ、ただ訪問だけでした。組合の活動に参加して、ランラン・ショウのあとにくっついて訪問しただけです（笑）。当時、香港にはショウ・ブラザースと国泰《キャセイ》という映画会社があった。ほかにも小さいのはあるけれども主なのはこの二つ。この二つの大きな映画会社の人たちが大陸寄りになると台湾としては困るので、台北は名目をつくってこういう会社の特に社長、指導層を、いろんな名目をつくって招待していた。もともと聯邦は配給会社でした。製作会社ではなかった。特に香港のショウ・ブラザースの北京語映画を配給していたんです。こうして台湾の北京語映画市場を拡大してから、聯邦はわたしを誘って製作部をつくったんです。

——製作部をつくるに関しては、キン・フー監督が俳優の指導から何からひとりでやられたわけですね。

胡　いえ、そのときは香港から技術者も連れて行ったんです。

——大陸を離れて転々としておられて、そういう心情を『ペインテッド・スキン』という映画にこめられたということなのですが、脚本を鍾阿城《チョン・アーチョン》という小説家に書かせたのは彼もまた大陸を離れて外国で生活することを余儀なくされている作家だからなのでしょうか。

胡　鍾阿城に脚本を依頼したのはプロデューサーの呉明才ですが、この作家ははじめてアメリカに来たときには苦しんでいた時期があって、たまたまその頃わたしは彼と出会って、いろいろ話をし、親しい友人になりました。まだ若い人です。四十歳ぐらい。四十にまだなっていないかもしれない。鍾阿城は「棋王」「核子王」「樹王」の三つの「王」の物語を書いた。「核子王」はチェン・カイコー（陳凱歌）監督『子供たちの王様』（一九八七）の原作になりましたし、「棋王」はツイ・ハーク監督で映画化されました。たいへん力のある作家です。イタリアで文学賞をもらって、ヨーロッパでもとても評価されていますね。

――脚本はほとんど鍾阿城が書いたのですか。いつものキン・フー監督の映画よりも台詞が多いような気がしましたが。小説家が脚本を書くと、どうしてもそういう感じになるのでしょうか。

胡 いや、むしろ非常にうまく台詞を書いていたので、カットするのはもったいないと思って残しました(笑)。脚本の段階では全部まかせて書いてもらいました。撮影が始まる前に、大陸に行ってロケハンをしてから、自分で直しましたが。最初は、原作の「聊斎志異」の中の話がどれもとても短くて二ページほどで終わってしまいますので、鍾阿城に物語をふくらませて脚本にしてもらったのです。

――原題の『画皮之陰陽法王』の「画皮」というのは、どういう意味でしょうか。

胡 「画皮」というのは、「中間」の所にいる者が人間界に行くときに陰陽法王が顔の皮を与える、その皮のことです。それはもともと生前の本人のものなのですが、法王はそれを与えて人間になり変わらせる。しかし、時間が限られていて、長くは化けていられない。時間がたつと皮が変化してしまう。法王はそうなる前に呼び戻す。つまり、皮を使ってコントロールしているわけです。

――顔の皮をかぶるというのは、中国の伝説や民話にもとづくものですか、それとも何かの映画のイメージからヒントを得たのでしょうか。というのは、ジョルジュ・フランジュ監督の『顔のない眼』(一九六〇)というフランス映画が、これは整形手術をして他人の皮をつけるという怪奇的な物語なのですが、それをちょっと連想したものですから……

胡 その映画は見たことがありません。中国には古くからそういう発想はあります。それで「聊斎志異」の中に表現されているわけです。

――古い中国映画で『深夜の歌声(夜半歌声)』(一九三七)という有名な怪奇映画がありますね。『オペラの怪人』（一九二五）の翻案といわれていますが、顔をめちゃめちゃにされた主人公が仮面をかぶって登場する……

胡　小さい頃に見ました。とても恐ろしかった（笑）。

——そのときの恐怖の記憶が『ペインテッド・スキン』をつくるときにありましたか。

胡　ありません。見たのが幼すぎました（笑）。小学生でしたから。

——霊界の雰囲気とか、鬼たちの強烈な色彩の仮面、衣裳のイメージは、たとえば京劇などにもあるものですか。

胡　中国には「儺《ノー》劇」というものがあり、南方の少数民族の間に伝わっているもので、千年ほどの歴史があります。日本の能と関係があるかどうかわかりませんが、映画で使ったのは、この「儺劇」で使われている仮面です。もとはたくさんの種類があったのですが、今ではたいへん少なくなっています。あれはそのうちの幾種かをわたしが広西や雲南に行って、現地で買い求めてきたものです。衣裳は、中国古代のものにもとづいてわたしがデザインしました。京劇の影響というよりも、むしろ地方劇の影響を多少受けていると思います。

——ジョイ・ウォン（王祖賢）が鏡を見ると顔が少しくずれているところはメーキャップかと思われますが、皮を剝いだあとの顔が鏡に映るのはショッキングで、あれはひょっとしてメーキャップの顔ではなく、鏡そのものに描いた絵ですか。

胡　絵ではなくて、もうひとりの替わりの人間の顔です（笑）。（通訳の肩ごしに顔を並べて、その方法を説明）

——日本の歌舞伎などでもやる様式的な手法ですね。

胡　そう、芝居でよくやる手です。

――ジョイ・ウォンを起用したのはキン・フー監督ですか。

胡　プロデューサーが決めていたものです。プロデューサーは、わたしの弟子の一人で呉明才といって『忠烈図』や『空山霊雨』にも出ていますが、背の低い、こんな顔の（と言って似顔絵を描く）。

――ずっと俳優だった人ですね。

胡　そう、以前は俳優です。アクション俳優ですね。彼は京劇出身、ジャッキー・チェンやサモ・ハンと同じく京劇俳優養成所の出です。

――キン・フー監督のかつての俳優養成学校の出身ではないのですか。

胡　そこにはいませんでしたが、彼はすごく幼い頃、六歳のときからわたしの映画に出演しています。『大酔俠』には子供が大勢出ていますが、そのうちの一人が彼です。というわけで、『ペインテッド・スキン』のプロデューサーである彼とは古くからの友人だし、彼を手助けした感じです。ともかく資金難でね、彼にはお金がありませんからね（笑）。だから映画の後半では、ところどころで資金不足がばれてしまう（笑）。

――『ペインテッド・スキン』が呉明才のはじめてのプロデュースですか。

胡　いいえ、彼は香港で低予算の作品をいくつか製作しています。劇場で上映されたものもあり、ビデオだけで発売されたものもあります。大きな作品としてはこれがはじめてです。

――今もまだ、俳優としても活躍しているのですか。

胡　いいえ、プロデューサー一本です。

――ということは、呉明才はキン・フー監督の作品では一九七九年の『山中傳奇』以降は出演していないということですね。

胡 そうです。

――『ペインテッド・スキン』の撮影にはどのくらいかけられたのですか。

胡 三カ月ちょっとです。

――キン・フー監督にしては早撮りですね。

胡 ええ。はじめて大陸に行っての撮影で、たいへんでした。山西省の大同市で撮影しました。とても寒くて、五台山でロケをしたのですが、零下二十度ぐらいでした。五台山には、いろんな宗教の建物がある。ラマ教、仏教、道教、浄土宗、いろんな宗教があります。

――映画の設定としては何教になるのでしょうか。

胡 特別な設定はありません。一九四九年以前には、あそこには二百もの建物があったけれども、今は四十ぐらい残っています。

――山の上のお寺で陰陽法王がお坊さんに化けているのも、かならずしも寺ではないわけですね。

胡 仏教の寺とも道教の廟とも設定していない。撮影に使ったのは五台山のラマ教の建物でした。

――最初から中国ロケを考えていたのですか。

胡 ええ。香港にも台湾にも今ではああいう映画を撮るのにふさわしい場所がなくて、どうしようもないのです。

――『山中傳奇』『空山霊雨』の頃は、中国で撮影すると台湾で仕事ができなくなるというので、韓国でロケされたわけですが、もう、このときは、中国と台湾のそういう面倒な関係がなくなっていたわけですね。

胡　まあ、そう問題ではなくなっていました。それでも中国でのロケーションは相当に不便です。実際にやったことのない人にはその面倒さがわかりにくいけれど、ロケ地での撮影というのはまさに戦争と同じで、ある場所から別の場所へ移動するのはもうたいへんこの上ない。まったく戦争そのもの。機材とか人員とか彼らの食料だとか、すべて移動しなくてはならない。もちろん場所は事前に下見をしておきますけれどね。しかし、例えばたどり着いたら雨が降ってきたなんてなると、またたいへん。では帰ろうか、なんて帰ることもできないしね（笑）。すぐやんで晴れるかもしれないし。韓国ではそれぞれのロケ地が離れていなかったから、移動するのも楽でしたが。

――なぜ『ペインテッド・スキン』を中国で撮影したのですか。

胡　それは、呉明才が北京と合作したがったから。この映画は北京映画製作所との合作です。

――合作というからには、北京からもお金が出ていたのでしょうか。

胡　金は出ていません。彼らには使う金なんかありませんね（笑）。彼らは出資しないばかりでなく、わたしに何台かの車を持ってこいと言ってきましたよ、外国人だから免税になるからって（笑）。もちろん彼らの個人用じゃなくて会社に残して使いたいというのですね。実際に我々は車の購入手続きすらしなくてもいいんです、呉明才がサインさえすれば、あとのことは彼らが全部自分たちでやる。わたしも買ったと承認さえすればよいわけ。

　中国大陸での撮影は不便だけど、北京映画製作所の食事はすばらしい。撮影所の弁当で一番まずかったのは香港。例の「叉焼飯《チャーシュー》」ばかりでしょ（笑）。その次は台湾かな、台湾の中製のはまあまあだったけれど。中製は軍関係の会社で、毎日宴会をやっていた。北京映画製作所はロケ地がどんなに遠くてもかならず熱いものを出してくれる。国営だから、撮影のときはまるで行軍。何でも持っていきます。

それでみんな温かいものが出てくる。

――オールロケだったのですか。

胡　一部は北京映画製作所内で撮っています。ステージは使わず、オープンセットを使っていました。通りとか、家の内外とか。

――陰陽法王が司る陰陽界とはどういうものなのでしょうか。映画の中で陰陽界の法則などを説明するところがありますが……

胡　中国人の陰陽界の知識はインドから伝わってきたものです。仏教の輪廻の思想ですね。人間は死んでから地獄（陰界）へ行くか、あるいは天国（陽界）に行くか。その段階があります。これはもともと小説の中にはなかったものですけれど、鍾阿城はそれを引用して脚本に書いたんです。

――冥王（閻魔）というのが出てきますね。

胡　地獄の王ですね。陰陽法王は地獄の王とはまた別の段階にいる。上が陽界、下が陰界、その間に陰陽法王がいる。冥王は陰界にいる。で、人間は死ぬと、ここをとおってどっちかに行く。生きているうちに善いことをしたら、陽界つまり天国に行きます。悪いことをしたら陰界のほうに行きます。迷う魂が陰陽法王につかまる。

――ジョイ・ウォンが演じるヒロインは迷っていたからつかまったのですか。それとも彼女が舞台で歌っているときに急に風が吹いてきて倒れますが、あれは初めから陰陽法王に狙われて引きずり込まれたのでしょうか。

胡　彼女は迷っている魂だから、つかまりました。法王はいつもたくさんの手下を派遣していて、そういう迷う魂をつかまえる。

『ペインテッド・スキン』(一九九二)。ジョイ・ウォン。

ジョイ・ウォン。

左から午馬、ジョイ・ウォン、劉洵。

――彼女はなんで死んだのでしょうか。

胡　雷に打たれて死んだ。

――サモ・ハンの道士が深い谷の中で、奥から聞こえてくる声と対話するところは冥王と対話しているのですね。

胡　彼は道家の人だから直接、仏教の冥王と話すことはできない。だから鬼を立てて、鬼を通じて冥王と話している。鬼というのは、ジョイ・ウォンですね。道教の人間は仏教の世界に入ることはできないから。陽界とか陰界は仏教の考え方なわけです。道教は全然違う世界なんです。生きている世界と死んでからの世界の観念はありますけれども、仏教とは全然違う。この人は道教の人なので仏教の世界に直接入ることはできない。道教で死んだら十八界の地獄に入りこむといったことは言います。山西省の廟には十八界の地獄とかちゃんとありますしね。

――陰陽法王が出てきて、サモ・ハンの道士と決闘するところで、見事なワイヤーワークが見られるのですが、キン・フー監督がワイヤーワークを使うのはめずらしいですね。

胡　ええ、でも『龍門客桟』の白鷹《パイ・イン》が飛ぶところですでに使っています。あれがワイヤーワークを使った最初です。『忠烈図』でもちょっと使いました。

――しかし、その後はまったく使っていませんね。香港映画では相変わらずよく使われていますが。

胡　いろいろ理由はあるのですが、プロデューサー側が武術指導をたのんだ人物と仕事のやり方とか習慣がずいぶん違って、それでいろいろと面倒くさいことがあってワイヤーワークを使わなくなったということもあります。

――これまでのキン・フー監督の映画の武術指導を担当してきた韓英傑が亡くなられたあとだったという

こともありますか。

胡　ええ。彼がこの映画の二年前に癌で亡くなったことは申し上げましたね。

――『ペインテッド・スキン』の武術指導の徐忠信はどういう経歴の人ですか。

胡　武術指導はやったことがなくて、武師（スタントマン）だった人です。

――『チャイニーズ・ゴースト・ストーリー』シリーズですっかりお化けづいてしまったジョイ・ウォンですが、女優としてはいかがでしたか。

胡　彼女はわたしの映画では、とてもよかったと思います。はじめて仕事をしたのですが、頑張るし、こちらの言うこともよく聞いてくれる。ただ、彼女は飛び跳ねたりできない。アクションができません。

――印象的だったのは、彼女の役名が「尤楓《ユー・フン》」というので、楓の字から、キン・フー監督のかつてのヒロインを演じた女優、徐楓《シー・フン》を思い出したのですが。

胡　ああ、この「楓」という名前は脚本を書いた鍾阿城がつけたのです。

――楓という一文字が共通しているだけで、キン・フー監督の以前の映画のヒロインを演じた女優の名前とは無関係なのですね。

胡　無関係です。わたしがつけたんじゃありません。徐楓は今では社長になっちゃってます（笑）。

――プロデューサーになって大活躍ですね。チェン・カイコー監督の『さらば、わが愛～覇王別姫～』（一九九三）のプロデューサーとして押しも押されもせぬ存在になっています。キン・フー監督が『ペインテッド・スキン』を撮っていたときに徐楓さんがプロデュースした映画『さらば、わが愛～覇王別姫～』も北京映画製作所で撮影中だったはずですね。そこでかつてのヒロインだった徐楓さんにお会いになったりはしませんでしたか。

胡　会いました。北京映画製作所に入ったときにばったり会って、そのときは挨拶だけしました。同時に撮影をしていたとはいっても、短い期間でしたから特に何を話したということもない。でもその後、香港に戻ってゆっくり話し合ったんです。それはフランスで映画祭をやりますので、徐楓を映画祭の関係者に紹介したりしたので、それについて話し合う機会がありました。ナント映画祭の主催者のシャナトー氏に紹介したりしました。

――その徐楓さんがキン・フー監督の映画をプロデュースしたいと言っているとのことですが……

胡　ええ、でもなかなか実現しませんね（笑）。

――『ペインテッド・スキン』に続いて呉明才もキン・フー監督のかつての『大酔侠』のリメークを企画しているとか。

胡　資金が集まるか、どうか（笑）。

――『ペインテッド・スキン』で道士の役を演じるサモ・ハンもキン・フー監督が選んだのですか。

胡　サモ・ハンはわたしが起用しました。彼もわたしと一緒にやりたがっていましたので。彼は以前、韓英傑のアシスタントでしたからね。この映画に彼をひっぱってきたのは呉明才ですが、わたしは彼の起用に大賛成したのです。

――道士というのは中国ではどういうイメージなのでしょうか。日本ではどちらかというと痩せた老人のイメージがあるのですが。

胡　やっぱり痩せこけたというイメージです。この映画でわたしが特別にああいう太った感じにしたのです（笑）。

――サモ・ハンの道士がすばらしいのにおどろきました。今までコミカルな役が多くて、太った身軽ないたずらっ子という感じでしたから（笑）。

胡　彼はすばらしい演技をしますよ。

——すばらしいですね。今までこのような役はやったことがないと思いますが。

胡　ないですね。『忠烈図』の中で少しだけやっていますが。

——『忠烈図』では博多津という名の日本の海賊のボスの役でした。しかし、『ペインテッド・スキン』の道士のような静かな、物事をすべてわきまえた老人の役ははじめてなのでたいへんだったのではないですか。歩き方ひとつにしても。

胡　彼は何でもできますよ。非常に頭がよくて、言ったとおりにやってくれる。彼は小さいときからわたしの映画に出ていましたからね。十二歳のときから。当時子役が大勢いましたが、彼はその中のボスでした（笑）。その子供たちの中にはジャッキー・チェンとかラム・チェンイン（林正英）もいたことはすでに言いましたね。

——ラム・チェンインも『ペインテッド・スキン』にワンシーンだけ出ていますね。

胡　ええ。サモ・ハンが、ちょっと手伝ってくれと彼を誘ったからです。

——キン・フー監督の活劇ではトランポリンを使った跳躍のアクションが実に印象的なのですが、今回もやはりトランポリンを使っていますね。

胡　使っています。

——『ペインテッド・スキン』で一番アクションがたいへんだったのはどの場面ですか。

胡　ラム・チェンインの出たシーンが少し難しかったくらいです。

——丘から飛び下りてくるところ、ワイヤーワークで飛ぶシーンですね。

胡 そう、段ボール箱をたくさん積み重ねた上にスポンジを敷いて、危険はまったくありません。

——ジョイ・ウォンがアクションができないのと同じように、『俠女』の頃の徐楓もアクションができない女優だったわけですが、『俠女』は見事な女の活劇になっていましたね。

胡 『俠女』の俳優たちはみな、徐楓も含めて、韓英傑の訓練を受けていましたから、多少はアクションらしきものができました。そういう状況があったから、動きが出てくるようになったわけで、おそらくジョイ・ウォンはそういった訓練を受けてきていないのでしょう。

——「画皮」の物語はひょっとして京劇にもなっているのですか。

胡 それは聞いたことがないですね。「聊斎志異」が京劇の題材として使われることはあると思いますが、「画皮」については聞いたことがありません。もしかして大陸では使われているかもしれませんが。というのは、大陸では多くの新しい劇がつくられていますから。

——先ほど脚本に関してはロケハンを終えられてから手直しされたとのことですが、鍾阿城の書いたものに監督はどの程度手を加えておられるのですか。

胡 彼が書き終わってから、実はさらに全面的に手を加えています（笑）。

——いつも撮影用に少しは書き変えるわけですね。

胡 全部書き変えます、頭から終わりまで（笑）。脚本をぽんと渡されて、それをそのまま撮るのは不可能です。ロケハンをしながら自分が最終稿をつくる。例えば、最近あるアメリカ人のプロデューサーが持ってきた脚本を見たんですが、わたしがこんなもの、誰が書いたんだと聞くと、これまでたくさんの仕事を手がけてきているベテランなんだと言うので、それはテレビ・ドラマの脚本じゃないかと言ったら、そのとおりということだったんです。それで、この台詞がどれだけの長さになるか、言ってやった

1

3

2

1 『ペインテッド・スキン』(1992)。左から午馬、ジョイ・ウォン、キン・フー監督、劉洵。
2 ジョイ・ウォンとサモ・ハン(右)。 3 サモ・ハン。

んです。これは読むのに四分間かかる、すると、四かける九〇で三六〇フィート、相手も同じようにしゃべると七〇〇フィート以上になってしまう、一リールが一〇〇〇フィートでしょ、これでは一回の対話だけで一リール全部を占める、聞くほうはたまらんよって（笑）。ですから、多くの作家が、小説家や劇作家が、自分の作品を脚色していますが、わたしは原則として作家には映画用の脚本をたのまない。たしかに多くのすばらしい台詞が出てきますが、その台詞のフィート数をまったく勘定に入れてないからだめなんですよ（笑）。

——キン・フー監督は絵コンテを描きますが、コンテどおりに原則としては撮っていくのですか。

胡　いや、そんなことをしたら、たいへんなことになってしまう。物語の順には撮れっこない。すべて場所によって撮ります。特にアクションを撮るのはほんとにたいへんです。

以前、王星磊という監督が大砲の砲撃シーンを撮ったんですけれど、それから一カ月後に続きを撮ったとき、砲弾に当たるところをまったく逆にこっち側で当たったように撮ってしまった。大砲の弾が逆に飛んでいく（笑）。撮影が中断して、彼はわたしの古くからの弟子でしたから、「兄貴、これを編集してくれよ」ってわたしのところに来たんです。「そんなこと言ったってこれじゃあ編集のしようがないじゃないか」って答えたら、「もう撮り直しがきかない、なんとかしてくれ」と（笑）。「じゃあ逆さに焼き付ければいいじゃないか」と言ったら、「逆さにしたら音のほうはどうなるんだ」「ああそうか」なんてね（笑）。王星磊はもう亡くなりました。面倒を持ち込んできたことが何回もありましたよ。こんなこともありましたよ。彼はラクダを撮ったんですが、たった一頭だけしか撮らない。ラクダは隊を組んで歩きますから、それではだめなんですけれど、まあこれは小さいこととして、彼が撮ったのは実はひとこぶラクダだったんです。中国のラクダはふたこぶなんですよ。こぶが二つ。どこでラクダを見つけてきたんだって聞いたら、動物園、台北動物園だって言うんです（笑）。中国にはひとこぶラクダはいないよ、アラブにしかいないんだよって話してやったんです。すると、へーえそうか、観客にわかっちゃうかな、なんて言うから、わたしにだってわかったんだから、観客が気づかないはずがないだろうって言ったんですよ（笑）。しかも、そのラクダにライトを当てると怖がって蹴ったり、おしっこをもらしたり（笑）。何とかしろと言ったら、ここまで連れてくるのがたいへんだったんだ、と言うから、苦労したのはわかっているけれど、そこはカットしろって言ってね、これじゃあ仕方がないじゃないかってね（笑）。映画の題名も変更しろって言ったんですよ。彼がつけたのは「大漠英雄伝」。大砂漠の中の英雄という意味ですね。これそのものには問題はないんですが、彼が撮ったその内容は、東北、つまり満洲の炭坑会社についてだったんですよ。それで、わたしは言ったんですよ。地図でよく見てみな、東北には砂漠はないよってね（笑）。

わたしの助監督の、王星磊ではなくて、また別のやつで（笑）、丁善璽というんですが、今はテレビ番組をつくっています。この彼が監督になりたいから、ランラン・ショウに推薦してくれって言うんです。じゃあ脚本を持ってきなよ、と言ったら彼は書き上げてきたんです。それで、ランラン・ショウに、彼が脚本を書いてきたんだけれど、なかなかいいから見てやっていただけませんかと言ったら、ランラン・ショウは忙しいでしょ、読む時間がないから、呼んで内容を話させようというんで、彼をランラン・ショウのところに連れていったんです。彼が社長の前で内容を話し始めて五分して、わたしはこれはだめだと思ったんですよ（笑）。「千軍万馬！」と始めたんですよ。自分ではすばらしいと思ってるんですけれどね、これを聞いて邵《ショウ》社長が、そっと勘定しているんですよ、「千軍万馬」なんて、どれだけ金がかかるかって（笑）。エキストラ、衣裳、道具類、それから馬、云々とね。それから彼が「戦いを繰り広げた」とやるとね、「おお、戦いもあるか」とくる。それから、彼は「横屍遍野」、つまりたくさんの死者が出て野戦場が一面死体で埋まる、とやる（笑）、それでも社長はだめだとは言わない。「それからどうした」と聞く。そこで彼は「それから雷鳴が轟き……」とね、その語りはすばらしいんですよ（笑）。「それから、ひとりの羊飼いが、羊たちを部屋の中に追い込んで雨宿りをさせる」と聞たんです。ここで邵社長がわたしに「羊ってのは雨を嫌がるのかね」って聞いてきたんですよ。「いやあ、嫌がらないでしょうねえ」って答えるしかなくて（笑）。羊は外にいるものでしょ、雨宿りなんかするもんですか（笑）。「それから……」と始めたところで、わたしにはもうわかっちゃったんですけれどね、社長がまたわたしに「タバコはないかね」とたずねてきてね。彼はタバコはすわない人なんですよ（笑）。それで、もうこれはだめだってわかったんで、社長にそっと目配せしてから、丁善璽に「社長は今日まだこれから別の約束があるから、とりあえず外に出ようじゃないか」と言ってね。その企画はポシャってしまった（笑）。

――キン・フー監督の映画のつくり方、その映画的創造の秘密、キン・フー監督の映画世界そのものをできるだけ知りたいという一心でわたしたちなりにいろいろとおうかがいしてきたのですが、キン・フー監督が映画をつくるときに最も心をこめ、力を注がれるのはどういう点ですか。

胡　わたしにとっては、自分の方法を通じて物語を伝えるということが大切だと思っています。面白い物語を映画によってさらに面白く語るということですね。最初はお仕着せの企画ではありましたが、偶然とはいえ、わたしが、時代劇を主として撮るようになったのも、わたしは中国の古い時代の物語が面白くて大好きだからなんです。古い時代の物語と現代の人間の考え方とかが、ずいぶん違うところがあるので、そういうところも面白いと思っているんです。

（1）　金庸

武侠小説の第一人者。現代中国語文学の代表的な作家でもある。本名・査良鏞。一九二四年、浙江省生まれ。一九五五年、アン・ホイ監督『清朝皇帝』（ビデオ題『風と興亡』。八七年）の原作としても知られる「書剣恩仇録」を発表。以後十二部の長篇をものし、それぞれが何度も映画化、テレビ化されている。最初、記者として勤めていた「大公報」に作品を連載したが、五九年に中立派新聞「明報」を創刊、自らの連載小説を大きな武器として経営者としても腕を揮った。その小説集は現在、翻訳が刊行中（徳間書店）。

キン・フーは「武侠小説の巨人　金庸の世界」（徳間書店）に一文を寄せている。それによれば、キン・フーが「明報月刊」に「老舎とその作品」を執筆していた頃（七〇年代前半）、金庸の自宅に文化人たちが集うサロン「壬子（みずのえ）クラブ」ができ、レオ・リー（李欧梵）、ジョゼフ・ラオ（劉紹銘）、小説家の倪匡らとともにキン・フーも参加していた。

徐楓インタビュー

徐楓《シー・フン》――もちろん、キン・フー映画の闘うヒロインであり、台湾映画界最高の女優であった。一九七〇年から七九年にかけて『俠女』『迎春閣之風波』『忠烈図』『空山霊雨』『山中傳奇』で示した「冷面俠女」の圧倒的な魅力は不滅のものである。一九八四年、プロデューサーに転向。彼女が主宰するトムソン（湯臣）社の作品としてはイム・ホー（厳浩）監督の『レッド・ダスト』（一九九〇）、ツェン・ツァンシャン（曽壮祥）監督の『夫殺し』（一九八四）、『カンフー・キッド』シリーズ、共同作品としてシュウ・ケイ（舒琪）監督の『ソウル』（一九八六）、アン・ホイ（許鞍華）監督の『今夜星光燦爛』（一九八八）が知られている。一九九三年に製作したチェン・カイコー（陳凱歌）監督の『さらば、わが愛～覇王別姫～』がカンヌ映画祭でパルム・ドールを受賞、次いで同監督の『花の影』（一九九六）も製作。意欲的な若手監督と組んで新鮮な映画づくりをつづける、台湾映画界でも最も注目されるプロデューサーのひとりだ。

――キン・フー監督作品で女優としてデビューされた頃からおうかがいしたいのですが、デビューは十五歳のときなんですね。

徐楓　はい、十五歳のときに出た最初の映画が『龍門客棧』で、第二作が『俠女』です。ただ、『龍門客桟』はデビュー作といっても、わたしの出演場面はほんの少しで、気がつかないくらいのものです。主役のうしろで、手枷、首枷をはめられたまま逃げまわっているだけで（笑）。

――しかし、その後、キン・フー監督の映画には欠かせない最高のヒロインになられるわけですが、キン・フー監督とはどんなふうにして出会うことになったのですか。

徐楓　『龍門客桟』のためのオーディションで採用されたのです。主演女優も含めて、四千人の中から十二人が選ばれました。女優になろうとした理由はきわめて単純です。わたしの両親は大陸から逃げてきたので、一家はとても貧しかったのです。わたしは十五歳のときから職をさがし、中学は昼間働けるようにと夜間部をひとつ受けただけでした。当時は職さがしが大変で、職業紹介所というものがありましたが、紹介費の四十元から五十元が払えず、新聞で外資系の電子会社の女子工員（二百人の募集に応募者五、六千人というものでした）と、聯邦公司《ユニオン・フィルム》のキン・フー監督『龍門客桟』の俳優募集の広告を見つけて、両方とも試験を受けに行きました。女優の方は見込みなしと思っていました。四千人の中から十二人採用という難関でしたから。一次、二次、三次、それからキャメラ・テストがありました。キャメラ・テストのとき、聯邦公司の人がわたしのそばに来て、なぜいつも同じ黒いズボンをはいているのか、脚のかたちが悪いのかと尋ね、家に帰ってスカートに着換えてくるように言いました。スカートなど持っていなかったので、母のチャイナドレスを借りました。でも、着換えに戻る道々、考えたものです。受かる見込みもないのに着換えに戻ってどうするんだと（笑）。テストが終わると、思いがけないことに、すぐに社長や監督、助監督が会場にやって来て、わたしに一枚の紙を渡し、夜、父親か母親を連れてどこそこの場所へ来るようにと指示しました。当時は世間知らずで、それがどういうことなのかわからなかったのですが、あとでようやく、そのとき聯邦公司では全員一致でわたしの採用が決まったのだということを知りました。キャメラ・テストは一組の男女の役者とある場面を演じさせるものでしたが、五十人あまりの受験者のうち、わたしだけが本当に涙を流し、しかもその演じ方がよかったのだということでした。夜になって指定の場所に行ってみて、はじめて契約だということがわかったのです。六年契約で、給料はとても安く（笑）、最初が月給八百元、二年目には千二百元。当時の八百元は現在の八千元（約四万円）ぐらいでしょうか。大学出の初任給までいかず、勤労学生が事務とかお茶くみをやって五百元ぐらいでしたから、それよりややいい程度でした。

――オーディションの審査員の中にはキン・フー監督もいたのですか。

徐楓　はい、いました。実はもう一つの電子会社のほうも、聯邦と契約を結んでから一週間後に採用通知をよこしました。あれがもし一週間早く来ていたら、わたしの一生は違うものになっていたでしょう（笑）。

――六年契約ということは、六年間ずっと契約通りに収入などもあまり上がらなかったのですか。

徐楓　ええ、でも質素にやっていけば何とかなりました。『龍門客棧』は撮影に半年、公開までに一年かかりました。『俠女』は完成まで四年かかったうえ、興行成績は芳しくなかったので、わたしが有名になるまでには時間がかかりました。

――しかし、『俠女』ですぐヒロインを演じることになったのは、よほどキン・フー監督に気に入られたのですね。

徐楓　それはですね……キン・フー監督は大変に厳しくて、気が短いのです。撮影現場では、例えば景勝地でのロケなんかでは観光客が大勢見物していたりするんですが、監督はそんな中でも、主役の女優や男優たちを怒鳴りつけるのです。その凄さといったら！（笑）わたしはうしろの方で、ああよかった主役じゃなくて、怒鳴られなくてよかった、と最初の『龍門客桟』のときは胸をなで下ろしていたものです。本当に、主役でなくてうれしかった（笑）。『俠女』でも出演の話が社長からあったときは、傍役だとばかり思っていたのですが、脚本を読んで主役と知ってからは、全然うれしくなくて、キン・フー監督の怒鳴る様子を想像して縮み上がっていました（笑）。

『俠女』の撮影初日には、四十数人もの台湾の記者たちが来ていました。小さな道のところで二十数人の敵とわたしが闘う場面だったのですが、もちろんすぐにはOKが出ず、NGの連続で、もう何十回もそのシーンだけ。撮影が終わってカツラをとると、髪はびしょびしょ、衣裳の下に着ていたものも汗まみれでした。何回やってもダメ、NG、NG、NG。ちょっとでも気に入らないとNGですから（笑）。本当に死ぬほど疲れ果てて、初日からその厳しさをいやというほど思い知らされました。キン・フー監督についての忘れることのできない思い出です。でも、このときから、わたしは演技の何たるかがわかってきたので、その意味でも忘れられないのです。

わたしは一人で二十数人の男の剣士を相手に闘うわけですが本当につらかった。向こうは入れ代わり立ち代わりで、わたしはこちらの道にいて、かかってくる相手と次々にわたり合うわけです。くり返し、くり返し。NGが十数回出て。そのうえ、立ち回りの最後には、こういうポーズでキメるんです（と両足をひろげて、ぐっと踏んばり、剣を胸のところにささげ持つポーズをしてみせる）。

――以後、『迎春閣之風波』でも『忠烈図』でも、徐楓さんのスタイルになったポーズですね。

徐楓　はい、でもとても疲れるでしょう（笑）。あんなに大勢の男たちとわたり合って、さらにこんな型をきめなくちゃいけないんですから（笑）。で、もう脚がガクガクして、ちゃんと立っていられない。するとキン・フー監督が、とんで来て、それじゃダメだと言ってわたしの伸ばしたほうの脚をポンと蹴

『俠女』(1970)の徐楓。

って払うんです。つんのめって、もうちょっとで四つん這いになるところでした。ぐっとこらえましたけど（笑）。もう腹が立つやら悔しいやら、本当に泣きましたよ。涙があふれてきて。そんなふうだったんです。家に帰っても、夜どうしても眠れない。このままじゃダメだと思って。というのは、わたしたち、特にオーディションをうけてはいってきた役者はみな、キン・フー監督を大変恐れていました。たとえば石雋《シー・チユン》をご存じでしょう。『龍門客桟』や『俠女』の男性の主役ですが、その石雋は、キン・フー監督に「石雋、次はお前の出番だ！　来い！」と呼ばれると、そのたびごとに緊張と興奮で血が頭に上って目が真っ赤に充血してしまうほどでした（笑）。呼ばれただけで緊張してしまうんです。そしてどうしていいかわからなくなって、キャメラの前で呆然とつっ立っている（笑）。みんなただうろたえるばかりなんです（笑）。わたしはこれではいけないと思い、いいことを思いつきました。キン・フー監督が「さあ、徐楓《シー・フン》、テストいってみよう！」と来たら、満点プラス一《いち》の演技をしてみせるのです。最高の立ち回りをしてみせる。「テスト」と聞けば、どうしても気がゆるみますよね。でもわたしは百一点の演技をするのです。これが功を奏して、以後二度と怒られなくなりましたし、NGも少なくなりました。

キン・フー監督と仕事をつづけていくうちに、この監督がOKと言ったならば、それは本当にいい出来なんだということがわかるようになりました。彼は非常に要求の高い監督でしたから。契約が満期になったあとは、ほかの監督の下でも出演するようになりましたが、それまでに比べるとずいぶん簡単に感じました。どの監督にも、わたしは仕事に対する態度もいいし演技も立ち回りもうまいと言われました。キン・フー監督の厳しい教えのおかげです。実のところ、わたしは立ち回りやクンフーについては何も知らないのです（笑）。

——アクションの訓練はうけておられなかったのですか。

徐楓 うけていません……ああ、そうそう、『龍門客桟』の撮影の三カ月前にこの映画のための武術指導をうけました。

——その武術指導を担当したのが、それからずっとキン・フー映画の活劇のシーンの立ち回りを受け持つ韓英傑《ハン・インチエー》ですね。

徐楓 はい、そうです。

——剣の使い方、チャンバラの訓練もやられたのですか。

徐楓 ええ、いろいろなものを一通り。トンボ返り、ジャンプなども。

——トランポリンを使ってチャンバラをする印象的なシーンがありますね。

徐楓 ええ、そういったものも習いました。

——『俠女』で剣を持ったまま宙を飛んで闘うシーンがありますが、そこも吹替えなしで、ご自分でやられたのですか。

徐楓 そうです。実はですね、わたしは四年も五年も武俠映画をやってるのにアクションができない唯一の女優だと、からかわれていたんですよ（笑）。キン・フー監督からも、しょっちゅうからかわれていました。例えばトランポリンを使うとき、わたしが叫び声を上げながらまず飛び下りていきますね。キャメラは上の方に置かれてあって、わたしが飛び上がってくるのを待っているわけですが、キャメラマンがのぞいているファインダーの中になかなかわたしが現れない。「人間はどこに行ったんだ？」とキャメラマンが訊くと、監督が「これっぽっちしか飛んでないんだよ」と（笑）。画面のわたしの表情ではずいぶん高く飛んでいるように見えるでしょう（笑）。わたしが武俠映画《アクション》に出るときは、顔の表情でもっているのです。アクションの技術ではないんですよ（笑）。表情はいいけど、アクションはダメ（笑）。

——『俠女』前篇のラストでものすごい激闘シーンがありますね。竹林のなかで徐楓さんが飛び上がって、上から剣を持って飛び下りて、敵の喉首に突き刺すシーンです。そこは徐楓さんに何メートルもある高い所から水に飛びこんでもらったとキン・フー監督が言っていましたが、何メートルくらいあったか憶えておられますか。

徐楓　そのシーンはよく憶えています。とても高かった（笑）。何メートルあったかは忘れてしまいましたが、上に立って下を見ると、恐ろしさで膝がガクガクするぐらい（笑）。それにこれは三十数カットのうちのひとつにすぎません。

——何度も飛びこまされたのですか。

徐楓　ええ、何度も（笑）。キン・フー監督は少しでも気に入らないと最初からやり直しを命じましたから。

——何台かのキャメラでいっぺんに撮ったのではないのですか。

徐楓　キャメラは一台です。キン・フー監督はキャメラマンを何人も使うということはほとんどなくて、大部分、一人です。

——しかも、あれは剣を持って構えて飛び下りてこなければならないところですから、大変だったわけですね。

徐楓　大変でした（笑）。キン・フー監督はときには不可能と思えることも要求しました。このシーンを撮るとき、はっきりと憶えているのは、わたしに膝の部分を真っ直ぐに伸ばせと言ったことです。無理な注文ですよね。どうしたって着水にさしかかったら脚は曲がってしまうでしょう、怖いでしょう（笑）。けれども彼は、絶対にこうでなきゃいかん、と。ところが映画で彼が使ったのは飛び下りてパシャーンと水に入るまでの途中のほんの少しの部分だけなのです（笑）。

――日月潭で撮られたと聞きましたが、湖の中にやぐらを組んだのですか。

徐楓　はい。ここが湖だとすると、これがやぐらで、その下の部分に板をつき出して、キャメラマンがそこに仰向けになります、空を見上げるように。ものすごく高いですよ（笑）。リアルな迫力を出すために、足場五段分の高さからキャメラマンの待ち構えている日月潭めがけて飛び下りなければなりませんでした（笑）。高い所からなので段ボール箱と綿を敷きつめたクッションでも危険で、水の中に飛びこむのが最も安全な方法だったのです。

――キン・フー監督の作品に出演されたものの中でご自分で最も気に入られているのは何ですか。

徐楓　正直に言って、はじめから終わりまで満足しているというものは一本もありません。たとえば『迎春閣之風波』は、前半は気に入ってますが、最後のところは好きではありません。『俠女』はすべて監督のおかげだと思います。わたしにとってはまだ二本目の出演作で、演技がよかったとは思えないのです。

――キン・フーという監督は、香港・台湾映画界ではどういう存在なのでしょうか。やはり巨匠というか、最高の地位にある監督ですか。

徐楓　台湾、香港、そして海外で、そうですね。陳凱歌《チェン・カイコー》、張芸謀《チャン・イーモウ》が出てくる以前、彼は台湾、香港映画界で大きな存在感のある監督だったと思います。外国の映画界の人々にとっても、キン・フーは中国語映画界の監督として唯一名の知られた監督だったと思います。

――完全主義者という言葉がありますが、やはり、そういう監督として有名なのですか。

徐楓　そうです。その通りです（笑）。ものすごく厳しい人です。要求がすごく高い。彼の映画でうまく演じることができたなら別のところで演じるのはもう楽なものです（笑）。

――プロデューサーとして逆にキン・フー監督を使ってみる気はないのでしょうか。

徐楓　プロデューサーになったばかりの頃にすでにそれは考えました。けれども、わたしとキン・フー監督とが、もし現在のようなやり方で一緒に仕事をしていくのならば、おそらく大きな問題にぶつかるだろうし、大変厄介なことになるだろうと思います。というのは、彼はわたしが十五歳のときからずっと知っていますから、今でもわたしを十五歳のときの徐楓のように思ってしまいがちなのです。それに、キン・フー監督とわたしが映画について対等に語り合うことは不可能でしょう。おそらく彼は心の中で「わたしに向かって何を言うつもりか、お前が持っている映画に対する考え方はわたしが教え、与えてやったものではないか、映画の知識もすべてわたしが教え与えたものではないか、そのわたしに向かって映画を云々するつもりか」と思うことでしょう。そんな関係で一緒に仕事をするというのは、とても、難しいことです。一九八七、八年頃のことですが、キン・フー監督に話をもちかけたことがあります。その頃は誰も時代劇のクンフーものを撮っていませんでした。そのときわたしが考えたのは、キン・フー監督、ツイ・ハーク製作指揮、程小東《チン・シウトン》武術指導、それにわたしの製作で、クンフー時代劇を撮るというものでした。誰も撮っていないときこそ絶好のチャンスだと思ったのです。

――それはツイ・ハークが製作した『スウォーズ・マン』とは別のものですか。

徐楓　『スウォーズ・マン』の一年あまり前のことです。当時、題名はまだ付けていませんでした。でも、その顔合わせであれば最高の武侠時代劇になると確信していました。しかし、キン・フー監督は武術指

1

2

1 『空山霊雨』(一九七九)撮影中のキン・フー監督。左は呉明才、右は徐楓。
2 『山中傳奇』(一九七九)撮影合間のキン・フー監督と徐楓。

導に程小東ではなく、もっとギャラが安くてレベルの低い人を使おうとしました。わたしは監督を説得にかかりました。程小東のギャラは本当に高いので、監督のいう人を使って安くすむならばそれにこしたことはないのかもしれませんが、でもわたしは、その人ではダメだ、絶対に程小東の方がいいと主張したのです。

——程小東というのは『チャイニーズ・ゴースト・ストーリー』シリーズや『テラコッタ・ウォリア』など、ヒット作の監督でもあり、いまの香港映画界では武術指導の第一人者とみなされる人ですね。

徐楓　そうなのです。それから、キン・フー監督とツイ・ハークをひき合わせ、どんなクンフー映画を撮るのかについて二人が打ち合わせをえんえんとつづけ、二、三カ月もたった頃、キン・フー監督が「ツイ・ハークはまず『スウォーズ・マン』を先に作りたいのだが、それでは徐楓に対して悪いと話を切り出せずにいる、それで監督から先に別の映画を撮ってもいいかどうか聞いてみてくれないかと頼まれたのだが……」と言ってきました。わたしはそうしてもちっともかまわないと答えました。わたしたちの会社の方針として何をやるかについて強制しない、それに彼らが別の映画を撮りたがってるのに、何がなんでもわたしの持ち込んだ企画を先に撮らなければダメだと言ったならば、彼らの方も気持ちよくこちらに協力してくれなくなるでしょう。だから、別にかまわないと言ったのです。その後は、儲かるというのでこぞってクンフー時代劇をつくり出しました。それで、うちの会社の方針もあって、みんなが撮るものは撮らないことにしようと、やめたのです。

キン・フー監督と一緒に仕事をすることは、実際には何度か試みたのです。ただ、やはりわたしはキン・フー監督との個人的な関係を大切に思っているのです。わたしがプロデューサーで彼が監督となって映画をつくったとき、先ほども言いましたように、お前に何がわかるかと言われてしまったら、ふたりの関係が気まずくなることがとても心配です。たしかに、映画の見方、知識はすべて彼から教えられ与えられたものではあるのですが……。

――どのようなきっかけでプロデューサーになろうと思ったのですか。

徐楓　一九八〇年にわたしは結婚しました。その年、最後に出演した映画（陳耀圻監督『源』）で金馬奨の主演女優賞をとって、その後も映画出演の話はたくさん来ましたが、ほとんど気に入らない企画だったのと、それから主人（台湾の実業家、湯培年）がわたしが映画に出ることには大反対で、それで女優生活から引退したのです。結婚したときに、キン・フー監督が、一冊のスクラップブックを贈ってくれて、中身は世界各国の雑誌に載ったわたしの写真や新聞記事の切り抜きがびっしりつまったものでした。わたしはことあるごとにそれを主人に見せながら、「どう？　中国の女優でこんな栄誉を受けている者がほかにいるかしら？　このわたしを映画に出させないのは中国映画界にとっての損失じゃないかしら？」と迫りました（笑）。わたしがあまりうるさく言うので、主人はついに、煩わしくなったんでしょう（笑）、こう言いました。「では、こうしよう。女優の仕事はあきらめなさい。その代わり百万ドルあげるから、それで宝石を買うなり、家を買って不動産投機を始めるなり、株を始めるなり、あるいは、そんなに映画がやりたいのなら映画会社をつくって映画に投資するなり、お前の好きにしなさい」と。大金です。当時の百万ドルというのはちょっとした金額です。一九八四年のことでしたから、台湾元で数千万余り。わたしは一九八〇年に結婚したとき、主人がわたしに映画出演をやめさせたわけですが、そのときはわたし自身もやめることができてよろこんでいました。映画に出演していたのは生活のためでしたから、楽しくもなかったし、映画が好きだとも感じていなかったのです。ところが、映画から離れて四年たってみたら、自分が最も愛しているのは映画であり、映画はすでにわたしの血の中に入りこみ体の一部になってしまっていること、もう映画から離れられなくなってしまっていることに気づいたのです。それで四カ月間考えた末に、映画会社の社長になる途を選んだのです。正直言って自分がよいプロデューサーになれるなどとは思いませんでしたが、でも、これが映画の世界に戻る唯一の途だと思ったからです。

(「キネマ旬報」一九九二年四月下旬号および「FLIX　DELUXE」一九九四年夏の号より)

後記に代えて——1

山田宏一

私がキン・フー監督の名を初めて知ったのは、一九七五年、第二十七回カンヌ国際映画祭に《A Touch of Zen》という英語題名で香港から出品されていた『俠女』（一九七〇）を見たときで、その、まさに血沸き肉躍る活劇——それも美しいヒロインが剣を持ち、宙を舞う「女の活劇」である——のおもしろさにうなった。この映画祭でフランス高等映画技術委員会から『俠女』の編集に対して大賞が与えられた。そのころの映画祭の規約で二時間以上の作品は上映されないので、カンヌで見た『俠女』は前後篇合わせて三時間七分という長さを二時間に短縮して一本にまとめた「国際版」であったが、それでも目をみはるすばらしさであった。とくに前篇のクライマックスになる竹林のなかの決闘シーンのモンタージュの鮮烈さといったらない。ヒロインの徐楓の味方は、かつての父の忠臣でいつも彼女に影のように付き添う白鷹だけ。二人の刺客が太い竹を一本また一本と切り落としていく。と、白鷹がかがみこむ。ヒロインが男のてのひらにとびのるや、男はヒロインを持ち上げるようにして高く飛ばす。ヒロインは、そのいきおいで飛び上がる。そして、切り落とされた竹の節を足場に利用して跳躍し（ここはトランポリンを使っていることがわかる）、宙を走り、刺客の一人をねらい、その喉首めざして急降下、グサリと剣を突き刺すのである。同時に白鷹ももう一人の刺客を斬る、という名場面である。

カンヌに来ていたキン・フー監督にも会うことができた。しかし、すでに出発まぎわで、初めましての挨拶もそこそこに再会を約束して別れた。そして一九八〇年、第六回香港国際映画祭で約束は果たされた。

映画祭の枠内で「武俠電影特集」と銘打って上映された『迎春閣之風波』（一九七三）と『忠烈図』（一九七五）のほかに、『俠女』上下集完全版、撮り上げたばかりの『空山霊雨』と『山中傳奇』（ともに一九七九）を特別に試写で見せてもらった。当時ショウ・ブラザースの撮影所長だったチャイ・ランさん（現ゴールデン・ハーベスト副社長）の通訳で（なんというぜいたくな！）キン・フー監督に初めてのインタビューをしたのも、このときであった。

もう一生忘れられない名監督なのである。

日本に帰ってきて、キン・フー監督作品が一本だけすでにわが国でも公開されていたことを知った。それが『血斗竜門の宿』で、一九六八年にスプラッシュで、ということはロードショーなしに、地方だけ（それも北海道と中京地区だけだったらしい）で公開されたときのキン・フー監督の長篇第三作『龍門客棧』（一九六七）の邦題であった。香港アクション映画ブームが未だ到来するきざしもなかったころだから、あまりにも早すぎた狂い咲きの一輪の花のようなものでしかなかったのだろう、キネマ旬報の「世界映画作品・記録全集」一九七五年版には『残酷ドラゴン　血斗竜門の宿』の題で、「東南アジアにアクション映画ブームを呼んだヒット作で、少なからぬ影響を残した。最初日本映画とのバーター（交換）で輸入され、邦画系で上映、七四年富士映画がリバイバルした。監督・脚本は胡金銓（ウ・チンチュアン）……」と記されている。同じ一九七五年版のキネマ旬報の「世界映画人名事典　監督（外国）編」の「H」の項には、「ホー・チンチュアン」の名で、「アクション映画にかけては定評ある中堅」とある（因みに一九八九年版の「外国映画監督・スタッフ全集」に初めてキン・フーの名で記載される）。

監督の名前の読みかたもなかなか定まらないまま、一九七四年になって、ブルース・リーの『燃えよドラゴン』の大ヒットでにわかに沸き起こった功夫《クンフー》映画ブーム、「ドラゴン」ブームに乗じて、『血斗竜門の宿』のあたまに「残酷ドラゴン」という補足のタイトルを付しての再公開だったのだろう。そのためにいよいよゲテモノあつかいされて、そのまま埋もれてしまったというのが実情なのだろう。知られざる名匠と言うべきか、「呪われた」映画作家と言うべきか。

一九八九年、東京・池袋のサンシャイン劇場で「キン・フー　シネマフェスティバル（胡金銓電影祭）」が開催された。その企画者であり実行委員であった嵐智史、宇田川幸洋といった人たちもキン・フーを崇拝することにかけては私と同じ思いであることを知った。

一九九五年の東京国際映画祭「アジア秀作映画週間」で『龍門客桟』（『血斗竜門の宿』）が「映画百年記念上映」作品に選ばれ、来日したキン・フー監督に私は宇田川幸洋と共同で「映画術　ヒッチコック／トリュフォー」のような体系的なインタビューをしたい旨、申し込んだ。山根貞男氏と共同でインタビューをした「森一生映画旅」を出版した草思社の木谷東男氏がこの企画に乗ってくれた。インタビューはそのときから一冊の本――できたらキン・フー自伝のようなもの――を出版することをめざしておこなわれ、キン・フー監督の人と作品についてできるだけ克明に聞きだすことにざっと三十時間がついやされた。小松沢陽一氏が一九九六年のゆうばり国際冒険・ファンタスティック映画祭の審査員としてキン・フー監督を招いてくれたので、私たちはそのチャンスに夕張と東京で――映画祭のあと、キン・フー監督が私たちのために数日間滞在してくれたこともあり――インタビューをつづけることができたのであった。もちろん、通訳付きである。キン・フー監督の映画を愛するあまり、私たちは中国語もできないのに、でっかい企画を立ててしまった。

フランソワ・トリュフォーは一九六六年に「映画術」を出版したとき、その序文に、なぜアルフレッド・ヒッチコックに体系的なインタビューをおこなったか、その理由をこんなふうに書いている。

「アメリカにおいては、映画演出という芸術の発展は、一九〇八年から一九三〇年までのあいだに、主としてD・W・グリフィスによって推進され、達成された。サイレント映画の巨匠たちは、ほとんどみな、エーリッヒ・フォン・シュトロハイムも、セルゲイ・M・エイゼンシュテインも、F・W・ムルナウも、エルンスト・ルビッチも、グリフィスの影響を受けたが、すでにこの世にはなく、まだ存命中の他の監督たちももはや映画をつくってはいない。（……）一九六六年現在、ハリウッドをながめわたしてみて、グリフィスの偉大な秘密の真の後継者としてわたしたちの目にうつる映画作家は、わずかにハワード・ホークスとジョン・フォードとアルフレッド・ヒッチコックだけである。彼らがそのキャリアを終えてしまったあとで、あの〈偉大な映画的創造の秘密〉はどこへいってしまったのかなどと嘆いてはいられないではないか」。

　もちろん、私たちがキン・フー監督からその「偉大な映画的創造の秘密」を聞きだそうと意図したときには、キン・フー監督はまだキャリアを終えてしまってなどいなかったし、私たちもこれが最後のインタビューになるなどとはゆめにも思ってみなかったことだ。それどころか、私たちはむしろ、キン・フー監督の映画ができるだけ日本でも公開されるように、そしてまたキン・フー監督ができるだけ新作を撮ることができるようにとねがって、まずキン・フー映画読本のようなものをつくって各方面を刺激しようというのが目的だった。キン・フーを知らないことは、ジャン・ルノワールやアルフレッド・ヒッチコックを知らないのと同じくらいの損失なのだから！

「ヨーロッパの、とりわけフランスの映画狂たちが、ジャン・ルノワールとかイングマール・ベルイマンとかフェデリコ・フェリーニとかルイス・ブニュエルとか、あるいはジャン＝リュック・ゴダールなどを語るときとまったく同じ意味で、ヒッチコックを〈映画作家《オートゥール・ド・フィルム》〉とみなしていることに、多くのアメリカのインテリたちがおどろき、あきれていることを、わたしは知らないわけではない」とフランソワ・トリュフォーはまた書いているが、私たちもまた、キン・フー監督を「映画芸術の父」D・W・グリフィスの正統な後継者とみなし、ベルイマンやフェリーニやブニュエルやゴダールとならぶ偉大な「映画作家」

とみなしたいと思う。映画を見ればそれは一目瞭然なのだが、インタビューによる一冊の本がその資料的な証明になることは間違いないだろう。そして、もちろん、キン・フー監督は死んだが、作品は生きているのである。

後記に代えて――2

宇田川幸洋

ああ、無念！
武侠映画の巨星墜つ

キン・フー（胡金銓）監督が亡くなったのは、一九九七年一月十四日の夕刻、台北の病院でだった。

香港では夜八時台の生番組の最後に、ジェームズ・ウォン（黃霑）が緊急ニュースとしてこの訃報を伝えたのが第一報だったらしい。友人の呂学章からのＦＡＸでそれを知らされた私は、まさか！　と仰天した。以前、香港のある新聞で「コン・リー自殺！」という〝スクープ〟を目にしたことを思い出し、誤報であってくれればよいとも願った。キン・フーさんとは昨年（一九九六年）二月のゆうばり映画祭の際にお目にかかったのが最後になるが、つねに心臓の薬を服用されていたとはいえ、元気そのものだったのだ。しかし、翌十五日の台北、香港の新聞各紙は大きな紙面をさいて巨匠の死を報じた。心臓手術の失敗によること、その経過の詳細も伝えられ、もはや事実として受けとめるしかなかった。

香港の新聞は、キン・フーが長年あたためつづけていた企画『華工血涙史　Battle of Ono』をついに実現にこぎつけ、四月のクランクインをひかえて準備中だったことも伝えていた。この企画は、一九八五年の第一回東京ファンタスティック映画祭で『山中傳奇』が上映され、キン・フーさんが来日し、私はそのときに初めてお目にかかったのだったが、そのときすでに聞かされたものだった。これが早く実現していれば、キン・フーは国際的に高い芸術的評価を受けた（一九七五年カンヌ映画祭で『俠女』が高等映画技術委員会グランプリ）初めての中国人監督であるばかりでなく、初めてアメリカ映画界に進出した中国人監督となっていたわけだが、何度も実現しそうになりながら今に至っていたものだ。クランクイン前に体調に万全を期すため人間ドック入りしたのが仇となってしまった。これを撮り上げていたなら、キン・フーという名に新たな脚光が浴びせられたにちがいない。なおさらに痛恨の思いだ。

香港映画は六十年代に最初の黄金時代を迎え、そこから現在われわれがイメージするような、無国籍的な面白さにあふれた〝東洋のハリウッド〟映画、〈香港映画〉が始まる。この頃に国際市場を相手に中国語の題名とともに英語題名も付き、中・英文二段の字幕が入るという習慣も始まっている。この六十年代の黄金時代というのは、少し細かく言うと華僑の大資本による〈北京語映画〉の黄金時代であって、戦前からあった地場産業としての〈広東語映画〉はその一方で衰滅の一途をたどる。

〈香港映画〉がそこから始まるとするならば、キン・フーはそれを築き上げた第一世代に属するといえる。香港の北京語映画は、戦中から戦後にかけて、また中華人民共和国成立（一九四九年）前後に、それまで中国映画最大の拠点であった上海の映画人、映画資本が移って来て始まったものである。〝東洋のハリウッド〟が引っ越して来たのだ。キン・フーの師匠に当たる厳俊、その妻だった大女優で『迎春閣之風波』にも出演している李麗華らは、栄光と技能を背負って上海から香港にやって来た映画人だった。その上海から来た映画人たちの下について一から映画を学んだのが、キン・フーやリー・ハンシャンだった。中国のあちこちから香港に流れ着いた若者たちが、上海映画の技術を学び、やがて〈香港映画〉を創っていくのである。それに当たっては、上海映画にはなかった技術――カラー・シネマスコープ映画の作法も、日本のキャメラマン、西本正を通して導入された。

キン・フーが、この黄金時代に果たした役割といえば、もちろん、武俠映画に新風を巻き起こしたことである。『大酔俠』『龍門客桟』というたった二本の作品で、香港・台湾映画界の武俠映画ブームをリードする莫大な影響を与えたのだ。とくに台湾で撮った『龍門客桟』は東南アジア全域で空前の大ヒットとなった。武俠映画という武器によって台湾映画も香港映画と一体になって市場を獲得していくのである。これはキン・フーが真に独自のスタイルを確立した傑作でもある。始めから終わりまで一瞬たりとも緊迫感の切れることのない緊密な構成、シネマスコープいっぱいに展開するアクションの見事な演出——客桟(宿屋)という限定された舞台を最大限に活用するキン・フー的アクションの美学が躍如としている。何度見ても面白い。ハワード・ホークスの『リオ・ブラボー』や黒澤明の『七人の侍』、サム・ペキンパーの『ワイルドバンチ』と比肩しうるアクション映画の古典である。

　そして一九七〇年の『俠女』では欧米にも中国語映画の芸術性を知らしめた。七〇年代半ばで、すでに伝説的巨匠となった人である。そのため、もうかなり年の人かという印象を持たれてしまいがちだが、実は享年六十四歳(一九三二年生まれ)。イーストウッド、ゴダールより二歳、篠田正浩より一歳若い。年齢的にはヌーヴェル・ヴァーグの世代なのだ。まだまだ多くの作品を見せてほしかった。

　遺された作品は長篇短篇合わせて十三作。日本で劇場公開されたのは『龍門客桟』=『血斗竜門の宿』一本のみなのだ。キン・フーの真価はまだまだこれからの発見を待っているのである。

キン・フー監督の葬儀は一九九七年一月三十一日に台北の第一殯儀館で行なわれ、北京からキン・フーのお姉さんが駆けつけ喪主の役割を果たし、徐楓《シー・フン》、シルヴィア・チャン(張艾嘉)、鄭佩佩《チエン・ペイペイ》、上官霊鳳《シャンカン・リンフン》ら、監督の薫陶をうけた女優たち、また呉明才《ウー・ミンツァイ》、石雋《シー・チュン》、白鷹《パイ・イン》らの男優たちがとり仕切った。祭壇はキン・フー監督の『天下第一』(一九八三)で美術を担当した王童《ワン・トン》(『村と爆弾』等の監督でもある)によって設計された。祭壇の上には、李登輝総統、連戦行政院長(首相)、宋楚瑜台湾省主席から贈られた額が飾られ、盛大な葬儀であった。香港では二月三日に芸術センターで追悼集会が行なわれ、『大酔俠』が上映された。

キン・フー監督にはもっともっと教えていただきたいことが多かったのだが、いまはただ残された言葉を噛みしめている。

フィルモグラフィー

——年号は香港または台湾での初公開年。

——映画題名、（キン・フーの担当パート）、製作会社、スタッフ、キャスト、その他のデータの順に記した。

I——美術担当・出演・脚本・助監督作品（一九五二—六五年）

一九五二年
一板之隔（美術）龍馬 監督＝朱石麟
一家春（美術）長城 監督＝陶秦

一九五四年
吃耳光的人／笑声涙痕／笑声涙影（美術・出演）永華 監督＝厳俊 主演＝厳俊、林黛

一九五五年
有口難言（出演・助監督）軒轅 監督＝婁貽哲 主演＝厳俊、林黛（初の助監督。香港公開は六二年）

一九五六年
雪裡紅（出演）亞東 監督＝李翰祥 主演＝羅維《ロー・ウェイ》、李麗華、葛蘭《グレース・チャン》
金鳳（出演・助監督）永華 監督＝厳俊 主演＝厳俊、林黛 脚本＝李翰祥《リー・ハンシャン》
長巷（出演）亞洲 監督＝卜萬蒼 主演＝王引、葛蘭

一九五七年
三姉妹（出演）亞洲 監督＝卜萬蒼 主演＝王豪、張仲文
馬路小天使（主演）新天 監督＝李翰祥 共演＝林翠
囍（主演）東方 監督＝萬方 共演＝鍾情
恰恰姑娘（出演）清華 監督＝唐煌 主演＝上官清華、羅維
両傻大鬧攝影場（主演）電懋 監督＝易文 共演＝劉恩甲、丁皓、姜南、呉家驤、蔣光超
春色無辺（出演）海燕 監督＝王豪 主演＝王豪、鍾情
月落烏啼霜満天（出演）ショウ・ブラザース 監督＝厳俊 主演＝厳俊、尤敏《ユー・ミン》

一九五八年
安琪児（主演）ショウ・ブラザース 監督＝李翰祥 共演＝丁寧
全家福（出演）ショウ・ブラザース 監督＝李翰祥 主

演＝石英、王豪

妙手回春（主演）ショウ・ブラザース　監督＝李翰祥　共演＝楽蒂

一九五九年

妹妹我愛你（主演）国華　監督＝萬方　共演＝鍾情

江山美人（出演）ショウ・ブラザース　監督＝李翰祥　主演＝林黛、趙雷（六二年に日本公開）

擦鞋童（主演）亞洲　監督＝卜萬蒼　共演＝麦玲

一九六〇年

畸人艶婦（主演）ショウ・ブラザース　監督＝岳楓　共演＝楽蒂

後門（出演）ショウ・ブラザース　監督＝李翰祥

倩女幽魂（助監督）ショウ・ブラザース　監督＝李翰祥　主演＝趙雷、楽蒂

一樹桃花千朶紅（主演）ショウ・ブラザース　監督＝岳楓　共演＝楽蒂

狂恋（出演）ショウ・ブラザース　監督＝陶秦　主演＝杜娟、陳厚

一九六一年

燕子盗（出演）ショウ・ブラザース　監督＝岳楓　主演＝林黛、趙雷　武術指導＝韓英傑

隔牆艶史（主演）ショウ・ブラザース　監督＝何夢華　共演＝杜娟

売吻記（出演）ショウ・ブラザース　監督＝羅臻　主演＝陳　厚《ピーター・チェン》、范麗

一九六二年

花田錯（脚本・出演）ショウ・ブラザース　監督＝厳俊　主演＝楽蒂

一九六三年

花団錦簇（出演）ショウ・ブラザース　監督＝陶秦　主演＝陳厚、林黛

妙人妙事（出演）ショウ・ブラザース　監督＝五月汀　主演＝陳厚、丁寧

梁山伯與祝英台（第二班監督）ショウ・ブラザース　監督＝李翰祥　主演＝凌波、楽蒂　撮影＝賀蘭山（西本正）

福星高照（主演）ショウ・ブラザース　監督＝何夢華　共演＝楽蒂

一九六四年

武則天（出演）ショウ・ブラザース　監督＝李翰祥　主演＝李麗華、趙雷　撮影＝賀蘭山（西本正）

萬花迎春（出演）ショウ・ブラザース　監督＝陶秦　主演＝楽蒂、陳厚

願嫁金亀婿（出演）四維　監督＝羅維　主演＝劉亮華、羅維

玉堂春（監督代行・脚本）ショウ・ブラザース　主演＝楽蒂、趙雷

一九六五年

大地児女（監督・脚本・出演）最後の出演作

なお、以上のほかに、一九六二年に「紅髯子」という作品

の脚本を担当したとする資料もある。右のフィルモグラフィーは、数種の公開作品リストをもとに知りえた作品を集めたもので完全には遠い。

II——監督作品（一九六五—九二年）

一九六五年

大地児女 Sons of the Good Earth

ショウ・ブラザース　脚本＝キン・フー、程剛　製作＝ランラン・ショウ（邵逸夫）　撮影＝伍灼華、西本正（ただしクレジットされていない）　編集＝姜興隆　美術＝曹荘生　音楽（作曲）＝顧家輝　音楽（配楽）＝王居仁　録音＝王永華　助監督＝李昆、鄒漢斌

出演＝楽蒂、陳厚、金銓（キン・フー）、張沖、金漢、緑珠、井森、高容徴、蔣光超、陳燕燕、夏儀祝、李昆、雷鳴、李影、午馬、馮毅、王冲、張佩山、韓英傑、于霊鳳、唐迪、郝履仁、嘉玲、田豊

カラー・シネマスコープ　118分

監督名は「胡金銓 King Chuan」。フィルム上の英語題名は"Son of Good Earth"。

〈あらすじ〉

一九三一年の満洲事変以後、中国の東北地方（満洲）は日本の支配下に入り、華北地方にも緊張が漂っていた。その華北地方の古くからある町、文城県。人々は不安の中にも、変わらぬ日常を送っている。

棺桶屋の田大爺こと田徳貴（田豊）とその妻、田大媽（陳燕燕）が大家の、「大雑院」とも呼ばれる四合院（中庭を四方から囲んだ住宅）には、その名の通り、雑多な種類の住人たちがいた。看板書きで食っている貧乏画家の兪瑞（陳厚）とその相棒の老三こと関三省（李昆）。知識人の李守謙老人（李影）とその息子で病院勤務の医師、李孟石（王冲）夫妻。物売りの雷小鼓（雷鳴）。京劇役者の韓盛春（韓英傑）とその妻でやはり役者の于蘭仙。電気工夫の孫桂等々。

荷花（楽蒂）は、町で常宝禄（蔣光超）とその妻が経営しているいかがわしい店「桃李園飯荘」に吉林省から売られてきた娘だったが逃げ出し、「大雑院」で画家の兪瑞と老三に匿われた。巡査の郝警長（郝履仁）は事情をすべて知った上で黙認した。やがて兪瑞と荷花は思い合うようになり、結婚。「あの娘は可哀相な身の上だ。幸せにしてやれよ」と郝警長。婚礼の夜、「桃李園飯荘」の常宝禄が手下のごろつきたちを引き連れて、荷花を奪い返しに来るが、逆に警察局長、丁老虎（金銓）によって逮捕され、これまでの商売の咎により投獄される。

一九三七年、蘆溝橋事件勃発のあと、日本軍の全面的な中国侵略が開始され、文城県も占領された。常宝禄夫妻は日本軍にとり入って釈放され、再び酒色を提供する商売を始めた。そして兪瑞たちに復讐する。知識人の李守謙老人は日本軍への協力を拒み、自決した。京劇役者の韓盛春と于蘭仙夫妻は占領者とその傀儡たちのための慰問会で歌わされる。韓の弾く胡弓で妻の于が歌ったのは、歴史上の英雄にことよせて売

国奴を激しく罵り憤る歌。于は連れ去られ、日本軍の西尾司令官（馮毅）の毒牙にかけられる。韓は首を吊ろうとするが、物売りの雷小鼓に止められる。雷は日本軍への協力者を装い、実は遊撃隊（ゲリラ）のオルグ係をしていた。雷の説得で韓は山へ。郝警長が出迎える。画家の兪瑞は、日本軍に協力した常宝禄の策謀で拷問され、妻の荷花も西尾司令官に奪われるが、相棒の老三とともに游撃隊に参加する。遊撃隊の隊長は、警察局長だった丁老虎だった。「大雑院」にいた面々はみな遊撃隊に加わり、山中で戦闘訓練に励んだ。そして、ついに日本軍と壮絶な戦闘を交える。

　一九四五年、日本は無条件降伏し、平和が戻る。兪瑞は荷花と再会する。

一九六六年

大酔侠 Come Drink with Me

ショウ・ブラザース　脚本＝キン・フー、爾羊　製作＝邵逸夫　撮影＝賀蘭山（西本正）　編集＝姜興隆　美術＝曹荘生　音楽＝周藍萍　配楽＝王居仁　録音＝王永華　助監督＝鄒漢斌、爾羊

出演＝鄭佩佩、岳華、楊志卿、陳鴻烈、韓英傑、沈労、林健全、谷峯、李允中、王冲、藍偉烈、馮毅、袁小田、郝履仁

カラー・シネマスコープ　95分

監督、脚本ともに「金銓 King Chuan」としてクレジットされている。

〈あらすじ〉

　両江総督の息子、張歩青（王冲）が盗賊の幹部を護送中、山中で賊に襲撃された。賊は幹部を奪回、張を拉致した。賊を率いていた白ずくめの男は「玉面虎」の異名をとる副首領、殷中玉（陳鴻烈）。賊たちは、まだ投獄されている首領を奪回するために、総督の息子を交換の人質にしたのだ。しかし、総督は無法な要求には応えず、歩青の妹、張熙燕（鄭佩佩）をたった一人送り込む。彼女は「金燕子」と呼ばれ、悪人たちからは恐れられている武芸の達人だ。盗賊たちは金燕子の到来を察知した。

　男装の金燕子が客桟（旅館）に入り、酒を注文する。一味の賊たち（韓英傑、谷峯、馮毅、袁小田）が周りを囲み、金燕子の腕前を瀬踏みするように挑発を始める。ついに金燕子は両の長靴に差していた二本の短剣を抜く。賊たちは彼女の敵ではない。その夜、客桟に部屋をとった金燕子は賊の襲撃を受けるが、酔猫と呼ばれバカにされている酔どれの乞食（岳華）が彼女を宿の外に誘い出していたおかげで助かる。

　賊たちは近くの寺を根城にし、総督の息子、張歩青もそこに捕らえられていた。寺の住職（郝履仁）は迷惑しているが、賊たちはいま寺を留守にしている了空大師（楊志卿）と通じているのだ。

　翌朝、酔猫は乞食の子供たち（火星ほか）を連れて客桟で歌を歌い、銭を稼ぐが、「廟」という字を分解して歌に詠み、金燕子に賊の根城を暗示する。女の姿で寺に行った金燕子だが、見破られ賊に囲まれる。白ずくめの玉面虎も剣の達人だ。

追いつめられた金燕子を、物陰から乞食の酔猫が木の実を投げたりして救う。しかし、玉面虎の扇子から飛び出した毒針を金燕子は肩に受けてしまう。逃げる途中、気を失った金燕子を助けたのは、またしても酔猫。隠れ家で、彼女の傷口から毒を吸い出し、手当てをする。隠れ家が発見され、数人の賊が侵入してきたとき、酔猫は金燕子を護るために初めて本来の腕前を発揮、一瞬のうちに刺客たちを倒す。その死体を、翌日、酔猫は何食わぬ顔で玉面虎に運び届ける。ついでにふるまい酒にありつきながら、玉面虎の扇子から毒針をこっそり抜いておく。

了空大師が寺に帰って来た。死体を見て、これは金燕子の仕業ではないと大師は見抜く。自分のおとうと弟子で「酔侠」の異名をとる范大悲以外にこのような腕前の主はいない、と。死体を運んできた酔猫なる乞食こそ范大悲ではないのか。しかし、酔猫の姿はすでになかった。

酔猫は、たしかに「酔侠」范大悲その人だった。了空大師の前身は、無法者の刁敬塘。孤児だった大悲を拾い上げ、同じ師のもとで武術の奥義を極めた。了空は師を殺して逃げたが、武術の幇（一門）を統合する象徴である伝家の宝、青竹杖は大悲が持っているのだ。いつかそれを奪おうと彼を捜していた。そういう宿命の間柄なのだった。

大悲は金燕子に、人質交換を承知するように父上に進言しろと言う。彼には計略があった。

南山十字坂で人質交換が行なわれる。張歩青の車が軍に渡され、盗賊の首領の車が賊の手に渡されるが、その車の下に身を隠していた大悲がとび出し、賊を斬る。首領の車は坂を転がり下りて再び軍の手に戻った。だが、帰路、軍の隊列は賊の大群に襲撃される。女ばかりの兵隊を率いた軍装の金燕子も大刀を振るい敵を次々と斬っていく。玉面虎と再び対決し、二本の短剣を抜いた金燕子はこんどは優位に立つ。玉面虎は必殺の扇子を出すが針はない。そのとき了空大師が間に入り、玉面虎を逃がす。大悲が了空と闘う。掌から気をぶつけ合う超人的な闘いだ。大悲が剣先を了空の喉もとにつきつけるが、かつての兄弟子を殺せず、改心を誓わせて逃がす。しかし、了空の悪の本性は変わらず、隠れ家に戻った大悲を再び襲う。伝家の宝、青竹杖を盗みに来たのだ。前にも増して激しい闘いがくりひろげられ、了空は青竹杖で心臓を刺されて死ぬ。

軍隊とともに去って行く金燕子を、「酔侠」こと大悲と乞食の子供たちが見送る。

一九六七年

龍門客桟　Dragon Gate Inn

聯邦（台湾）　脚本、タイトル・デザイン＝キン・フー
製作（出品人）＝沙栄峯　製作指揮（監製）＝張陶然　製作補佐（策画）＝張九蔭　プロダクション・マネージャー（製片）＝楊世慶　撮影＝華慧英　撮影助手＝周業興　編集＝陳洪民　装飾＝毛威　音楽＝周藍萍　武術指導＝韓英傑
記録＝苗天　助監督＝屠忠訓
出演＝上官霊鳳、石雋、白鷹、曹健、李傑、高明、葛小宝、

高飛、薛漢、苗天、韓英傑、劉楚、二牛、徐楓、田鵬、文天、萬重山
カラー・シネマスコープ　119分。フィルム上の英語題名は"Dragon Inn"。

徐楓以下の四名は初出演。日本公開題名は『血斗竜門の宿』または『残酷ドラゴン 血斗竜門の宿』。

〈あらすじ〉

明朝中葉、景泰八年（西暦一四五七年）。

太監の曹少欽（白鷹）は、錦衣衛と東廠の二つの特務機関を掌握し、権勢をほしいままにしていた。朝臣も民衆も彼とその配下の暴挙を恐れた。曹少欽は武術の達人でもあった。この曹少欽に、忠臣の誉れ高い兵部尚書、于謙があらぬ罪を着せられ処刑されたのは歴史的事実。于謙には息子が二人、于免と于廣それに娘、于欣（徐楓）がいたが、三人とも北の辺境、龍門に流刑と決まる。しかも、彼らが成長して復讐することを恐れた曹少欽は、護送の道中を東廠に襲わせる。「種は根絶やしにしてこそ発芽しないのだ」と。しかし、その襲撃は于謙の腹心の将軍だった朱の息子、朱驥（薛漢）の出現によって失敗に終わった。曹少欽は次の命令を下す。龍門に先回りして待ち伏せろ、と。曹少欽配下の最も腕の立つ皮紹棠（苗天）とその次に位置する毛宗憲（韓英傑）に率いられた数十人の密偵たちが馬で龍門に向かった。目的地の手前で馬を下り、制服を脱いで民間人を装い、付近で唯一の宿泊所、龍門客桟に投宿した。到着するなり同行してきた荷役の人夫たちを全員斬り殺し、近くに駐屯している辺境守備兵十数名も皆殺しにした。

仕込み杖ならぬ仕込み傘を携えた風来坊、蕭少鎡（石雋）が、ふらりと客桟に訪れる。密偵たちは酒に毒を入れたり、弓を射かけたり、蕭を片づけようと謀るが、うまくいかない。そのうち、出かけていた客桟の主人、呉寧（曹健）が戻ってくる。蕭と呉はふるい友人同士。実は二人とも于謙の腹心で、呉は将軍だった。彼らは于謙の遺児たちを曹少欽から守ろうとする。

同じ目的をもって朱驥とその妹、朱輝（上官霊鳳）も龍門客桟に到着する。朱輝は男装して、りりしい若武者ぶりである。朱兄妹は初め蕭少鎡と呉寧の正体がわからず、とりわけ蕭を敵と疑うが、呉によって誤解をとかれる。呉は兄妹が子供の頃に「伯父さん」と呼んでいた、父の親友であった。客桟に投宿した怪しい者たちが東廠、錦衣衛だという確証をつかんだ四人は、協力してことに当たることにした。

翌日、刑部官に護送された于謙の遺児たちが到着する。四人は刑部官たちとも連携して東廠、錦衣衛たちと戦う。蕭は毛宗憲を倒した。しかし、皮紹棠が逃げ際に投げた刀で朱輝が傷を負う。この日の戦闘は多くの者が傷ついた。呉らは敵の負傷者も手当てしてやった。曹少欽によって無理矢理に東廠に勤めさせられ、宮刑も施されたダッタン人の多刺（萬重山）とその弟は、呉らの側につくことを誓う。彼らは曹少欽の弱点を知っていた。喘息持ちだということだ。部下たちを殺されたことを知った辺境守備隊の隊長も、残った守備隊ともども曹を討つ側にまわることを決意した。

ついに曹少欽が直々に、行列を連ねて龍門にやって来たが、すでに客桟はもぬけの殻。高山で最後の死闘が果てしなくくりひろげられる。曹少欽はひとりで蕭少磁ら全員を相手にまわし、超人的な武術の力量を見せる。蕭少磁は曹少欽が宦官であること、すなわち身体的に欠陥があることをからかって怒らせ、喘息の発作を誘う。全員が負傷しながらもしだいに曹少欽を追いつめ、最後はダッタン人の兄弟が犠牲になりながら、その兄の最期の一太刀で曹少欽の首がついに落ちる。皆に見送られ、無事に旅立つ于家の子供たち三人。

一九七〇年

俠女 A Touch of Zen

聯邦（台湾）　脚本＝キン・フー（蒲松齢「聊斎志異」中の一篇「俠女」より）　製作（出品人）＝沙栄峰　製作指揮（監製）＝夏呉良芳　製作補佐（策画）＝張九蔭　製作主任（製片）＝楊世慶　撮影＝華慧英　撮影助手＝周業興　編集＝汪晋臣　美術＝陳上林　大道具（佈景）＝鄒志良　音楽＝呉大江　作曲＝駱明道　古琴指導＝侯済舟　武術指導＝韓英傑、潘耀坤　助監督＝苗天

出演＝徐楓、石雋、白鷹、喬宏、田鵬、曹健、苗天、張冰玉、薛漢、王瑞、萬重山、高明、韓英傑、郝履仁、朱元龍（サモ・ハン・キンポー）、魯直、賈魯石、門祝華、張允文、劉楚、陳世偉、杜偉和、馮健権、林正英

カラー・シネマスコープ　188分

台湾では上・下二部に分けて一九七〇年と七一年に公開。香港では七一年に一挙公開。ビデオ発売題名『俠女』。

〈あらすじ〉

明代。陝西省の田舎町のはずれに、顧省斎（石雋）は母（張冰玉）と二人で暮らしていた。学芸の才を生かし、町に店を開いて書や絵を書いて売っていたが、生活は貧しい。科挙になかなか合格せず、三十過ぎても嫁をとれない。これでは家が途絶えてしまうと母は苛立ち、落ち着かなかった。

欧陽年（田鵬）という眼光の鋭い青年が、顧に肖像画を描いてくれと言って来た。彼はこの町に何かを探りにやって来たようだ。漢方医の魯定庵（薛漢）とその息子（萬重山）、そして石先生と呼ばれる盲目の占い師（白鷹）に欧陽年の鋭い眼光は注がれた。

顧の家の隣のチンルー砦（靖虜屯堡）は荒れ果てて幽霊が出そうな所だったが、そこに謎めいた美しい女が住みついた。老母と一緒だという。顧の母はあれこれと親切にしてやる。顧家の嫁にという下心からだ。女の名は楊（徐楓）といった。楊は嫁入りの話はきっぱりと断ったが、ある月の美しい夜、顧を招いた。月明かりの中で琴を弾き、歌う姿は美しかった。顧は彼女を抱き、彼女もそれをうけいれた。

翌朝、二人が眼をさます前に、欧陽年が押し入ってきた。驚く顧をおいて欧陽と楊は腰の細刀を抜いて斬り合う。女の腕はみごとで、欧陽年は逃げていった。

彼女は、処刑された重臣、楊漣（賈魯石）の娘、楊慧貞だった。父は東廠を支配する宦官、門達（王瑞）におとしいれられたのだった。門達は楊の一族を皆殺しにしようとしたが、

娘は父の腹心の二人の将軍に助けられて逃げ、慧圓大師（喬宏）の寺に匿われて武術を修行した。二人の将軍は漢方医の魯と盲目の占い師の石に身をやつした。そうして復讐の機会をうかがうことにしたのである。

欧陽年は東廠の密偵だった。

楊慧貞を愛した顧は、彼女のために一肌脱ぎたいと思う。武芸はからきしだめだが、兵方は書で学んでいる。欧陽年が山に向かった意味を顧は見抜いた。連絡員と会いに行ったのだ。山中の竹林で、楊は馬で逃げる欧陽の背に手裏剣を浴びせ、連絡員の東廠二人を、石将軍とともに斬り殺した。宙空高く舞い上がり、飛来する超人的な技だ。傷を負った欧陽年は死んだ。魯らは仇、門達をおびきよせるため、敵はチンルー砦にいると欧陽の印を押した偽の手紙を出す。門達が東廠を大勢引き連れてやって来る前に、顧は砦の中に罠と仕掛けを張りめぐらし、おしゃべりな母に頼んで、砦には化け物が出るという噂を近隣にまき散らした。夜、砦に到着した東廠の者たちはびくつき、顧の仕掛けにまんまとはまり、矢継ぎ早に石弓や投擲器で攻められて倒れていく。父、楊漣の位牌の前で、慧貞はみごとに仇を討った。

翌朝、顧は自分の策と知識が功を奏した快感で高笑いする。諸葛孔明にでもなった気分だ。だが、所せましと転がっているなまなましい死体を目にして、急に心が冷える。慧圓大師と僧たちが死者を供養している。楊たちはすでに旅立ったという。復讐をとげて仏門に入るのだ。顧も楊を追って旅に出る。が、寺の近くまで来たとき、僧が顧の前に赤ん坊を置いていく。楊慧貞が産んだ顧の子供だ。顧家が絶えないようにと、彼女にできる最高の礼を尽くしたのだ。顧は赤ん坊を抱いて去る。

だが、彼は指名手配の身である。仙人《そまびと》（郝履仁）が東廠を呼ぶ。顧の危機を救いに楊と石が駆けつける。東廠の捕手たち（林正英ほか）は蹴散らすことができたが、強敵が現れる。錦衣衛北鎮撫司の許顕純（韓英傑）とその部下（サモ・ハン・キンポー）らだ。苦戦する楊と石を救援に、慧圓大師と僧たちが宙を飛ぶようにしてやって来る。大師の術は許を上まわった。僧たちが縄で許を身動きできなくする。大師は許に仏の道を説き、改心をすすめる。うなずく許。しかし、放された許は、荒地で大師や楊ら一行を待ちうけ、改悛のふりを装って不意に短刀で大師の腹を突いた。しかし、つづく戦いの中で、許はしだいに錯乱していく。大師の腹からは金色の血が流れ出す。錯乱した許は、崖から自ら飛び下りて死ぬ。大師の姿に後光がさしている。

喜怒哀楽 Four Moods（オムニバス映画）の第二話
〈怒〉Anger

藍天　脚本＝キン・フー、謝家孝（京劇「三岔口」より）　製作主任（製片）・武術指導＝潘耀坤　撮影＝陳清渠　編集＝王朝曦　美術＝李小鏡　音楽＝呉大江
出演＝曹健、張福根、薛漢、陳慧樓、胡錦、陳宝亮、黄国柱、杜偉亮、李達
カラー・シネマスコープ　40分

〈あらすじ〉

楊元帥（曹健）の部下、焦賛将軍（薛漢）は、王若青の娘婿を殺したが、相手にも非があったということで死刑は免れ、流刑となった。だが王若青は、焦賛を流刑の地へと送る四人の役人（陳宝亮、黄国柱、杜偉亮、李逵）に、焦を殺せば大金を払うと言いふくめ、役人たちはつねにその機会をうかがっている。焦賛の危機を知った楊元帥は、焦の同僚、任堂恵（張福根）に護衛役を命じる。役人たちと焦が投宿した人里離れた客桟に、民間人に身をやつした任堂恵も到着する。六人のほかに客はない。客桟の主人、劉利華（陳慧樓）とその妻（胡錦）は小悪人である。客の持ち物も狙うし、金のためなら何でもする。四人だけでは豪傑、焦賛を倒せないと悟った役人たちが共謀をもちかけると、劉は同意。また、あとから来た任堂恵の荷が銀貨でずしりと重いのを見ると、それも奪ってやろうと狙う。劉の妻は「あら、いい男だねえ」と任堂恵に見惚れ、殺す前にそちらの方もと欲張っている。

深夜、明かりを落とした暗闇の宿の中で、八人の乱闘が始まる。焦と任が互いの正体に気づかず刃を交わす一幕も。夜明けに、劉が妻の投げた剣で倒れ、幕となる。

一九七三年

迎春閣之風波　The Fate of Lee Khan

ゴールデン・ハーベスト／金銓電影公司　脚本＝キン・フー、王冲　製作（出品人）・美術・タイトル文字＝キン・フー　製作主任（製片）＝李生　撮影＝陳朝鏞　編集＝梁永燦　音楽＝顧嘉輝　武術指導＝朱元龍（サモ・ハン・キンポー）

出演＝田豊、徐楓、李麗華、アンジェラ・マオ（茅瑛）、胡錦、白鷹、喬宏、馬海倫、上官燕児、韓英傑、呉家驤、呉明才、魏平澳、郝履仁、姜南、李文泰、楊威、王冲、陶威、杜偉和、西瓜刨、孫嵐

カラー・シネマスコープ　104分（ビデオ発売題名も同じ）

〈あらすじ〉

元朝末期。反元運動が、のちに明朝の太祖となる朱元璋をリーダーとして高まっていたが、その朱元璋の部下の中に裏切り者が出た。革命軍の戦略図を引き渡すという手紙を受け取ったのは、元の宗族、河南王、李察罕《リー・カン》（田豊）の妹、婉児（徐楓）であった。リー・カンは妹とともに、曹玉昆（喬宏）らの衛兵を連れ、戦略図を手に入れるため陝西へと赴く。そのことを察知した反元地下組織の連絡係、饅頭屋の劉（郝履仁）は、リー・カン一行が投宿するであろう酒館にして客桟、迎春閣の女主人、萬人迷（李麗華）に知らせて戦略図の奪回を準備させる。萬人迷は、まずその色香で土地を治める役人、都魯哈赤（呉家驤）を味方につけておき、古い仲間を呼び集めた。身の軽いスリ、黒牡丹（アンジェラ・マオ）、詐欺師の水蜜桃（胡錦）、芸人の小辣椒（上官燕児）、辻強盗の夜来香（馬海倫）。四人はいずれも内実は海千山千だが、そんなことは感じさせない美しい女たちだ。彼女たちを女給に配し、萬人迷は黄、水蜜桃は赤、黒牡丹はその名のままに黒、といった具合に色とりどりの制服もあでやかに、賭博施設も増設

して、にぎやかに客を呼び込むべく迎春閣は新装開店した。給仕の小順子（呉明才）が幟を上げる。

集まる客の中には敵味方が入り交じっている。リー・カンはあらかじめ迎春閣の内情を探らせるために、軽薄な好色漢を装った文黙斎（魏平澳）を送りこんで来た。反元の志士、王士誠（白鷹）と沙雲山（韓英傑）は正体を悟られないように、王は萬人迷の親戚の者として帳場に立ち、沙は芸人として歌を歌い、その場にとけこんだ。彼ら反元の志士たちが互いに正体を知るには銭が目印になっていた。

リー・カン一行が、迎春閣に到着。饅頭屋の劉を、見せつけるように処刑したのち、宿をとる。翌日、荒野の中でリー・カンと婉児は、朱元璋陣内の裏切り者、沈天松（孫嵐）から戦略図を受け取る。その後、王士誠らが沈を捕らえる。

水蜜桃が見張りの衛兵（楊威）の気を引いている隙に黒牡丹がひらりと婉児の部屋に忍び入り、手箱の錠をあけて書類を盗み出す。しかし、それは別の物だった。戻しておかねば怪しまれる。小辣椒がその役を負うが、婉児に気づかれ、ただちに斬り殺された。

リー・カンは迎春閣の全員を疑い出し、王士誠に対し、忠誠を示すために沙雲山を斬れと命じる。王は沙に斬りかかると見せかけ、二人でリー・カンを襲う。これによって火蓋が切られ、迎春閣で壮絶な闘いがくりひろげられる。衛兵の曹玉昆が、実は反元の志士だったことも明らかになる。戦いは荒野に出てつづけられ、黒牡丹、夜来香、水蜜桃が次々に散っていく。婉児とリー・カンはついに倒され、戦略図は奪回された。迎春閣に火を放ったあと、萬人迷、王士誠、曹玉昆は、裏切り者の沈天松を引き連れ、馬で走り去って行く。

一九七五年

忠烈図　The Valiant Ones

金銓電影公司　脚本・製作（出品人）・美術・タイトル・デザイン＝キン・フー　撮影＝陳清渠　編集＝蕭南　音楽＝王俊東　武術指導＝朱元龍（サモ・ハン・キンポー）

出演＝喬宏、白鷹、徐楓、韓英傑、サモ・ハン・キンポー、袁小田、呉明才、呉家驤、陶威、劉江、楊威、李文泰、姜南、郝履仁、趙雷、屠光啓、火星、元華、ユン・ピョウ

カラー・シネマスコープ　103分

ビデオ発売題名は『忠烈圖』、LDは『忠烈図』。

〈あらすじ〉

明朝も後期の十六世紀。中国南部、逝江省の沿岸を荒らしまわる倭寇は、日本人の博多津（サモ・ハン・キンポー）と中国人の許棟（韓英傑）によって率いられていた。嘉靖帝（趙雷）から逝江巡撫に任命された朱紈（屠光啓）は、血気にはやるばかりで無能な将軍、周立徳（楊威）に見切りをつけ、有能な武将、兪大猷（喬宏）を他の任地から呼び寄せて倭寇討伐の一件を委ねることにした。兪大猷は、少数精鋭で隠密行動をとるのが有効と判断し、六人の手勢を呼び集めた。湯克倹（劉江）、盧少棠（李文泰）、周發（呉明才）、爆薬の専門家、王世科（陶威）、それからもとはならず者だったという噂もある「一陣風」こと伍継園（白鷹）と彼の妻で苗《ミヤオ》

族の伍若詩（徐楓）である。兪自身を入れて総勢七名。一騎当千の強者が揃った。倭寇が役人といかに密接に通じているかは、彼ら七人の結集がすでに敵方に筒抜けで、結集場所の漁師、老李（郝履仁）の家が弓矢の襲撃を受けたことで知れた。七人は早速、仕事の手始めとばかりに襲撃隊を返り討ちにした。老李も協力。彼はこのあとも貴重な味方となる。

朱紈からの正式の下命を済ませてから、兪大猷ら七人は商人を装って倭寇の跳梁する地帯へ入っていく。茶店などでの小さな奇襲を何度か受け、林の中にいた七人は、倭寇に取り囲まれる。木の上の周發が敵の数と位置を見取って笛で知らせ、兪大猷が碁盤に黒と白の石で戦略を示す。七人は一糸乱れぬ行動で敵を撃退した。兪大猷の狙いは、逃げていく敵の跡を追って倭寇の本拠地をつきとめることにあったが、功をあせる周将軍が逃げる敵の行く手を阻んだので、この作戦は失敗に終わった。新たな作戦を立てねばならない。倭寇と通じている役人は、検察官の林懋和（呉家驤）で、その従者、林通（姜南）が連絡係だった。伍継園は彼らを脅し、倭寇が潜む島に案内させる。かつてはならず者だったという風評を利用し、島に乗り込んだ伍継園と伍若詩の夫婦は、倭寇側に寝返らせてくれと博多津、許棟に申し出る。忠誠を誓う証しに兪大猷を殺してくると言明、若い倭寇たち（ユン・ピョウ、ユン・ワー）や黄和尚（袁小田）を相手に武術の腕前のほどを見せた。

そうしておいて伍継園夫妻は、兪大猷ら討伐隊全員を島に引き入れ、最後の死闘が始まる。王世科の爆薬が威力を発揮する。林の中での激戦から、海岸に逃げた博多津と、それを追った伍継園の凄まじい斬り合い。伍若詩、周發も加わり、ついに博多津は仕留められるが、彼ら三人も落命する。生き残った者は、わずか兪大猷と王世科の二名だけであった。

一九七九年

空山霊雨　Raining in the Mountain

羅胡聯製有限公司　脚本・美術・タイトル・デザイン＝キン・フー　製作（出品人）＝キン・フー、胡樹儒　編集＝キン・フー、蕭南　製作指揮（監製）＝羅開睦、鍾玲、撮影＝陳俊傑　音楽＝呉大江　武術指導＝呉明才　助監督＝佟林、但漢章、記録＝劉嘉蔚

出演＝徐楓、孫越、佟林、田豊、陳慧樓、秦沛、呉家驤、呉明才、魯純、金昌根、石雋、李文泰、杜偉和

カラー・シネマスコープ　118分

ビデオ発売題名『空山霊雨』。

〈あらすじ〉

西暦十五世紀、明の時代。仏教の名刹、三宝寺をめざして、その地方の大地主で寺の相談役、文安（孫越）が山を登って行く。同行の二人は、新たに娶った夫人と見せかけた、実は名うての女盗賊、白狐（徐楓）とその手下の金鎖（呉明才）。

三宝寺の住職、智厳（金昌根）は、高齢のため後継者を決めて引退しようとしている。その選出に際して文安も相談役として招かれたのだが、彼の狙いは、この際に寺に伝わる三蔵法師直筆の経典「大乗起信論」を盗み出すことにあった。

そのために白狐を雇ったのだ。

　経典を狙う者は、ほかにもいた。やはり相談役として招かれた王将軍（田豊）だ。将軍は、無法者上がりの副官、張誠（陳慧樓）を伴っていた。張誠は白狐と金鎖の正体を見抜く。智厳の第一の弟子、慧通（石雋）は王将軍と、第二の弟子、慧文（魯純）は文安と手を結び、自分を後継者に推輓してもらう代わりに、彼らが経典を盗み出すのに手を貸すという取引をそれぞれしていた。

　外部から訪れた相談役はもう一人いた。すべての煩悩から解脱した高僧、物外法師（呉家驤）である。法師は、華やかな衣をまとった女の弟子たちを伴ってやって来た。

　予定外の到来者も一名。兄が謀叛のかどで死刑になり、自分も一種の流刑として一生を僧として送るように宣告された罪人、邱明（佟林）だった。彼は智厳と物外法師に、自分は無実であると告げ、しかし、こうなったからには衷心から仏教に帰依すると誓った。得度した彼は、慧明という名をもらった。実は王将軍の副官、張誠こそ、邱明の兄に無実の罪を被せ、家の財産すべてを横取りした張本人だった。張誠は警戒心から敵意を剥き出しにするが、邱明改め慧明は平然としている。

　後継者の選考が始まった。第一の弟子、慧通。第二の弟子、慧文。そして第三の弟子、慧思（泰沛）。この三人の中から選ばれるに違いないと誰もが予想したが、意外なことに、智厳が選んだのは、罪人として連れて来られた慧明だった。僧たちは動揺する。住職の座に就いた慧明に、高弟たちがほかの僧をけしかけて無理難題をふっかけるが、慧明はこれをみごとにさばいてみせる。

　智厳は寺を出て入寂を待つことになる。そのための式が海辺で行なわれているとき、文安、白狐、金鎖は三宝寺の経蔵から「大乗起信論」の入った箱を盗み出したが、やはり教典を狙って来た張誠との争いになる。激しい闘いの末、張誠は死ぬが、金鎖も倒れる。

　王将軍と僧たちが追って来たので、文安と白狐は渡し舟で川を渡る。向こう岸に上がった後、文安は口封じのために船頭の老人を殺そうとするが、その考えを読んだかのようにすでに舟は岸を離れていた。ふり向いて笠の下の顔を見せた船頭は、なんと智厳その人だった。

　物外法師の弟子の女たちが、谷の上から降り注ぐように、宙を舞って追ってくる。白狐はついに捕らえられる。文安は海岸に逃げるが、過って崖から落ちた。

　慧明は「これがすべての災いのもとだ」と、三蔵法師の筆になる経典を、すべての僧たちと王将軍の前で燃やしてしまう。その上で、智厳老師が十数巻も写経してあった「大乗起信論」の一巻を王将軍に進呈する。

　白狐は慧明によって得度を受け、尼となった。

山中傳奇　Legend of the Mountain
第一／金銓　製作（出品人）・美術・タイトル・デザイン＝キン・フー　編集＝キン・フー、蕭南　製作指揮（監製）＝黄卓漢　脚本＝鍾玲（宋代話本「西山一窟鬼」よ

り）　撮影＝陳俊傑　音楽＝呉大江　武術指導＝呉明才
助監督＝佟林、但漢章　記録＝劉嘉蔚
出演＝徐楓、シルヴィア・チャン（張艾嘉）、石雋、佟林、田豊、呉明才、徐彩虹、陳慧樓、孫越、呉家驤、金昌根、魯純
カラー・シネマスコープ　180分
ビデオ発売された版は香港公開版と同じく116分。短縮版では孫越が出てこない。映画祭上映、ビデオ発売題名ともに『山中傳奇』。

〈あらすじ〉

西暦十一世紀、宋の時代。何雲青（石雋）はその学殖を買われ、伽倻山海印寺の法円上人（金昌根）が翻訳したタントラ仏教の経典を校訂・清書した上で都へ届ける役目を依頼される。西夏との闘いで死んだ兵士たちの魂を鎮める儀式のための経文なのだ。冥界と交感し、迷える魂を救うことのできる力をもつお経である。海印寺の慧明和尚（魯純）は何雲青に、韓将軍（孫越）の補佐の崔鴻至（佟林）の所に行けば、仕事をする間の居場所を提供してくれることになっていると言う。また、この経文を狙う悪霊がいるだろうから気をつけなさい、と数珠をくれた。

旅の途中、何雲青はある荒れた堂に腰を下ろして休んでいると、睡気に襲われた。ふと目をさますと、通りかかった杣《そま》人《びと》（呉家驤）が韓将軍府への道を教えてくれた。

そこは山の中だった。住んでいるのは崔鴻至と、口のきけない、気のふれた、かつての兵士、老張（田豊）だけ。韓将軍は多くの兵士たちとともに戦死し、残った兵も撤退したとのこと。将軍の側室の家だった所が何雲青の住いとしてあてがわれた。近くに住む王媽媽（徐彩虹）という老女が訪ねてきて、何雲青にぜひ自分の子供に学問を教えてやってくれと懇願する。その夜、王媽媽の召使の小青が迎えに来て、何雲青は王家の晩餐に招かれた。その道すがら、夜道の暗さを少しも恐れぬ小青が、一人のラマ僧（呉明才）の姿を見て著しくおびえたのは奇妙であった。宴には崔鴻至も同席した。王媽媽の子供というのは、彼女には似ても似つかぬ美しい女、楽娘（徐楓）だった。楽娘の奏でる鼓の音には妖しい力があるようで、何雲青はひどく酩酊し、意識を失った。翌朝、何雲青は自分の住いで目をさました。楽娘もそこにいた。酔った彼を送ってきて彼に求婚され、そのまま床をともにしたのだと言う。まったく憶えていないが、何雲青は言われるままに楽娘と夫婦になることにした。蜜月の日々が流れる。

楽娘と王媽媽は、実は経文を狙う悪霊だった。経文の力で霊界を支配しようと考えているのだ。だが、何雲青が経文を完全なかたちに仕上げるまで待たねばならない。ラマ僧は楽娘の企みを察し、それを阻もうとしているのだが、楽娘の魔力に歯が立たない。そこで彼は、道士（陳慧樓）と手を組むことにする。彼らも楽娘の鼓に対抗して法力をもつ楽器を用いる。道士の住む廟の下には荘夫人が営む居酒屋がある。荘夫人の夫は戦死した役人だ。崔鴻至に連れられてそこへ行った何雲青は、夫人の娘の依雲（シルヴィア・チャン）に会って驚く。この山に来る途中、何度も見かけたが、その度にふ

っと姿が消えてしまった横笛を吹く清純な乙女、それが依雲だったのだ。その日、崔鴻至は、かねてからいい仲らしい荘夫人と奥の部屋へ消え、何雲青と依雲は谷に薬草を採りに行って雷雨に遇い、荒れた寺で一夜を明かすことになった。怒った楽娘は、妖術で何雲青の足を動かなくし、経本が完成するまでこのままにしておく、と彼を書斎に閉じ込めた。それを救ってくれたのは依雲だった。

　崔鴻至の進言で何雲青はラマ僧たちに会いに行く。そこに楽娘が現れ、ラマ僧との術合戦になるが、ラマ僧が勝つ。道士が楽娘を叱りつけ、寺の境内に立てた黒い板の上に、彼女が人間だった頃の姿を映し出して見せる。楽娘は、かつては韓将軍の側室だった。彼女の鼓の情熱的な響きは将軍を魅了した。だが、清爽・澄明な音色の横笛を吹く新しい側室、依雲に将軍の寵愛は移った。嫉妬に狂った楽娘は依雲を殺し、その犯罪が露顕するや自害して果てた。霊となってから、楽娘は道士から術を習い、それを邪悪な目的に使うようになった。王媽媽は楽娘によって水に引き込まれて殺され、彼女に仕えさせられているのだった――この彼女たちがいかにして亡霊となったかのくだりは、香港公開版および日本でのビデオ・リリース版（一時間五十六分）には含まれていない。

　ラマ僧が用意してくれた家に居を移し、何雲青は経文の完成を急ぐ。やっと完成したとき、依雲が訪ねてくるが、それは楽娘の化けた姿だった。あとから本物の依雲が現れる。経文を奪って逃げる楽娘。追う依雲。どちらが本物かわからなくなる。ラマ僧の指示に従い、何雲青は数珠を投げる。楽娘の体が破裂し、溶ける。依雲も、王媽媽も、崔鴻至も、さらにはラマ僧、道士、老張までも。みんな消えてしまい、経文だけが残った。

　朝、荒れた堂で何雲青は目をさます。前と同じ杣人が通りかかる。「まだ行かなかったのかい?」。あれは、いつの間に起こった出来事だったのか……。

一九八一年

終身大事　The Juvenizer

金銓電影公司　脚本・製作（出品人）＝キン・フー　編集＝キン・フー、蕭楠、汪晋臣　製作指揮（監製）＝鍾玲　製作補佐（策画）＝シルヴィア・チャン　製作主任＝傅維徳、張鵬　撮影＝周業興　音楽＝周錦栄　助監督＝劉嘉蔚、李龍

出演＝陶威、シルヴィア・チャン（張艾嘉）、シベール・フー（胡慧中）、孫越、管管、載多多、劉嘉芬、周瑞舫、伍克定、高明、金彬、薛漢、馬世莉、任浩、文天

カラー・シネマスコープ　100分

〈あらすじ〉

現代の台北。陶立民（陶威）は広告代理店で主任の地位にあるデザイナー。三十三歳で独身。毎朝、バスで通勤している。いつも一緒になる若い女性のことがちょっと気になっている。

　会社はあまり景気がよくない。日本の松本製薬が台湾で売り出そうとしている栄養ドリンク「青春素」の広告の仕事が

とれないと、倒産するかもしれない。会長の何と社長の袁義華（高明）が松本製薬の社長、松本（孫越）と会っているホテルに、陶はポスターの原稿とテレビ・コマーシャルのビデオを持って行き、プレゼンテーションする。ポスターの原稿はその日の朝に過って汚し、絵の部分をだめにしてしまったのだが、その部分に二枚の写真を付し、「見る角度によって写真が変わる斬新なアイデア」とごまかす。外国の要人と会談中、居眠りを始めた毛沢東らしき人物が、江青夫人そっくりの女の持って来た「青春素」を飲むや、にわかに元気になるというテレビCMは松本の気に入ったようだ。

病身で、車椅子に座っている松本は「コカコーラ、ペプシコーラを打倒するぞ。戦争では負けたが、経済で勝つのだ！」とぶち上げる。陶が歯に衣を着せぬ意見を言うと、口から泡をふいて気絶してしまうが、それでも陶が気に入ったらしく、宣伝を任せる気になる。

しかし、松本は、陶がまだ独身だと聞くと、それはよくない、家庭がしっかりしている男の方が仕事上も信頼できる、と言い出す。会長の何と社長の袁は、でも彼はもうじき結婚するのです、と口から出まかせを言う。では、その結婚パーティーのめでたい日に仕事の契約も交わそう、と松本に言われ、もう前言撤回もならず、かくして陶立民は急いで相手を探して結婚しなければならないハメとなる。

社長夫人の紹介で、ドイツで栄養学を勉強して帰国したばかりという女性と見合いする。紀亜男という名だが、名前の通り男っぽく、大女。眼鏡をかけ、言うことがいちいち理屈っぽい。酒が強く、高粱酒をぐいぐい飲む。陶の方が酔いつぶれ、アパートまで送り届けてもらう仕末。隣室の医師、包さんがその光景を見ていた。

翌日、社長は、コンピューターで相手を見つける結婚紹介所に連絡し、陶のデートをセッティングした。家を出るとき財布を忘れ、社長から貰ったデート資金もスリにやられてしまったので、レストランにも行けず、陶は朱蔚（シルヴィア・チャン）というその女性を自宅に連れていく。鍵も忘れたので、包さんの部屋から窓づたいに入った。ところが、彼女は結婚紹介所を隠れ蓑にしたデートクラブの女だった。あとから彼女を迎えに来た男と陶は格闘になるが、さっき彼が窓から入るのを見て泥棒かと思った警官が駆けつけてきたので助かった。

社長は次に、行きつけのナイトクラブの女、リンダを陶に紹介する。金を払って結婚相手になってもらい、契約が済んだら離婚すればいいという考え。その夜、陶はアパートにリンダを連れてきたが、三歳の男の子がいる未婚の母だという彼女の境遇を知り、社長から貰った金を一部やって帰した。

こんどは会長の何が、夏冰（シベール・フー）という美人画家を彼女の個展会場で開かれたパーティーで陶に紹介する。父親が資産持ちだという。何だか出来すぎた話だ。

彼女の家に行くと、実際に絵を描いているのは別の男の画家だという裏の事情がわかってしまった。父親（薛漢）は下半身が不随で耳が遠い。だが、昔はボクシングをやっていたという力自慢で、陶に腕相撲を挑む。対戦の際、陶は夏の父親の足を椅子で踏んづけてしまったため、彼の強烈なパンチを食らう。

その夜、陶はバスでいつも会う女の夢を見る。前日、荷物を彼女の家まで運んでやったとき、また遊びに来てと言っていた。彼女なら……。

その夢は、社長とナイトクラブの女、リリーの深夜の来訪で破られた。社長に部屋を貸し、公園で夜を明かす陶。

翌朝、戻ると、社長はもういなかったが、リリーがバスルームを使っていた。そこへ夏冰と父親が訪ねてくる。昨日、陶に踏んづけられたショックで足が治ったのだという。君なら娘をやってもいい、と父親は大感謝。夏冰がトイレに行きたいと言うが、中にはリリーがいる。隣の包さんのを使ってもらう。このところ毎日、違う女が陶を訪れるので、包さんはあきれている。

陶と夏冰との結婚に障害はなくなった。だが、うまい話には裏がある。実は夏冰は会長の不倫の相手で、妊娠したために陶と結婚させてしまおうという魂胆だったのだ。

隣人の医師、包さんは夏冰の妊娠検査をしたので彼女を憶えていた。夏冰との結婚の準備をする陶に「君が父親だったとはね」と言うと、寝耳に水の陶は当惑した。

夏冰との婚約を破棄した陶は、バスで会う女の家を花を持って訪ねたが、その日、彼女はウエディング・ドレスを着ていた。もちろん、ほかの男のため。ひとり寂しくバスに乗る陶。

松本製薬の社長が再び来台するまで、もう何日もない。残された選択は一つ。初めに見合いした大女だ。

社長の袁の家で開かれた結婚パーティーには、リンダとリリーもお祝いに訪れた。袁は大あわて。真相を知らない夏冰の父親が押しかけて、陶を殴る一幕もあった。

新婦の紀亞男はパーティーに来る前にテレビに出演しているというので、みんなでブラウン管を見つめた。亞男は栄養ドリンク剤に含まれる化学物質の危険性を指摘し、最近発売された「青春素」を名ざしで非難した。「青春素」を注射されたネズミが、ぶるぶると体を震わせて死んでいくさまが映し出される。袁社長夫人も、それまで飲んでいた「青春素」を思わず遠ざけた。松本製薬社長は、口から泡を吹いて気絶した。

結婚後、陶立民は独立して広告会社を興した。妻・亞男は栄養学者としてテレビに出演している。彼女は「青春素」には百益あって一害なし、と絶賛した。

一九八三年
天下第一　All the King's Men
中央電影（台湾）　脚本＝キン・フー、小野、呉念真　衣装デザイン＝キン・フー、王童　「金銭豹」イメージ・デザイン＝キン・フー　製作（出品人）＝艾越新　製作指揮（監製）＝明驥　撮影＝周業興　編集＝汪晋臣　美術＝王童　録音＝忻江盛　舞踊振付＝鄭佩佩、許恵美、盧志明「金銭豹」振付＝馬元亮
出演＝田豊、唐宝雲、崔苔菁、鄭佩佩、陳慧樓、曹健、慕

思成、李昆、李文泰、魏蘇、高明、薛漢、任浩
カラー・シネマスコープ　99分
〈あらすじ〉

唐代末年（西暦九六〇年）。後周の皇帝（田豊）は、てんかんの持病に苦しみ、道士、李真人の怪しげな薬を常用して、かえって健康を害していた。陳彦綱をはじめとする忠臣たちが李真人を追いやるよう忠進したが、皇帝はいっかな聞き入れようとしない。

国自体も北は契丹、南は南唐の勢力が増し、安閑としていられない情勢にある。

宮廷医（高明）の話によれば、南唐に天下第一の名医、張伯謹という者がいるという。宰相、王撲（曹健）と総管太監、李長福は、皇后の合意を得て、何重光（李昆）、彭軒（李文泰）の両将軍に南唐に忍び入らせ、その名医を探して連れてくるよう命じた。ただし、当初は皇帝の病気のためということは伏せ、王撲の叔父のためということにしておいた。

張伯謹は遠方への往診などできないと断る。やむなく宰相、王撲自身も説得に南唐へ赴く。てんかんを鍼で治療する張伯謹の腕前に王撲は驚嘆する。宰相自身のお出ましに張伯謹も恐縮し、同行を承諾するが、折りしも国境付近での緊張が増し、出国が難しくなる。張伯謹は、知り合いの晋軍の都督将軍に頼んでみるが、彼は美術品の蒐集家なので、彼がまだ手に入れていない天下第一の画家、韋布衣の作品を贈ればまず大丈夫だと言う。何重光と彭軒の両将軍は、韋布衣のもとへと急ぐ。

一方、国では契丹との間に紛争が起こり、国境を守備していた王景将軍が戦死した。その報を聞いて皇帝の精神状態はますます悪化、白荷という女の名前を狂ったように口走るようになる。

天下第一の画家、韋布衣はある寺の壁画を描いていた。もう半年になるのに、肝心な中央の美人像の顔が描けず、酒ばかり飲んでいる。何重光と彭軒が絵を頼むと、この壁画が終わらなければ次の作品にはかかれないと言う。美人像に顔を入れるには、天下第一の美女をモデルにせねばならない、最近、寺に参りに来ていた未亡人をここに連れて来てくれという注文をつけた。

その未亡人とは、戦死した王景将軍の妻で、名を白荷といった。三年間つれそった夫を亡くし悲嘆にくれた白荷は、首を吊って死のうとする。その最期の時に、彼女の口からは夫とともに皇帝の名もこぼれる。しかし、首吊りはお付きの者に見つかり阻止される。

白荷と皇帝は、一対の翡翠の装飾品を一つずつ分け持っている。白荷は皇太后から、皇帝は先代皇帝から貰ったものだ。これを知った李真人は陰謀をめぐらせる。白荷がいつも占わせている占い師の代わりに彼女のもとに赴き、同じ翡翠を分かち持っている相手と将来、結ばれる、と占いを装って皇后の座を奪うように彼女をたきつけた。目の敵にされている今の皇后を追い落とし、自分の意のままになる皇后を得たいからである。しかし、白荷は李真人の魂胆を見抜き、厳しくはねつける。

その後すぐ、何重光が翡翠商人に身をやつして白荷に近づく。白荷は、例の翡翠の飾りを何に渡し、これと同じ物を見つけてきてくれたら、いくらでも払うと言う。おそらく韋布衣の絵のモデルもひきうけてくれるのではないか。

　その飾りを見て、宰相の王撲はすぐに皇帝のと同じ物であることに気づく。ということは、皇帝のそれを盗み出せば……。

　その頃、朝廷には契丹からの使者一行が到着していた。皇帝は、美しい太平の王女に目をつけ夜伽を命じる。が、ことの最中に皇帝は狂乱し、王女を絞め殺そうとした。「おのれ、白荷のふりをしおって！」と叫びながら。幸い、王女は命に別条なかった。数日後の契丹の使者との宴でこのようなことが起こっては大変だ。

　何重光、彭軒は、天下第一の盗っ人、丁（陳慧樓）を訪ね、皇帝の翡翠を盗むという大仕事を強引に承知させる。彼が計画を立て、娘の領弟（鄭佩佩）が実行することになる。領弟は白荷の占い師の助手をしていたので、一連の事の流れを知っている。

　契丹の使者を迎えての宴の日。皇帝の命令で喪中の白荷も招かれることになった。

　宴の直前、李真人は趙匡胤将軍に、あなたは天数によれば将来、皇帝になると出ている、これで皇帝を毒殺しなさい、と砒素を渡そうとするが、趙には叛意はない。その場を皇后ら多くの者に目撃され、李真人は自らが砒素を飲まされて果てる。

　宴が始まり、皇帝は隣に座らせた白荷にしきりに話しかけるが、彼女はそっけない。天下第一の名医、張伯謹が皇帝に気づかれないように鍼を打つ機会をうかがう。腰のツボに打たねばならない。劇につづき、踊りがくりひろげられる。天下第一の泥棒、丁が合図を送る。踊り子のリーダーは娘、領弟だ。彼女をはじめ三人の踊り子が、皇帝と同じ翡翠を持って踊っている。偽物だ。興味を惹かれた皇帝が近寄って、それらを見比べたとき、領弟はすり替えに成功した。だが、それを見破った白荷のお付きの者が、領弟を捕えようとする。抵抗して領弟が投げた鐘が、外れて皇帝の頭に当たった……。後周の皇帝は死に、趙匡胤将軍が代わって宋の太祖となった。

大輪廻 Wheel of Life（オムニバス映画）第一話〈第一世〉
台湾省電影製片廠（台湾）　脚本＝キン・フー（三話構成のオムニバスの全体の構成は張永祥。原作は鍾玲）　製作指揮（監製）＝鍾振宏　製作主任＝廖祥雄　撮影＝林贊庭、周業興　美術＝張季平　音楽＝駱明道
出演＝彭雪芬《シルヴィア・パン》、石雋、姜厚任、曹健、薛漢、李文泰
カラー・ビスタサイズ　全体で104分
〈あらすじ〉
明代。両広総督、韓雍の娘、韓雪梅（彭雪芬）には馮瑞（姜厚任）という許婚《いいなずけ》がいた。この時代、暴政に反抗して各地で義軍が蜂起したが、その最大の勢力は馮瑞が率いるもの

だった。身分の高い役人だった馮瑞の父親はそのために錦衣衛によって処刑された。雪梅の父、韓雍は累がこちらに及ぶことを恐れ婚約を破棄。そればかりか保身のために娘を錦衣衛の高官の側室にさし出すことにした。

錦衣衛の隊長、魯振一（石雋）が部下たちを率いて、都から雪梅を迎えに来る。途中、谷川で休息しているとき、義軍の一団から襲われるが、慌てずに返り討ちにする。魯振一の武芸の腕は超人的である。

雪梅は、かつて婚約の贈り物として貰った馮家伝来の守り刀、「魚腸剣」を懐に、召使の小玉だけを伴って、魯振一に護衛されて都へ向かう。命のやりとりに明け暮れる魯振一にも、雪梅の美しさは鮮烈だった。

馮瑞が許嫁の雪梅を奪い返しに来ることを予測した魯振一は、空の輿を都へ向かわせ、罠にかかった馮瑞の軍を撃退する。そして、その後、腹心の倭寇くずれの啞の日本人を除いて、すべての部下を自ら殺してしまった。魯振一は雪梅をつれ、都とはまったく別の方へと進む。川べりで家鴨を飼う老人夫婦の農家に泊まった翌朝、馮瑞が数人の手勢を率いて襲ってくる。魯振一は、腹心の日本人とともに彼らを迎え討って殺し、馮瑞を追いつめた。雪梅は意外なことを魯振一に言う。

「どうぞ、その男を殺してください」

さては、俺に気が移ったか、しめたと笑う魯振一。次の一言で笑いは凍りつく。

「殺したならば、わたしも死にます」

魚腸剣を自らの喉もとにつきつける雪梅。

仕方なく、魯振一は馮瑞を逃がす。

口ふさぎのため老人夫婦を殺したあと、魯振一は雪梅をつれて山奥に分け入り、滝のそばの庵に仙人のように暮らす老人を訪ねる。魯振一が師と呼ぶその老人は、首を取ってくれば五万両、生け捕りなら十万両という懸賞金のかかった義軍の統帥、盧子真（曹健）だった。雪梅の父、韓雍の旧友でもある。それで魯振一に対する見方を改めかける雪梅であったが、盧子真は魯振一は自分を生け捕りにして十万両、そして雪梅と結婚して韓雍の兵二万人をわがものにしようという狙いだと見抜く。魯振一は、盧子真の信頼をえようとして、同行してきた倭寇くずれの日本人を殺す。啞だったはずの日本人は「畜生ッ！」と叫んで死んでいった。盧子真は覚悟を決め、自らは毒を飲み、各地の義軍の名簿と連絡用の暗号を記した本を魯振一に与える。各頁には毒が塗ってある。読みふけり、疲れた目をこする魯振一……。毒がまわり、彼は目が見えなくなった。そのとき、追ってきた馮瑞が現れる。雪梅は、魯振一に向かって魚腸剣を投げつけるが、過って馮瑞の命を奪ってしまう。魯振一の剣が雪梅の体を貫く。そして魯振一は崖から転落して果てる。

この〈第一世〉のあと、中華民国初期（一九一二年以降）の京劇団を背景にした〈第二世〉（監督＝李行）、現代台湾の漁村を背景にした〈第三世〉（監督＝白景瑞）と、同じ俳優（彭雪芬、石雋、姜厚任）が演じる三角関係の物語が、時代をこえて連なっていく。そのどれもに「魚腸剣」がからんでいる。

スウォーズ・マン（笑傲江湖）Swordsman
電影工作室／龍祥　製作指揮（監製）＝ツイ・ハーク（徐克）　監督代行（執行導演）＝ツイ・ハーク、程小東、李恵民　原作＝金庸「笑傲江湖」
出演＝サミュエル・ホイ（許冠傑）、イップ・トン（葉童）、劉洵、韓英傑
カラー・シネマスコープ　119分
キン・フーが監督としてクレジットされているが、本文中でも語られているように、撮影中途でツイ・ハークに降ろされたため、キン・フーの撮ったカットはあまり残っていない。脚本にはキン・フーの名前がないが（六名がクレジットされている）、第一稿を仕上げたのはキン・フーともう一人の脚本家である。台湾での撮影では、アン・ホイが第二班監督として二週間ほどキン・フーを助けた。完成版で張敏が扮している苗族の女リーダーは、初めはサリー・イップが演じていた。キン・フーは彼女を賞賛していた。
ビデオ発売題名は『スウォーズマン　剣士列伝』。
〈あらすじ〉
明朝万暦年間。武術の秘伝中の秘伝を記した巻物、葵花宝典が宮廷から何者かによって盗み出された。太監、古金福（劉洵）は、林震南の仕業と睨み、欧陽全（ジャッキー・チョン）以下、東廠の者を率いて林家を包囲する。
そこに来合わせたのが、華山派の統領、岳不群（劉兆銘）から林への手紙を預かって来た一番弟子の令狐冲（サミュエル・ホイ）と不群の娘、男装の岳霊珊（イップ・トン）。男女というよりも兄妹のような関係の二人だったが、葵花宝典をめぐる争いに巻きこまれ、ともに危難をかいくぐるうちに、それまでとは違う感情が芽生えていく。
林震南とその一族は東廠に殺されるが、彼が隠した葵花宝典を奪い合って、東廠、華山派の剣士たち、日月教教主である苗族の女、任盈盈（張敏）、その妹分で蛇や虫を自在に操る藍鳳凰（袁潔瑩）ら多くの武芸の達人たちが絡まり合い、謀略と殺戮が果てしなくくりひろげられる。

一九九二年

ペインテッド・スキン（画皮之陰陽法王）Painted Skin
新達宝　脚本＝キン・フー、鍾阿城（蒲松齢「聊斎志異」の一篇「画皮」より）編集＝キン・フー、蕭楠　挿入曲「陰陽法王」作詞＝キン・フー、林楡　脚本助手＝林楡　製作（出品人）＝呉明才　製作指揮（監製）＝呉明才、鍾偉成　製作補佐（策画）＝劉嘉蔚、鍾発　撮影＝潘徳業　美術＝梁華生、王継賢　音楽＝呉大江　演奏＝上海交響楽団　アクション監督＝徐忠信　助監督＝劉嘉蔚、徐大川、張耀徳
出演＝鄭少秋、ジョイ・ウォン（王祖賢）、サモ・ハン・キンポー（洪金宝）、午馬、劉洵、賈琴芳、林正英
カラー・ビスタサイズ　95分
映画祭での上映題名は『ペインテッド・スキン』。ビデオ

発売題名は『ジョイ・ウォンの魔界伝説』。

〈あらすじ〉

生員の王順生（鄭少秋）は科挙の試験に一向に合格せず、妻の陳氏との間には子供が授からない。遊廓通いで憂さを晴らす日々だった。

ある夜、家に帰る途中、屋台の「狗（犬）肉麵」を食ったが、ふと見ると屋台もそば屋のおやじの姿も消えて、一匹の犬しかいなかった。びっくりして逃げ出し、遠くからふり返ると、犬などいなくて元のとおり屋台があった。

恐ろしくなり足早に路地を行くと、向こうから来た女にぶつかった。尤楓《ユー・ファン》（ジョイ・ウォン）と名のるその女は、ある裕福な家の第二夫人になったが、第一夫人が嫉妬深く、いびり方が尋常でないので、殺されるかと思い、逃げ出してきたと言う。美女である。

王順生は尤楓を自分の家の書斎に案内した。もう自分の第二夫人にするつもりである。だがその夜は尤楓は体を交わすことを拒んだ。

翌朝、王は町に行き、尤楓のために口紅などを買ったが、その際、道士、張道陵（劉洵）に、あなたからは妖気が出ている、何かに憑かれている、と言われる。帰宅し、妻に第二夫人の件を承諾させたあと、尤楓の入浴用の湯を沸かさせる。入浴を覗き見した妻、陳氏は驚いた。尤楓は顔の皮を外し、それに化粧をし直している。王順生も肝をつぶした。

夜通し走って王順生は道士・張道陵のいる清風寺に助けを求めに行った。そこには張の兄弟子の道士（午馬）もいたが、彼こそあの「狗肉麵」の屋台のおやじだった。張は、恐怖のあまり寝込んだ王順生の妻のための薬と、払子をくれた。それを家の外に掛けておけば魔除けになると。

払子の掛かった主屋の外側から、尤楓は王夫妻に自分の本当の身の上を話した。自分は役者だった。収穫祭で上演しているときに突然死に、そのまま地獄へ行くはずだったが、陰陽法王に魂を捕えられて、陰陽界に連れ去られてしまった。陰陽界とは現世と冥界の中間にある。魂がそこに留まる限り、成仏も転生もできない。尤楓は現世に逃れ出てきたのだった。

尤楓は王順生の家を出て、清風寺の二人の道士に助けを求める。だが、彼らの法力では到底、陰陽法王に対抗できない。彼らよりももっと上の法力を持った仙人か上人を探さなくてはならない。二人と尤楓はその旅に出る。

法王は手下たちを連れ、尤楓を追って現世に出てくる。手下たちは刑部の役人たちの肉体を借り、法王は王順生の体を乗っ取る。そして王順生の妻を犯そうとする。

二人の道士と尤楓は、広大な桃林に暮らす老人（サモ・ハン・キンポー）こそ、めざす上人ではないかと訪ねるが、否定される。

しかし、正義の道士を装った法王の手下（林正英）に欺かれ、三人が法王の待つ寺に誘い込まれて兄弟子の方の道士が殺されたとき、救いに現れたのは桃林の老人。その正体は太乙上人だった。法王は逃走する。

太乙上人は閻魔大王との交渉を試みる。道教の者では直接、話はできないので間に仏教徒の尤楓を立ててである。幽谷の中で、上人は陰陽法王の行状を訴え、閻魔大王の助力を請う。閻魔はその見返りに、道《タオ》の力をたたえる、あの桃林をもらうと答える。

太乙上人、尤楓、張道陵の三人は、陰陽法王の手下の鬼たちに何度も襲われながら旅をつづけ、ついに法王との対決の時を迎える。法王の妖術と上人の法術が激しくぶつかり合い、とうとう法王は敗れる。借りていた王順生の肉体がぼろりと離れる。

太乙上人の桃林が燃えている。その炎の中を通って、尤楓は地獄へと去って行く。

王順生に男の子が生まれた。祝いの宴に太乙上人と張道陵が現れ、尤楓の楓の字をもらって名づけられたらどうかと言う。上人が祝いにと置いていった巻物は、桃林の中にいる尤楓の絵だった。

付――以下の二本はキン・フー監督の実現されなかった企画のシナリオ（ストーリー）である。

〈**『咆哮山村』**（別題**『薬市』**）のあらすじ〉

明朝・嘉靖三三年。高い山の中にある村、采芝洞は、細い道一本だけで外部とつながっている。村人たちは薬草の栽培で生計を立てている。年に一度、四月二十九日から五月一日の三日間、この村で薬市が盛大に開かれ、遠方からも商人たちが買付けに来るのである。近くの町から日用雑貨品や食品等を売りに来る者やさまざまな芸人も集まり、祭りともいえるにぎやかさだ。この市はもう何百年もつづいている。

村長の孫啓儒は温厚な人物で、村人たちの信頼を集めている。彼は高名な医師でもある。その息子、孫剛は村の見回り役人、韋大勇の部下をつとめている。

韋大勇は武芸自慢だが読み書きの教養に欠ける。そのため出世は望めず、酒で気をまぎらわすことが多い。

貨物代送と両替を営む「聚興泰」は、村でいちばん大きな商店。主の刀玉貴は中年の頃に妻を失い、その妻の忘れ形見である一人娘、領矛と二人暮しだ。領矛ももう二十四歳になる。健康な美しさにあふれ、教養もあり、店の仕事もしっかりとこなす。嫁にと望む者は村の内外に多い。見回り役人の韋大勇も領矛に求婚し、村長の孫啓儒を通じてうまく取り計らってもらおうとするが、断られる。

村で唯一の旅館「信遠桟」を営むかたわら食料・雑貨を商う女主人、金鑲玉も美人として名高い。幼い頃から世間の裏街道を歩き、一時は盗賊の一味になっていたこともあるという秘められた過去を持つ、気っ風のいい女ざかりだ。

その金鑲玉が、只者ではないと睨んで気を惹かれ、また若い領矛もほのかに憧れている男というのが、毎年、買付けに来て「信遠桟」に宿をとる薬問屋の方汝堂。金鑲の目は正しく、方汝堂はかつては鎮三江という名高い武侠だった。父の死後、母のたっての願いで武術を捨て薬商となった。

今年、方汝堂には、薬の買付け以外の目的もあった。去年、従業員の牛貴が薬材を運搬して下山の途中、強盗に遭ってすべてを強奪された。その犯人を探すことである。同行した牛貴は、犯人の顔は見ていないが、腕の刀傷を見て憶えている。

今年の薬市には、占い師に身をやつした盗賊の快刀劉と、化粧品売りに化けたその女房、棉裡針の姿があった。快刀劉は、悪人にしては義侠心のある男だが、ロバに引かせる荷車三台を山のふもとに用意し、「聚興泰」から運び出される薬材を山中で奪おうと虎視眈々と狙っている。女房・棉裡針は軽業師のように身が軽く、刺繡針を投げて相手のツボに刺し、動きを封じるという特殊な技を持っている。

日本人の高僧、嘉因禅師も、少林寺の慧通和尚とともに「信遠桟」に投宿する。剣術を身につけてから出家し、中国に渡ってこの五年間で少林寺拳法を修得した禅師は、帰国に際し、日本に持ち帰る薬材を求めに、また村長・孫啓儒の医術を伝授してもらいに、この采芝洞にやって来たのだった。

にぎやかだった薬市が終わった。村人たちは祭りの後片づけに忙しく、「聚興泰」の番頭・黄大勝は送り出す荷の仕分けにてんてこ舞いだが、村は静けさを取り戻しつつある。

方汝堂が宿を去ろうとしたとき、牛貴が快刀劉の腕に、見おぼえのある刀傷を見つける。此奴が去年、荷を奪った犯人か！

方汝堂はさりげなく快刀劉に近づいて、占いを所望する。「失せ物を占ってくれ。去年の今日、この薬市で買付けた十袋の薬材だ」

快刀劉の顔色が変わる。刀を抜こうとする快刀劉の腕を牛貴が押さえつける。「貴様、俺の顔に見おぼえがあろう！」

快刀劉の女房、棉裡針の針が牛貴をとらえる。快刀劉の体は方汝堂ががっちりと押さえて逃がさないが、牛貴は苦しそうにしている。このままでは……。と、嘉因禅師が牛貴の背中をポンと叩いて、ひじのところの針を抜いてやる。そして快刀劉も自由にしてやる。

これからどうなるのか、「信遠桟」の中の一同が固唾を呑んで見守るその時、村に大きなざわめきが起こる。趙閻王の一団がふもとの村を荒らしたあと、采芝洞に向かっているとの報が入ったのである。

趙閻王とは、この地方一帯の人々から恐れられている残酷非道な盗賊団の首領だ。

「信遠桟」で村人たちの緊急対策会議が開かれるが、意見がまとまらない。逃げるべきか、戦うべきか。その時、荷を護衛していった銭武が舞い戻って来た。荷をすべて奪われたという。盗賊団は、誰のものか知らないが山のふもとにあったロバ付きの馬車三台も盗んでいったとのこと。それを聞いて快刀劉と棉裡針夫婦の顔色が変わった。

采芝洞と外部とをつなぐ一本道は、趙閻王一味によって封鎖されている。盗賊団の副首領格である金文虎、金文豹の兄弟が村にやって来て、「信遠桟」で村の代表たちと交渉する。

金文虎が、村人の命を救うための二つの条件を述べる。第一に、「聚興泰」に集められている荷を全部と、村の売上げ金の半分を渡すこと。第二は、この村を盗賊団のすみかとして明け渡すこと。

見回り役人の韋大勇と部下の孫剛が、金兄弟にとびかかるが、軽くあしらわれる。

快刀劉が、ロバと三台の荷車を返せと迫ると、金文虎が刀を抜き、同時に金文豹が快刀劉めがけて銅弾を投げた。方汝堂が刀を投げて銅弾を地に落とす。方汝堂に目礼した快刀劉は、ふり向きざま金文豹に「卑怯な真似しやがって！」と刀を一閃、腕に傷をつける。

方汝堂は落ち着き払って金兄弟に言う。

「趙閻王に伝えてくれ。この小さな村を苦しめないでくれと。私の面子を立てて見のがしてやってくれないか」

「おまえは何者だ？」

「方汝堂と申す」

「……鎮三江か⁉」

金兄弟が去ったあと、再び会議が開かれる。村長の孫啓儒と「聚興泰」の主人、刀玉貴は、財産をあきらめ、村人の命の保障をという意見。見回り役人の韋大勇と「信遠桟」の女主人、金鑲玉、そして「聚興泰」の番頭、黄大勝は戦うべきだと主張。韋大勇はすでに部下の孫剛に応援部隊を呼びにやらせた。

嘉因禅師と慧通も加わって、さらに検討をつづけた結果、一刻も早く皆で村を去るべきだという結論に達した。ところが、その時、外から血にまみれた油紙の包みが投げ込まれる。「方汝堂先生親展」とある。あけてみると、それは応援を呼びに行った孫剛の片腕と方汝堂への手紙であった。それには、今日の午後、趙顕庭すなわち趙閻王が、方汝堂と折衝するために出向いて行くというものだった。

方汝堂は村人に言った。「今からわたしの言う通りに従ってくれ。そうすれば趙を倒せる」

煮え切らない村人たちを、「あんたたち、ほかにいい方法なんかないだろ！」と若い領矛が叱りつける。

真昼。趙閻王の手下の琉璃鬼と葬門神、それに日本人の武術者、大原が采芝洞にやって来る。村からは方汝堂、快刀劉、韋大勇と孫啓儒の四人が出迎える。琉璃鬼は、方汝堂と快刀劉にこの件から手を引くように交渉する。方汝堂は、おまえたちこそここから去れと言い、埒があかない。

短気な韋大勇が暴れ出し、日本人の大原が脅しをかけるために卓を叩いて真っ二つに割る。そこから乱闘が始まった。韋大勇は負傷。快刀劉と闘った琉璃鬼と葬門神は、分が悪いと見て逃げ出す。方汝堂と大原は互角に闘っていたが、棉裡針の刺繡針が大原の背のツボに刺さり、動きが不自由になった大原は逃げ去る。

木にもたれて苦しむ大原の背から針を抜いてやったのは嘉因禅師だった。禅師は、大原の師匠が、自分の兄弟弟子の大畠であることを聞き出す。大原の技を見て思った通りだった。嘉因禅師と大畠は、少林寺拳法修行のために一緒に中国に渡ったが、その後、大畠は悪の道に入って消息を絶ったのだった。なんと趙閻王と徒党を組んでいようとは。

嘉因は方汝堂に、この戦いに力を貸すが、大畠の処分だけは自分に任せてくれと申し入れる。彼を日本に連れて帰るつもりだ。

その夜、方汝堂の指揮で戦いの準備が進められる。戦略に関する知識の深い慧通和尚もそれに加わる。

翌朝、趙閻王と手下たちの襲来を、方汝堂を先頭にした村人たちが迎え撃つ。死闘は昼になってようやく幕を閉じる。盗賊たちはすべて討ち倒されたが、韋大勇、快刀劉、棉裡針も命を落とした。金鑲玉も重傷を負った。負傷した方汝堂を領矛が看護する。荷を積んだ車を牽いて牛貴が山を下りていく。

　采芝洞は静かな山村に戻る。

『華工血涙史 Battle of Ono』

　一八七〇年、広州。三十代の精悍な男ラムが役人たちに追われている。弁髪のないラムは、一時は清朝を覆えすかと思われるほどの勢力となった太平天国の残党だった。追跡からぎりぎりのところで逃げ切って、彼はサンフランシスコに渡る鉄道建設工夫の一員となる。もう中国へは戻らない覚悟だ。

　船倉に詰め込まれて太平洋を渡った労働者たちは、シエラネヴァダ山地の厳しい自然の中でトンネルを掘り、山を切り崩し、二年余を働く。ラムは、三十代の太った男フォン、五十代の元船乗りウォン、漢方医で鍼灸師のティン、二十代の元京劇役者ソンと親しくなった。ラムとウォンは英語が喋れる。ラムの英語は太平天国でキリスト教の教えとともに身につけたものだった。

　一八七三年、カリフォルニア州シャスタ郡をサンフランシスコとつなぐ鉄道が開通した。レディングの町を本拠地とする鉄道会社の社長で、上院議員の座を狙う顔役ロナルド・ウォーターズは、開通祝賀会の演説でヨーロッパからの移民労働者の功績を讃えるが、中国人労働者に関しては一言もない。それどころか、彼は中国人に一銭の賃銀も払わずに国に追い返すという仕打ちに出る。前渡し金百五十ドルと滞在中の食費、宿泊費、それに往復の運賃で差引きゼロだという言い分だ。

　ウォーターズの手下、クラムセットとマーサーに率いられたガンマンたちが、中国人たちを脅し、開通したばかりの鉄道の貨物車に詰め込む。抵抗したフォンが射殺された。

　走る列車からラムは飛び下りる。ソン、ティン、ウォンもつづく。四人はフォンの亡骸を埋葬したあと、中国では〝金山〟と呼ばれるこの地に留まって金で一山当てようと誓う。

　漢方医である、すなわち薬草に詳しいティンの指示に従い、まず木賊《とくさ》の生えている所を見つけ、そこを掘ると金の鉱石が出てきた。

　白人の金鉱掘りたちの衣類を洗い（そのつもりはなかったのだが、白人たちは中国人を見ると洗濯屋だと思うのだ）なにがしかの銭を手にした四人の中国人は、レディングの町に採鉱用具を買いに行く。中国人には売らないと断わられるが、そこに現われた強盗をラムの素早い動きとソンの拳法でやっつけ、売上げを守ったので、店主ヘンリーも感謝し、前言を撤回。さらにルコント保安官《シェリフ》の一言で代金もいらないことになる。

　ラムは鉄道会社に乗り込み、ウォーターズに賃銀の支払いを要求する。何だかんだと名目をつけて差っ引かれ、四人分でたったの九十二ドルだったが、それでも払わせることに成功した。

だが、その夜、ウォーターズは早速、クラムセットとマーサーの率いるガンマンたちに中国人のキャンプを襲わせた。襲撃を予想し、逆に奇襲をかけたラムたちだが、拳銃には敵わない。ティンが腹を撃たれた。カリフォルニアの法律では中国人は土地を持てないのだ、出て行け、と追い立てられる。この金鉱はすでにウォーターズのものとして登記申請が出されたという。拙ない英語で苦しそうに「I go, I go……」と言うティンを運び、ラムたちは立ち去った。

昼間、町に行ったときにラムたちに好意的な態度を示した女、ジューン・デルリオが経営する酒場《サルーン》、デルリオ・ハウスにティンをかつぎこむ。ジューンの本当の名前は「雨」という意味のジュビア。メキシコ人で、自身も人種差別の辛酸をなめている。この酒場を彼女に遺した、大地主だった父の死には、ウォーターズが絡んでいるらしい。

酒場の常連でジューンと深い仲にあるコナー・ラーキンが医者を呼びに行く。ラーキンはウォーターズに息子のように育てられた甥で、ハーヴァード大学を卒業してウォーターズの顧問弁護士を務めている。ウォーターズの強引で悪辣なやり方の手先を務めることに嫌気がさしているのだが、表立っては逆らえず、その鬱屈が彼を酒に走らせる。アイリッシュである。

ドイツ人の医師が診察を断わったため、ジューンがティンを手当てする。幸い貫通銃創だったので消毒だけで何とかなった。

ラーキンはラムに、確かに法律では中国人は土地を所有できないが、誰か信用のできる白人を名儀上の所有者に立てるという方法があると示唆。しかし、自分がそれになることは断わる。ウォーターズに叛旗を翻す勇気はないのだ。ジューンの助言により、ウォンはラーキンととことん酒をくみ交わし、彼の勇気を引き出すことに成功。これは下戸のラムにはできない技だ。

四人の中国人が発見した新たな金鉱は、ラーキンにより登記申請される。これで追い立てられることはなくなったが、いつガンマンが襲って来るか知れない。自衛しようにも中国人は銃を買うことができない。

ロサンゼルスでは十六人の中国人が虐殺されたと新聞が報じる。心配して山に会いに来るジューン。初めて会ったときからラムに惹かれていた彼女の心は、いよいよ彼に傾く。

中国人の若い女、エリンがキャンプに転がりこんで来た。どこからか逃げて来たらしい。数日後、二人のガンマンがやって来る。ウォーターズの手先かと思ったが、そうではなくエリンを追って来たのだった。彼女は娼婦としてアメリカに売られて来た身の上だった。居合わせたラーキンが、拳銃で二人のガンマンを倒すが、自分も脚に被弾。ティンが鍼で麻酔を施し、弾を抜く。

ラーキンはアメリカ合衆国憲法の人権に関する条文を改めて読み返し、中国人の側につくことを決断。ウォーターズに袂を別つ宣言をする。そしてジューンに、彼女の父の死は拳銃暴発の事故死だったけれども、原因はウォーターズとの争いであり、自分もその場に居合わせたことを告白する。
デルリオ・ハウスで、ラムたちはガンマンのクラムセット、マーサーと争いになる。ジューンをつき倒したクラムセットにラムがとびかかる。マーサーの腕のツボをティンが突き、拳銃を取り落とさせる。ウォンがそれを拾ってクラムセットにつきつける。

その夜、ラムはデルリオ・ハウスに残り、ジューンと愛し合う。一方、キャンプでは若いソンとエリンが愛を交わす。焚火を前にウォンと酒を飲み、失恋を嚙みしめるラーキン。

クラムセットとマーサーがデルリオ・ハウスに火を放つ。炎は酒場を焼き尽くすが、ラムとジューンはどうにか闇の中に逃がれた。

ウォーターズのやり方は、いよいよ悪辣で強圧的になっていく。上院選の選挙運動のためにカリフォルニアを巡り、中国人排斥を説いて大衆を煽動し、一方でガンマンをやとって実力行使をかけた。ユリーカの町では三十四人の中国人が殺戮された。

レディングの保安官《シェリフ》ルコントは公正な人物だったが、一人でウォーターズの力に抗する自信はなく、バッジを外して町を出た。

ラーキンに代わってウォーターズの顧問弁護士に雇われた、ハーヴァード大卒の二十代の青年J・D・クーパーは、サクラメントで三十人のガンマンを雇い入れる。

ラーキンは、戦って勝てる可能性はゼロだから、と敵が来る前に立ち退いて逃げることを皆に勧める。いちばん年上のウォンは、もうけっこう金も採ったことだし、と逃げることに賛成するが、ラムは絶対に退かない、と主張。ジューンは彼に同調。売られて来た身のエリンもどこにも行く所がない、ここで戦うと言い、ソンは彼女を支持。残ったティンも、ウォンに逃げようと誘われるが「O no! O no……!」と言い、これで決まった。

戦闘経験のあるラムと中国的科学知識の豊富なティンの指導の下に、金鉱のキャンプを「陣」とする作業が始められる。

自然の地形を利用し、壁をめぐらしたこの陣地の表には「Fort Ono（オーノー砦）」の札が掲げられる。ティンは、馬の尿を乾かして採取した硝石、木炭、松ヤニを原料に火薬を作り、投擲弾にする。それを飛ばす、馬の力を使う投擲器も製作。石灰岩、ウルシ、豆の油なども採集される。ジューンは案山子を作る。ラムは短剣を投げる練習。エリンが拳銃射撃がうまいことが判り、ラーキンの拳銃を借りて練習する。

ついに、クラムセットとマーサーに率いられた三十人のガンマンがやって来る。砦に向かう道には「私有地につき侵入禁止」の立札。二人のガンマンが下馬してそれを引っこ抜くと、爆発が起こり、二人は死ぬ。

さらに進むと二つ目の立札。「過ちは二度犯すな。」札を抜かずにそのまま行くと、地雷が仕掛けてあり、先頭の二人が死んだ。

ガンマンたちは下馬し、石を投げて安全を確かめながら、おっかなびっくり歩いて行く。行く手には落とし穴が無数に掘ってあり、その一つにはガラガラ蛇が入れてある。穴と穴の間の地面には、豆から採った油がまいてある。ガンマンの一人が滑って穴に落ちた。中には蜂の巣があり、蜂の群れがガンマンたちに襲いかかる。

案山子を連結させたものが急に立ち上がる。ただのダミーだと思っていると、ラムの短剣とエリンの放つ銃弾がその間から飛んで来る。退却するガンマンたち。投擲器で爆弾が飛ばされる。生石灰の目つぶしも浴びせられる。

森に逃げ込んだガンマンの生き残りは、この時点で二十人。クラムセットの指示で、二十人が五人ずつに別れて四方から攻める。

砦の壁の外にまかれた油や飛来する短剣に手こずりながらもガンマンたちは、門を破り、あるいは山腹をつたって、しだいに砦の中に侵入してくる。槍が飛び出す罠や、石灰岩に水を注いで出たガスに点火するなどの仕掛けでガンマンは一人また一人とやられていくが、こちら側もソンがクラムセットに撃たれる。

最後に残ったガンマンはクラムセット、マーサーを含む五人。ティンとウォンが拳銃をつきつけられて捕えられ、緊迫のにらみ合い。ティンが自らを犠牲にして均衡を破り、一瞬のうちに全員が入り乱れる死闘が展開する。エリンは、相討ち覚悟でクラムセットと射ち合い、ソンの仇をとって死んでゆく。ガンマンは全滅した。

ウォンは中国に帰ることにした。ラム、ジューン、ラーキンが彼を駅に見送る。町にはウォーターズの上院選当選を告げる、祝の横断幕が掲げられていた。

「九年後の一八八二年、中国人排斥法が議会を通過し、合衆国憲法に記された美しい言葉とはうらはらに、中国人の入植は違法となった。この法律が廃止され、中国人の帰化・移民が認められるようになるのは、それから六十一年後の一九四三年まで待たねばならなかった」

（デイヴィッド・ヘンリー・ホアンとゲーリー・ティーシュによる一九九一年の準備稿をもとにした）

索　引

——映画題名と人名・事項（映画以外のタイトルも含む）に分けてある。

——映画題名の中にはキン・フー監督の実現されなかった企画作品も入っている。

——表記・読み方は日本的な慣用読みで一般に通じているものはそのまま使用し，中国ふうの発音で通じているものと併用。

——数字はページ数（ゴチック体は写真および図版ページ）をあらわす。

〔映画題名〕

あ

か

さ

た

な・は・ま・や

ら

〔人名・事項〕

あ

た

な

は

ま

新装版後記に代えて

宇田川幸洋

キン・フーは生きている！

本書がキン・フー研究書の嚆矢となり、かつ中国語圏の研究者たちに多く引用される第一次資料となったことは自負してもいいかと思う。香港と北京で中国語版が出たことで、広い影響をあたえることができた。

『キン・フー武俠電影作法』（最初の版はハードカバーだった）が発行されたのは、一九九七年九月五日。キン・フー監督の逝去から七カ月半後だった。香港は七月一日に中国に返還されていた。

あれから二〇年。その間にあったキン・フーに関するできごとを、ぼくの知るかぎりで、クロニクル的にかきとめてみよう。

九七年三月。香港国際映画祭は、特集を組むのは間に合わなかったものの、『忠烈図』を急遽追悼上映した。

同年八月、ジョン・ウー（呉宇森）監督が『フェイス／オフ』の宣伝のため来日。プロデューサーとして名をつらねていた『華工血涙史』は、なんとか実現させたい。自分が代わって監督するという方法もある。と言っていたが、結局、実現はしていない。ジョン・ウーは学生だったころ『大地児女』に日本兵役のエキストラとして参加したことがあるとかたった（以上は筆者との私的な会見でのはなし）。

同年十月、東京国際映画祭は、追悼のために『山中傳奇』を上映。三時間一一分の版で、筆者がこれまで目にしたなかで最長であり、編集の異同も多かった。このあとNHK・BSのキン・フー特集（正確な時期を失念）でも、この最長版が放送された。『山中傳奇』は異版の多い作品で、この時点で、香港では二時間版しか見られていなかった。ぼくの意見では、最長版が最もすばらしい。

同年末から翌年二月にかけて、東京の三百人劇場で大規模な〈台湾映画祭〉が開催され、そのうちの〈キン・フー週間〉として九八年一月二十八日から二月三日『龍門客棧（残酷ドラゴン　血斗竜門の宿）』『俠女』『忠烈図』『天下第一』『大輪廻』が上映された。石雋《シー・チュン》が来日し、舞台でキン・フーの思い出をかたった。インタビューにも応じてくれた。抜粋してみよう。

——キン・フー監督との出会いは、ひとつの縁だったといえるでしょう。台北の果物屋（フルーツ・パーラーのような、ジュースを飲ませるところ）にいたとき、キン・フーさんと厳俊監督が来店し、わたしの友人がキン・フー監督の知り合いだったので紹介されました。すると、俳優にならないかと言われ、聯邦《れんぽう》の契約書を見せられたが、条件はあまりよくなかった。当時、台湾大学農学部を卒業して研究室の助手をしていたのですが、その給料よりやすい。しかも六年間専属というので、ことわりました。しかし、キン・フーさんが、給料のことはなんとかする、主役をやらせたいからというので、その日のうちに契約書にサインすることになりました。

俳優養成所で、苗天《ミャオ・ティエン》、高明、撮影の華慧英、韓英傑《ハン・インチエー》から三、四カ月、訓練をうけました。徐楓《シー・フン》もこの聯邦第一期生の一人でした。午前中四時間、武術を習い、午後も四時間、撮影や映画理論を学びました。

アクションは可能なかぎりスタントマンをつかわず、役者本人に演じさせるというのがキン・フー監督のポリシーでした。『龍門客棧』の苗天との立ちまわりで、京劇でいう「鉄板橋」というのをやれと言われ、何十回もNGを出したあと、やっとOKになったけど、その後一週間も血尿が出ました。

いまでも目の下に傷痕がのこっていますが、『龍門客棧』の宿のまえでの武行（からみ役）との立ちまわりで、竹の剣でケガをした痕です。映画の最後のほうは、傷をかくすために右からばかり撮っています。『龍門客棧』の撮影は六カ月かかりました。その間に一七日間の中断や、三日間や五日間の休みもありました。キン・フー監督の撮影は長くかかるという批判もありましたが、台湾に来て、一からはじめてあれだけの作品をしあげたのだから、むしろはやいほうでしょう。撮影所はほとんどわれわれの手づくりで、竹とトタン板でできていました。夏は暑かった。

『龍門客棧』が大ヒットしたので、聯邦は自信をつけ、本格的に撮影所を建てはじめ、半年くらいかかりました。それから『俠女』の製作をはじめたのです。

『俠女』は、完成までに三年三カ月かかっています。夜のシーンが多くて、夜だけで二七日間かけている。『俠女』と同時進行でやるつもりだった『過山』という企画がありました。明朝時代、王家の財宝をねらう者と守ろうとする者がいる。白鷹《パイ・イン》が民間人で守るほう。ねらっているのは、武林（武芸者の世界）のさまざまな流派。その財宝を手にすると高い位がえられるのです。ほとんどが山中のシーンで、雪のシーンは日本で撮影する計画でした。

キン・フー監督は、役者を限界まで追いつめて、満足のいくものをえようとする、非常にきびしい監督でしたが、しごとが終わると、だれに対しても公平で、いばらない。おしゃべりが大好きで、とてもおもしろかった。『山中傳奇』『空山霊雨』の韓国ロケのときは、料理もしてくれて、豚肉やレバーの料理が好評でした。食後は、おしゃべりがはずみます。わたしは、いつも「そろそろ……」と時間を注意する係でしたね（笑）。

九八年四月、香港国際映画祭は、キン・フーと、九五年に他界した作家・脚本家の張愛玲《アイリーン・チャン》の特集上映をおこなう。

同年十月、「キン・フー武俠電影作法」の中国語翻訳「胡金銓武俠電影作法」が、香港の正文社から刊行される。翻訳者は厲河《ライホー》、馬宋芝。香港政府から重要文化事業と認定されて補助金をえての出版。

同年十二月、台湾最大の映画賞、金馬奨は、キン・フーと白景瑞、羅維《ロー・ウェイ》の物故した監督三名に終身成就紀年奨（ライフ・アチーヴメント賞）をささげる。

九九年四月、台湾の有名なメモリアル・パークで、テレサ・テンの墓や『戯夢人生』（九三）等の侯孝賢《ホウ・シャオシエン》作品で知られる李天禄の像もある金宝山に、前年から建造されていたキン・フーの記念碑が完成し、除幕式が盛大におこなわれた。ひときわ高い場所から見下ろすように、大きく美しい石にキン・フーの顔の金属レリーフがはめこまれた、みごとなモニュメントである。石雋の尽力でここまでこぎつけたといわれる。キン・フー一家の俳優たちやゆかりの人々がつどい、台北から観光バス二台で、基隆に近い山の上にあるそこまで行った。

同月、黄仁著「胡金銓的世界」が台北で刊行される。

同年七月、台北で国家電影資料館主催の〈書剣天涯　浮生顕影　大師胡金銓行者的軌跡〉と題された特集上映が、資料館ではなくて西門町の映画館で、五日から九日におこなわれた。監督作だけでなく出演作四本もくわえて計一三本。これに合わせてシンポジウムもひらかれた。出席者は苗天、張艾嘉《シルヴィア・チャン》、李昆《リー・クン》ら俳優が多く、映画評論家の張昌彦、電影資料館長の黄建業も直接キン・フーを知る人たちであり、思い出ばなしを披露しあうような、なごやかな雰囲気があった。李昆は、スクリーンでのひょうきんなもち味そのままに、わかいころはキン・フーとよく飲みに行って、いっしょにケンカもした。キン・フーは背が低いから、相手のパンチが頭の上をかすめてあたらない。だから、つよかった。などというエピソードをかたった。シンポジウム出席者の一部は、映画館でのトーク・イベントもおこなった。

二〇〇〇年、アン・リー（李安）監督の武俠アクション『グリーン・デスティニー』がアメリカでヒット。アカデミー賞の最優秀作品賞をふくむ一〇部門にノミネートされ、最優秀外国語映画賞など四部門で受賞という高評価もえた。これがキン・フー的な武俠アクションの美学を継承し、オマージュをささげた作品であることは、だれもが認めるところだ。

二〇〇二年一月、香港電影評論学会が出版した「経典200——最佳華語電影二百部」、つまり中国語映画史上ベスト二〇〇本のなかに『龍門客棧』『俠女』『空山霊雨』の三本がえらばれる。

同年五月、カンヌ国際映画祭でデジタル修復された『大酔俠』が上映された。ショウ・ブラザースが過去の作品の権利をセレスティアル社に売却したため、それまでビデオソフト化されることがほとんどなかったショウ・ブラザースの映画が、翌年からどんどんDVD化（VCDも）されていくのだが、これはその前兆をつげるお披露目。

同年十月、『大酔俠』が東京国際映画祭で上映され、鄭佩佩《チエン・ペイペイ》が来日。このときは、わかき日の彼女のもう一本の主演作『香港ノクターン』（井上梅次監督・六六）も上映された。『グリーン・デスティニー』の出演で、女優としての名声が再び高まった彼女は、以前からロサンゼルスに住み、晩年のキン・フーと最も近しく交流していた弟子である。ロサンゼルスの墓地に眠るキン・フーの墓を守る人でもあるだろう。

二〇〇三年、蔡明亮《ツァイ・ミンリャン》監督の『楽日』がつくられる。閉館される映画館のラスト・ショーで上映されているのは『龍門客棧』。客席から石雋と苗天がスクリーンを見つめている。ガランとした場内に剣戟の音がひびく。映画と映画館のありし日への愛惜があふれ、たまらなくなる映画だ。日本公開は二〇〇六年。

二〇〇五年三月、中国映画誕生一〇〇周年を記念して、香港電影金像奨協会と香港電影評論学会の一〇一人の映画人が選出した一〇三本の中国語映画中、『龍門客棧』が七位、『俠女』が九位、『空山霊雨』が五四位となった。

北京中国電影評論家協会と中国台港電影研究会が共同で出版した「中国電影百年百部名片」に『俠女』

がえらばれる。

二〇〇六年七月、韓国のプチョン国際映画祭でキン・フー特集が組まれた。

二〇〇八年三月、香港の明報出版社から胡維堯、梁秉鈞編「胡金銓電影傳奇」が刊行される。胡維堯はキン・フーの姪にあたる人。年表や資料目録が詳しい。その年表によれば、前年十二月八日に、明報出版社、「明報月刊」、香港大学文学院が共同で、キン・フーに関する公開講座をひらき、そこで張錯と穆曉澄による短篇『胡金銓傳奇』が上映されたという。

二〇一一年二月、胡維堯の編によるキン・フーのかいた文章をあつめた「胡金銓随筆」と「胡金銓談電影」が、香港の三聯書店から同時刊行される。「談電影」には『俠女』と『龍門客棧』の脚本も収録。『随筆』には、日本に関するものが多い。キン・フーは、一九九五年から香港の週刊誌「東」に随筆を連載していた。

同年、ツイ・ハーク（徐克）監督は、『龍門客棧』を翻案した『ドラゴンゲート　空飛ぶ剣と魔法の秘宝』（原題＝龍門飛甲）を3Dで製作。テーマ曲は『龍門客棧』と同じもの。日本公開は二〇一二年。

二〇一二年。生誕八〇年にあたるこの年、台北と香港でイベントがあった。台北は、文化部（日本でいえば文化庁か）、台北市文化局などが後援し、国家電影資料館が主催した〈胡説八道——胡金銓武藝新傳 King Hu : the Renaissance Man〉と題された展覧会。MOCAT／台北当代藝術館という、おそらくもとは日本統治時代の学校の校舎ではないかと思われる二階建ての建物をまるまるつかって、七月三日から八月二十六日までひらかれた、大々的なもの。学校の教室を思わせる大きさの部屋ごとにテーマをかえた展示があるので、文化祭を見物するようでもある。

キン・フーがインタビューにこたえているさまざまな映像が、あちこちで流れている部屋や、王童《ワン・トン》、ツイ・ハーク、アン・リーらがキン・フーについてかたる映像を流している部屋、台湾の現代芸術家がキン・フーにインスパイアされて制作した作品を見せる部屋などいろいろである。本書のインタビュー・テープの一部も使用された。広いスペースのところで、『龍門客棧』の宿屋の外観をつくり、その入口ごしに内部でたたかっている場面の映像を見るという、こった趣向もあった。

階段の踊り場の上部の白い壁には、つくられなかった企画『維也納事件　The Events of Vienna』の、テスト撮影した一〇分ほどの映像が、エンドレスで映写されていた。ウィーンの街で、何者かに追われているかのように、おびえた様子で歩く張艾嘉を、いろいろな場所で撮っている。そして、うす暗い公園に立たずみ、パイプに火をつける謎の男は、キン・フー自身だ。これは、いつ撮られたのか。「胡金銓電影傳奇」の年表によれば、一九八二年にカラヤンの要請で歌劇「トゥーランドット」を撮る相談でウィーンに行っているので、そのときか。キン・フー監督の現代サスペンスもの、見たかったなあ、と想像をつのらせさせる断片である。

一階の待合室みたいな広いスペースでは、二〇一二年にフランスのユベール・ニオグレが製作・監督したドキュメンタリー『King Hu: 1932–1997』（四八分）を流していた。

入場券は、ボール紙でつくった、手裏剣をかたどったもの。家族づれでベビーカーを押して見てまわる人もいるほどカジュアルな展覧会だが（台湾の展覧会って、こういうものなのか）情報量は多かった。

香港では、その年の暮れから翌年三月にかけて、香港電影資料館で特集上映と展示がおこなわれた。展示のほうは、いつも特集にちなんだ展示をしている一階のスペースでのものなので、台北にくらべれば量はすくないが、漫画——政治家のカリカチュアに重点をおいたところが特徴。上映作品については、出演作をこれまでなかったほどの数あつめて、俳優キン・フーに光をあてている。

また、この年には台湾の文化部が援助してドキュメンタリー『時不我与　従台湾看胡金銓』が製作された。二部に分かれ計一〇〇分。翌二〇一三年になってテレビ放映された。「時不我与」は古い熟語で「時は自分を待ってくれない」という意味。日本にも撮影に訪れ、一九八九年に〈キン・フー映画祭〉を実現させた嵐智史、通訳にたずさわり現在は作家の古内一絵、それに筆者が取材をうけた。

二〇一四年、台湾の国家電影中心（タイワン・フィルム・インスティテュート）が『龍門客棧』を４Ｋデジタル化。五月のカンヌ国際映画祭でプレミア上映される。

二〇一五年、国家電影中心が『俠女』を４Ｋデジタル化し、カンヌでプレミア上映。同じカンヌで侯孝賢《ホウ・シャオシエン》監督の初の武俠映画『黒衣の刺客』が最優秀監督賞を受賞。この映画は、武俠といえばワイヤーで宙を飛ぶものという風潮と無縁に、侯孝賢流の静かなアクションをつらぬいた結果、武俠アクションの原点であるキン・フーの「静」と「美」を思いおこさせるものとなっている。また、キン・フー作品へのオマージュとして、石雋が出演している。ロング・ショットで顔が見えないのが残念だが。

同年十月、九八年に香港で出版された中国語版「胡金銓武俠電影作法」が、北京の北京联合出版公司から再刊される。簡体字版なので「胡金铨武侠电影作法」となる。中国のインターネットには好意的な書評が多く出たそうだ。

二〇一六年、４Ｋデジタル化された『龍門客棧』と『俠女』が、十一月の東京フィルメックスで上映され、翌二〇一七年一月に一般公開される。『龍門客棧』は『残酷ドラゴン　血斗竜門の宿』にもどされ、さらには『残酷ドラゴン』のほうがメインで『血斗竜門の宿』がサブタイトルみたいにされてしまったのは、はなはだ残念であったたが。

以上、ぼくに知れる範囲でのことをかきつらねてきたが、こうしてみると、キン・フー監督は、いまでも生きている！

明日はキン・フーの八五回目の誕生日だ。

二〇一七年四月二十八日

キン・フー（胡金銓）King Hu

1932年、北京生まれ。1949年、香港に移住し、美術助手、俳優などをへて、1965年ショウ・ブラザースの『大地児女』で監督第一作を撮る。『龍門客桟』『俠女』（カンヌ映画祭・高等映画技術委員会大賞）など、生涯に長短篇13作を香港及び台湾で監督する。1997年1月、台湾にて急逝。享年64歳。

山田宏一（やまだ・こういち）

1938年、ジャカルタ生まれ。東京外国語大学フランス語科卒業。映画評論家。著書に山根貞男と共同での聞き書き、マキノ雅裕「映画渡世」（天の巻／地の巻）、「トリュフォー　ある映画的人生」（ドゥマゴ文学賞）「映画　果てしなきベスト・テン」など多数。訳書に「定本　映画術　ヒッチコック／トリュフォー」（蓮實重彥と共訳）など。近刊に「ヒッチコック映画読本」がある。

宇田川幸洋（うだがわ・こうよう）

1950年、東京生まれ。映画評論家。アクション映画一般から、とくに香港映画についての第一人者である。著書に『無限地帯』。

新装版　キン・フー武俠電影作法《ぶきょうでんえいさっぽう》
——A Touch of King Hu

二〇一七年五月三十一日　新装版第一刷発行

著　者　キン・フー
山田宏一
宇田川幸洋

装幀者　Malpu Desghn（清水良洋）
発行者　藤田　博
発行所　株式会社草思社
〒160東京都新宿区新宿五—三—一五
電話　営業〇三（四五八〇）七六七六
編集〇三（四五八〇）七六八〇
本文印刷　株式会社精興社
付物印刷　株式会社暁印刷
製本所　大口製本印刷株式会社

著者と申し合わせにより検印廃止

本書は一九九七年に刊行された本の新装版です。

ISBN978-4-7942-2279-4
http://www.soshisha.com/